코딩 Coding
몰라도 됩니다

코딩 Coding
몰라도 됩니다

IT 기업에서 비개발자로 살아남기

도그냥(이미준)

탈잉™

< 차례 >

프롤로그 문과생, 취업 앞에서 문송하지 말자   6

Chapter 1 · 이유는 몰라도 네카라쿠배 가야 한대

운 좋게 합격해도 문제는 생긴다   19
기존 필터로 보면 보이지 않는 기회   25
지금 필요한 것, 바로 '온보딩'   31

Chapter 2 · 잘 모르겠다면 이커머스에서 시작하자

빅블러 시대, 이커머스로 입사해야 하는 이유   41
데이터 플랫폼 시대, 이커머스로 입사해야 하는 이유   56
대기업? 스타트업? 어떤 IT 기업이 좋을까   64

Chapter 3 · 어떻게 돈을 버는지 알면 할 일이 보인다

대한민국 이커머스는 특별하다   75
이커머스 성장의 핵심 논리 : 문제 해결과 트래픽   94
가고 싶은 이커머스 회사를 구분하는 기준   106

이커머스의 비즈니스모델과 수익 구조	112
온라인 플랫폼이 바꿔놓은 갑을 관계	127
교과서에는 없는 온·오프라인 유통의 차이	136

Chapter 4 · 이커머스의 개발하지 않는 문과 인재들

프로덕트 중심의 사고방식이 필요해	151
고객을 해킹하는 이커머스의 '마케팅'	161
이커머스의 근간을 만드는 '영업'	183
회사를 존속시키는 '오퍼레이션'	193
'회계/재무, 법무, 총무'도 프로덕트를 만든다	202
인력 전쟁의 주역 'HR', 회사의 대변인 '홍보'	214
프로덕트를 중심으로 하는 '전략 기획'과 '서비스 기획'	220
잡부도 IT팀이 될 수 있는 '프로덕트팀'	228

Chapter 5 · 이커머스에서 모셔가는 인재들의 공통점

프로덕트를 이해하는 눈을 키우는 역기획	239
현직자들의 생각을 훔치고, 나만의 생각을 기록하자	248
내가 가고 싶은 회사와 내가 기여할 수 있는 회사	254
최고의 사용자 또는 최고의 메이커	258

| **에필로그** 입사는 우리의 미래를 보장해주지 않는다 | 266 |
| **감사의 글** | 270 |

───< 프롤로그 >───

문과생, 취업 앞에서 문송하지 말자

'이상한 IT 세상의 앨리스'가 된 사람들

곧 끝날 줄만 알았던 코로나19의 여파가 1년을 넘어가며 시대의 모습을 완전히 바꾸어놓았다. 가뜩이나 자리가 줄고 힘들어지던 취업 시장은 아예 사라지기 시작했고, 그나마 있던 경력직 채용 시장마저도 아예 없어졌다. 아니 솔직히 말하면 실직자들이 눈에 띄게 늘어나기 시작했다. 사람들은 이제 월급을 받는 것조차도 쉬운 일이 아니라는 것을 실감하고 있다.

이 상황에서도 호황인 기업은 존재한다. 온라인을 바탕으로 사업하는 기업들은 코로나19 속에서의 삶을 도와주는 기특한 존재이면서 유일하게 급성장하고 있는 기업이다. 모든 사람들이 그곳에서 일할 수 없으니, 사람들은 그 기업들의 성장에 자신의 삶을 기대려고 한다. 테슬라와 카카오의 주식을 사들이고, 유튜브에서 자신의 삶을 찾고, 온라인에서 새로운 제2의 직업을 찾기 위해 분주하다.

우린 2020년 초부터 '몇 달만 지나면 다시 예전으로 돌아가겠지.'라고 생각했지만 이제 확실히 알 것 같다. 코로나19가 백신으로 일단락된다고 해도, 예전의 모습으로 완벽하게 돌아가는 것은 불가능하다는 것을. 뉴스에서는 너도나도 어렵다는 이야기만 들리고, 책과 신문에서는 이런 상황엔 IT 기업만 살아남을 거라고 말한다.

이러한 변화에서 소외되는 것은 의외로 '사람'이다. 그중 한 무리는 바로 몇 달 전까지 취업을 준비하던 학생들이다. 학점을 잘 채워가며 대외 활동과 인턴, 어학연수, 토익 점수 등을 준비해 이제 취업만 하면 된다고 생각했던 학생들. 갑자기 세상이 변하더니 지금까지 쌓아온 스펙으로는 아무리 뛰어나도 채용이 어렵다는 소리를 듣고 있다. 또 다른 무리는 큰 욕심 없이 회사에 다니던 사람들이다. 금융업, 제조업, 서비스업, 유통업, 여행업 등 오랫동안 튼튼했던 산업에 종사해온 수많은 직장인들이 코로나19의 여파로 회사 밖으로 내몰리거나 반강제적인 이직 준비에 당황해하고 있다.

물론 이들에게 '정신 똑바로 차리고 이 시대를 대비하라'는 이야기도 나오고 있다. 2020년 최고의 베스트셀러였던 『김미경의 리부트』는 이러한 상황에서 기업이 아닌 개인은 어떻게 살아가야 하는가에 대해 좋은 제언을 던졌다. 그리고 한 해 동안 각종 온라인 클래스 플랫폼에서는 새로운 지식을 주는 다양한 영상 강의들이 유행했다. 앞으로 더 잘나갈 회사에 다니는 사람들의 강의를 빠짐없이 듣고, 줄어든 월급임에도 코딩 강의를 놓치지 않았다. 그런데 세상이 어떻게 변해가는지 알면 알수록 머릿속에는 단 하나의 질문만 맴돌 것이다.

'그래서 나는 이제 무슨 일을 할 수 있는 거지?'

아마도 11년 전 내가 우연히 온라인을 바탕으로 하는 산업인 이커머스에 발을 들였을 때의 그 느낌일 것이다. '이상한 IT 세상'에 떨어진 여러분들을 환영한다.

IT 기업에 관심 갖는 문과생들에게 필요한 이야기

나는 사학과 출신으로 11년째 이커머스 회사를 다니고 있다. 직무는 서비스 기획자이자, 현재는 프로덕트 오너다. 이 소개를 듣고도 내가 무슨 일을 하는지 명확하게 와닿지 않는다면 당신은 IT 세상의 초심자가 분명하다. 요즘 IT 기업에 대한 관심이 부쩍 늘면서 내 직업을 꿈꾸는 사람들이 많아진 것을 느낀다. 특히나 개발이나 디자인을 배운 적이 없는 문과생들의 관심이 크다.

나는 그동안 내가 하는 일에 대한 글을 많이 써왔고, 수많은 주니어들에게 내가 일하고 생각하는 방식들을 공유해왔다. 글쓰기 플랫폼인 브런치에서 '도그냥'이라는 필명으로 활동하면서, 그 글로 연결된 온·오프라인 강의를 통해 수천 명의 사람들에게 내가 일하는 방식을 알려왔다.

그런데 대부분의 수강생과 독자들은 나를 처음 만나면 이렇게 묻는다.

"코딩과 디자인은 어떻게 배우면 좋아요? 얼마나 잘해야 해요?"

하지만 모두의 예상과 달리 나는 코딩 학원을 다닌 적도 없고, 디자인 툴을 제대로 익힌 적도 없다. 그럼에도 이커머스를 기획하고 설계하며 IT와 직접적으로 연관되는 일을 잘할 수 있었던 것은, 이커머스 기업의 비즈니스적인 구조와 논리를 깨닫고 나만의 일하는 방식과 노하우를 만들어왔기 때문이다.

나는 문과생 주니어 꿈나무들이 왜 자꾸 이 질문을 하게 되는가에 대해서 고민해보았다. 결론은 그들이 '문과 출신으로서 IT 기업에서 일하는 것'에 대해 잘 모르고 있다는 생각이 들었다. 그저 온라인 서비스 기획이 하고 싶다는 생각에 무턱대고 이 바닥에 들어왔던 나의 옛날 모습이 겹쳐 보였다. 나 역시 IT 기업에 대한 굉장히 많은 오해와 환상이 있었다. 그러나 그 오해를 풀어줄 만한 현실적이고 체계적인 자료는 찾아보기 힘들었다.

나는 오랜 기간 일하면서 나만의 생각을 정립해왔고, 브런치에도 그와 관련된 글들을 조금씩 올려왔다. 그리고 운 좋게 서비스 기획자를 꿈꾸는 사람들을 위한 현실적인 입문서인 『현업 기획자 도그냥이 알려주는 서비스 기획 스쿨』을 출간했다. 이 책은 분명 서비스 기획자를 꿈꾸는 사람들을 위해서 쓴 책이었지만, 독자들을 만나며 많은 사람들이 IT 기업에서 일하며 느끼는 답답함 때문에 이 책을 본다는 것을 알게 되었다. 그중에는 마케터나 영업직, 오퍼레이터나 HR팀도 있었다. 언제가 될지는 모르겠지만 '모든 문과생을 위한 IT 기업 입문서'도 필요하겠다는 생각을 마음속에 조금씩 품게 되었던 것 같다.

그러던 중 기회는 다시 찾아왔다. 브런치에서 1년에 한 번씩 열리는 공모전에서 입상하게 되면 출판사와 연계하여 책을 출간할 기회를 얻는다. 나는 운이 좋게도 '탈잉 특별상'을 수상할 수 있었다. 탈잉 특별상은 온라인 교육 플랫폼인 '탈잉'에서 영상 강의도 찍고 책도 출간할 수 있는 대상보다도 더 특별한 상이다. 상을 탄 브런치북은 〈이커머스 기획자의 사고여행〉이라고 해서 이커머스 서비스를 기획하며 느낀 실무적인 고민들을 담은 글이었다. 감사하고 기쁜 상황에서 나는 고민에 빠졌다. '이커머스 기획자의 사고여행'이라는 기존의 브런치북 주제보다도 탈잉의 근본에 더 적합한 강의와 책을 만들고 싶었다. 그래서 마음속에 가만히 품고 있던 이 책의 주제를 다시 제안했다. 더 많은 사람에게 도움이 되는 책을 쓰고 싶었다. 감사하게도 탈잉에서는 이 주제를 의미 있게 받아들여주었고, 주제를 바꾸어 책과 강의를 동시에 만들게 되었다. 그리고 책보다 강의가 먼저 온에어 되었다.

탈잉 강의가 온에어 되고 나서, 누가 시키지 않았는데도 한 바닥씩 길게 적어준 강의 리뷰들을 보며 나의 이런 생각과 현장 속에서 얻은 지식이 누군가에게 도움이 된다는 사실에 감동했다. 학생 시절에 배웠던 제조업 기반의 직무 지식이 실제 이커머스 회사와 달라서 혼란스러웠던 기억을 바탕으로, 일하면서 그 차이를 이해하고 공부한 내용들을 이 책에 총망라했다. 11년간 이커머스 기업에 다니며 'IT와 가장 가까운 일을 해온 문과생'으로서 확실하게 말할 수 있는 것은, IT 기업에도 문과생이 잘할 수 있는 일이 있고 그 핵심을 이해하고 미리 준비한다면 충분히 잘 해낼 수 있다는 점이다. 그리고 그 방향이 코딩을 배워서 훌륭한 개발자가 되는 것보다 더 자연스럽고 빠르다는 사실이다.

물론 강의와 책을 준비하면서 한 가지 고민은 있었다.

'내가 겪은 회사가 최고의 회사는 아니고, 모든 직무를 직접 했던 것이 아닌데 이 책을 쓸 자격이 있는 걸까?'

보통 훌륭한 책들은 베스트 프랙틱스Best practice를 기반으로 한다. 구글, 넷플릭스, 아마존, 쿠팡, 네이버, 페이스북 등 이름만 들어도 가슴 뛰는 회사에서 일하는 사람들의 이야기는 모두가 따라 하고 싶어 하며 쉽게 베스트셀러에 올라간다. 어떤 경우에는 그 사람 자체보다도 그 사람의 배경이 사람들에게 신뢰를 주기도 한다. 물론 나는 그런 훌륭한 성취를 얻은 회사의 대표도 아니고 글로벌 기업에 다니지도 않았다. 모든 직무를 직접 수행했던 것도 아니다. 서비스 기획자로 일하면서 굉장히 다양한 사람들과 협업해오며 회사를 넓게 보는 시각을 키울 수 있었던 것뿐이었다. 이런 고민을 할 때, 남편은 나에게 이런 조언을 해줬다.

"보통의 사람들은 오히려 너와 같은 환경에서 일하게 될 거야. 네 경험이 현실적으로 더 도움이 될 거야."

이 조언을 듣고 나는 더 이상 이 글을 쓸 자격에 대해서 고민하지 않기로 했다. 특별하지 않은 경험자로서 내가 가진 장점은 두 가지였다.

첫째, 나의 기업 경험에는 '보편적인 다양성'이 있다. 내가 오랜 기간 몸담은 회사는 오프라인 유통 계열사가 주류인 대기업의 사내 벤처 출신으로, 독자적으로 이커머스를 해온 회사였다. IT 기업의 생리를 모르는 오프라인 유통 계열사와 IT 서비스의 생리를 아는 회사 사이에서 그 간극을 크게 느꼈다. 조직의 차이와 문제에 대해서도 깊이 이해할 수 있었고, 대기업이 야심 차게 내놓은 서비스가 왜 성공하지 못했는지에 대해서도 더 많이 고민해볼 수 있었다.

그리고 지금 일하고 있는 회사는 '넥스트 유니콘'을 향해 달려가는 성장 중인 회사다. 성장하는 IT 기업에 대해서도 설명할 수 있는 경험이 생긴 상황이다. 이처럼 일이 잘 풀릴 때도 있고, 그렇지 않을 때도 있었기에 기업 문화와 일에 대해 다방면으로 생각해볼 수 있었다. 그리고 지금은 여기저기서 좋은 경험을 해온 사람들과 한 회사에서 멜팅 팟처럼 섞여, 각자가 느꼈던 장점과 문제를 바탕으로 일하는 방식을 함께 만들어가고 있다. 나의 이러한 경험은 대한민국에서 회사에 다닐 우리들에게 '보편적인 다양성'이라고 생각한다.

둘째, 전문가의 어려운 해석이 아니라 '랜선 사수'로서 힌트를 줄 수 있다. 교수님들이나 해외 유명 석학들의 책은 어렵다. 내가 IT 기업과 이커머스를 이해하기 위해서 붙잡고 있던 책들은 궁금했던 부분에 대해 깊이 있는 지식을 주었지만, 모든 부분을 이해하거나 온전한 흐름을 읽어내기에는 너무나 어려웠다. 실무자로서 내가 머릿속에 정리한 해석들을 한번 정리해 설명하는 것만으로도 초심자들이 지식을 쌓을 수 있는 좋은 밑거름이 될 거라 생각했다. 브런치에 글을 써오면서 얻은 내 별명은 '랜선 사수'다. 내 글이 마치 옆자리 선배가 이야기해주듯이 어렵지 않고 다정하게 느껴진다고 한다. 다소 어려운 부분이 있어도 내가 이해할 수 있는 내용이라면 이 책을 읽는 후배님들도 충분히 이해할 수 있을 거라고 생각한다. 정답을 알려주진 못하더라도 좋은 힌트가 될 것이다.

IT 기업의 일도 결국은 사람이 하는 일

이 책은 이커머스를 중심으로 하는 '문과생들을 위한 IT 기업 온보딩'이다. '온보딩Onboarding'이란 최근 스타트업에서 많이 쓰이는 용어로, 신규 입사자가 업무에 적응하는 과정을 의미한다. 이 책이 하려는 역할이 바로 '온보딩'이다. IT 기업에는 어떤 일들이 있는지 설명하면, 여러분들은 그 속에서 각자 일하고 싶은 직무를 찾고, 직무에 필요한 역량을 제대로 준비할 수 있는 자신만의 계획을 세우면 된다.

 이 책은 총 다섯 챕터로 구성되어 있다. 첫 번째 챕터는 현재 문과생들의 이야기를 담았다. 시대의 흐름에 따라 IT 기업으로 취업을 준비하고 있지만, 준비할 때뿐 아니라 입사한 후에도 느끼게 되는 어려움에 대해 이야기하려고 한다.

 두 번째 챕터는 IT 기업의 업종을 구분하고, 그중에서도 B2C 사업을 하는 이커머스 중심의 플랫폼 기업에 취업해야 하는 이유에 대해서 설명한다.

세 번째 챕터는 이커머스의 직무 목표에 대해 이해하기 위해서 국내 이커머스의 특징과 수익 구조 및 지향점에 대해서 살펴본다.

네 번째 챕터는 이러한 이커머스 기반의 플랫폼 기업에서 각 직무별로 어떤 업무를 하는지 설명한다. IT 기반 회사에서 개발 조직과 함께 일하기 위해선 어떻게 소통하고 어떤 사고방식을 가져야 하는지에 대해서 이야기한다. 대부분 제조업과 이커머스의 차이를 설명하는데, 그 차이를 극대화하기 위해서 단순화하여 구분했다. 사실 회사의 일이라는 것이 언제나 업종을 뛰어넘는 유사점은 있기 마련이라는 것을 알고 있지만, 차이를 쉽게 이해시키기 위한 방법임에 먼저 양해를 구한다.

마지막 다섯 번째 챕터에서는 내가 현장에서 만난 'IT 기업에서 모셔가는 문과 인재'들은 어떤 준비를 하고 있는지 간단히 소개한다.

그리고 각 챕터마다 추가로 공부하고 싶을 때 읽으면 좋을 책들을 소개해두었다. 직접 읽은 책들과 명성 높은 책들, 그리고 저자에 대해서 익히 알고 있어 무조건 도움이 될 거라고 생각한 신간들도 담았다.

10여 년간 온라인 서비스를 만드는 곳에서 일하면서 IT 기업의 일도 결국 사람이 하는 일이라는 생각이 굉장히 많이 들었다. 코딩을 몰라도 일을 대하는 사고방식이나 태도, 그리고 생각의 깊이가 일하는 데 얼마나 큰 영향을 주는지 많은 협업을 통해서 자연스럽게 느낄 수 있었다.

나는 취업 강사는 아니다. 취업 강사처럼 이력서를 봐주거나 커리어를 설계해줄 수는 없지만, 훌륭한 인재들이 이 책을 읽고 자신의 장점을 더 잘 드러내서 하루빨리 자신의 역량을 펼칠 수 있는 곳을 만나고 스스로도 성장할 기회를 얻으면 좋겠다. 그리고 IT 기업에서도 좋은 인재를 찾아내지 못해 힘들어하지 않았으면 좋겠다. 부디 이 책을 읽고 온 분과 한 팀으로 일할 수 있는 날을 기대한다.

Welcome on board!

Chapter 1

이유는 몰라도 네카라쿠배 가야 한대

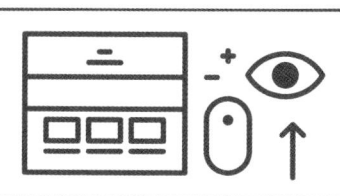

* 일러두기
 이 책에 사용된 일부 용어는 규범 표기는 아니지만, IT 업계에서 일반적으로 사용하는
 표현을 따랐습니다.

운 좋게 합격해도 문제는 생긴다

'네카라쿠'라는 단어가 요즘 핫하다. '네이버, 카카오, 라인, 쿠팡'의 줄임말로 요즘 세대가 취업을 목표하는 기업이다. '배달의민족'을 운영하는 '우아한형제들'까지 합쳐서 '네카라쿠배'라고도 이야기한다. 과거의 삼성, SK, 현대, LG를 '4대 대기업'이라고 하면서 이 계열사에 취업하려고 준비하던 시절과 비교하면 참 신기한 현상이다. 지금 '네카라쿠배'를 왔다 갔다 하며 일하고 있는 지인은 '과거에는 대기업 못 간 애들이나 오던 곳이었는데….' 하며 격세지감을 느낀다고 한다. 아, 물론 이 지인도 문과생이다.

과거에는 문과생들에게 대기업 입사가 중요했다. 가장 큰 이유는 직무 때문이었는데 '마케팅, 영업, 지원 부문'과 같은 큰 그룹으로 사람을 뽑았고 '직무 순환제'라는 것을 하고 있어서 다양한 직무를 경험해볼 수 있다는 점이 가장 컸다. 사실 솔직히 말하면 스스로 무엇을 잘할 수 있는지 몰랐고 디테일한 업무를 모르는 상태에서는 최고의 구직처였다. 대학교에서 학부를 먼저 선택하듯이 대기업 공채는 그런 부분에서 유리하게 느껴졌다. 물론 개중에 스스로 하고 싶은 것이 분명했던 친구들은 회계사, 계리사를 준비하거나 금융업, 광고업, 언론사와 같은 특정 업계 입사를 준비했다. 하지만 대다수의 문과생들이 대기업에 진입하는 이유는 높은 연봉과 직무 전환이 보장되는 열린 옵션 같은 존재였기 때문이다. 그렇게 입사한 후 직무가 정해지고 맡은 일을 나쁘지 않게 해내다 보면 그것이 자연스럽게 자신의 길이 되곤 했었다. 그래서 선배들은 경영학과를 복수전공 하라고 노래를 불렀고, 나 역시 사학과와 경영학과를 복수전공 했던 사람이다.

이렇게 차곡차곡 쌓아온 많은 선배들의 취업 노하우가 일시에 무너진 건, 최근 몇 년 사이다. 특히 2020년 코로나19로 인한 변화는 '네카라쿠배'에 가야 한다는 생각을 더 강하게 만들었다. 2020년 6월 인크루트가 조사한 '대학생이 가장 일하고 싶어 하는 기업 TOP 10'에는 새로운 기업들이 자리를 잡았다. 1위와 3위에 각각 카카오와 네이버가 등장했다. 2위는 삼성이었지만 카카오가 14.2%, 삼성이 9.4%, 네이버가 6.4%로 TOP 10이라는 말이 무색하게 1위와 그 외의 순위가 큰 차이를 보였다. 카카오를 선택한 이유로는 '성장·개발 가능성과 비전(28.1%)'이 높았고, '장래 사업성 유망(6.5%)' 항목은 모든 기업 중 가장 높게 선정되었다고 한다. 네이버 역시 마찬가지의 의미에서 대학생들의 선택을 받았다. 라인은 네이버와 자매회사라는 점에서 사실상 '네카라쿠배'의 명성을 그대로 보여주었다고 할 수 있다. 이 상황에서 4대 기업을 잘 가기 위해서 고군분투했던 선배들의 이야기는 아무 소용이 없어졌고, 대학생들은 취업 시장에서 '각자도생'하며 애쓰고 있다. 물론 그나마 애써볼 신입 채용 공고가 하나도 없는 게 문제라면 문제다.

하지만 채용 문이 좁은 것만이 문제는 아니었다. 얼마 전 만났던 한 인턴 친구와의 대화는 나에게 큰 충격을 안겨주었다. 산학 연계로 이커머스 회사에서 인턴을 마친 뒤 다시 학교로 돌아가는 그에게 앞으로의 계획을 물었다.

"네카라쿠배에 가고 싶은데, IT(회사)는 부담스러운 것 같아요. 일단 마케팅 직무로 준비해보려고요!"

이 말을 들은 대부분의 사람들은 '그런가 보다' 생각할 것이다. 일부는 이 말에 공감할 수도 있다. 아마도 이 친구는 '서비스 기획'처럼 직접적으로 IT 시스템적인 이해가 필요한 업무는 부담스럽다는 의미였을 것이다. 하지만 나는 솔직히 '큰일 났다' 싶었다. 이 친구에게 어디서부터 설명해줘야 할지 감이 오지 않았다. 밝게 웃는 그 친구를 마지막 날에 붙잡을 수 없어 웃으며 돌려보냈지만 마음속으로 외친 말은 이랬다.

"네카라쿠배는 온라인 서비스를 다루는 회사이기 때문에 마케팅 직무라고 해도 IT를 피할 수가 없어!"

물론 IT 회사라고 해서 마케터에게 코딩이나 개발을 직접 처리하라고 하진 않는다. 마케터는 우리가 알고 있는 것처럼 고객을 모으거나 이용자들을 위해서 프로모션, 이벤트 아이디어를 내는 일을 할 것이다. 하지만 문제는 마케팅 활동이 진행되는 모든 공간이 IT가 만들어낸 온라인 세상이라는 점이다. 온라인 세상의 원리를 알지 못하면 적절한 마케팅 활동을 할 수가 없다.

문제는 이런 이해를 가진 상태에서 실제 마케팅 직무로 취직했을 때 생긴다. 상상한 것이 하나같이 실행되지 않거나, 예상대로 움직이지 않아서 힘들어한다. 그리고 스스로 '나는 마케터인가, 잡부인가?' 하는 고민에 빠지게 된다. 자신의 업무 목표를 모르기 때문에 일을 주도적으로 할 수 없어 생기는 문제다. IT 회사에서 온라인 세상에 대한 이해와 그 안에서 필요한 마케팅에 대한 이해는 결국 '업무의 본질'이기 때문이다.

영업을 하는 후배에게서도 비슷한 상황을 본 적이 있다. 그 후배는 이커머스 기업에 MD로 힘들게 입사한 친구였는데 선배인 나에게 고민 상담을 요청해왔다.

> "저는 트렌드에 맞는 감각적인 상품을 기획·제작해서 판매하는 역할을 기대했는데, 매일 하는 일은 셀러들에게 상품 취합을 받는 것뿐이에요. 제가 대체 무슨 일을 하고 있는 것인지 혼란스러워요."

본인이 생각하고 준비했던 직무와 실제 현장에서의 직무가 달라서 혼란스럽다는 이야기였다. 과연 회사가 이상하기 때문일까? 이런 상황의 대다수는 직무 자체에 대해서 제대로 이해하지 못하고 입사했기 때문에 생긴다. 더 정확히 말하면 기존에 알고 있던 직무와 '이름은 같지만 다른 직무'를 구분하지 못하고 오해한 채로 입사했기 때문이다. 큰 그림을 보지 못하고 선배가 주는 작은 단위의 업무를 인수인계만 따라 그대로 하다 보면 도대체 자신이 하는 일이 무슨 의미가 있는지 모르기 때문에 답답해진다. 그러다 보면 자연스럽게 정체성에 혼란도 오고, 일도 재미없어진다.

문제는 이러한 개인의 혼란과 업무에 대한 오해가 쌓이면 '문과생 전체에 대한 오해'가 생기기 시작한다는 점이다. 최근 한 기업의 HR 담당자는 인터뷰에서 '직무 적합성' 때문에 아무리 고스펙이라도 문과생을 뽑기가 어렵다는 이야기를 했다. 심지어 인사, 재무, 기획 등 전통적으로 문과생들이 취업하던 분야에서도 이공계 전공자를 뽑고 싶어 한다는 말까지 나오고 있다. 개인적으로 현장에 있는 사람으로서 이런 이야기를 하는 HR 담당자도 IT 사업에 대해서 잘 이해하지 못하고 있는 것 같다는 생각이 들지만, 그렇다고 해서 이 사람을 탓할 수만은 없다. 왜냐하면 앞서 만난 두 사람과 같은 문과 출신 직장인들이 굉장히 많았다면, 회사에서도 생존을 위해 이러한 선택을 하게 됐을 거라는 생각이 들기 때문이다. 당장 성과를 내야 하는 기업은 온라인 서비스에 관심이 많고 온라인 서비스를 지탱하는 IT 시스템에 대한 이해도가 높은 이공계 직원을 뽑아서 문과에서 배우는 부분을 가르치는 것이 더 빠르다고 느낄 수 있다.

즉, 운이 좋아서 네카라쿠배에 입사했다고 해도 직무 준비를 제대로 하지 못했다면 문제는 생긴다. 자신이 다니는 회사가 어떤 지향점을 가지고 있고, 어떤 곳에서 수익을 얻으며, 어떻게 지탱되고 있는지를 모른다면 장기적으로 그 속에서 성장할 수 없다. 학교에서 배웠던 것으로는 너무나도 부족하다. 아니, 그때 배운 회사와 우리가 다니려고 하는 회사가 달라졌다. 그리고 그 사실은 우리도 몰랐고 교수님들도 몰랐고, 대학도 몰랐다. 하지만 앞으로 회사에 다닐 사람은 '우리'고, 살아남기 위해 배워야 하는 것도 '우리'다.

내가 처음 입사했을 때는 이 문제를 해결할 수 있는 방법이 거의 없었다. 직접 겪어가면서 이상한 점을 발견하고 이해해나가는 것뿐이었다. 하지만 이제는 방법이 생겼다. 이 업계를 10~20년 정도 경험한 사람들이 이제는 생겨나기 시작했다. 나 역시 그 중간 정도에 있는 사람이다. 앞서 경험한 누군가가 자신의 경험을 토대로 그 차이를 알려주는 것은 좋은 가이드가 될 것이다. 후배 세대가 혼란스럽지 않도록 가이드를 제공한다면, 그들도 앞으로는 충분히 먼저 준비하고 해결해낼 수 있는 문제라고 생각했다. 배우고 싶어도 배울 수 없었던 부분에 대해서 조금이나마 도움과 위로가 되고 싶었다.

기존 필터로 보면
보이지 않는 기회

"저는 엄청나게 성장하진 않더라도 그냥 안정적인 회사에 가고 싶은데요?"

모두가 네카라쿠배처럼 급진적인 변화 속에서 성장 가도를 달리는 회사만을 원하지는 않는다. 성장하는 회사는 신나고 돈도 많이 주지만 그만큼 치열하다. 워라밸을 지키면서 적당히 월급 받으며 다닐 만한 회사를 원하는 사람도 있다. 어차피 모든 인생을 회사에 바치지 않는 세대이기 때문에 조금 평이한 선택지를 찾고 싶은 사람도 있을 것이다. 문제는 그 선택지조차 이미 사라졌다는 것에 있다.

인문대와 경상대, 사회과학대로 나뉘는 문과생들은 그 범주는 다르지만 대학 4년 동안 조별 모임을 하고 발표를 하고, 토론을 하면서 자신만의 '행동 방식'을 강화한다. 스스로에 대해 정의 내린 이 행동 방식을 '에고Ego'나 '가치관'이라고 여기기도 한다. 나 역시 경영학과 사학을 배우면서 가장 강하게 들었던 생각은 '난 에고가 강해서 딱딱한 회사에 적응하지 못할 것 같아.'였다. 휴학 멘토로 활동하며 가장 많이 들었던 질문 중 하나도 "취업하면 인생을 제대로 즐기지도 못한다면서요?"였다. 어쩌면 문과생들에게 회사에 대한 인상은 '돈 때문에 에고를 가둬야 하는 현대판 노예제도' 같은 느낌이다.

    문과생들의 '평이한 직무'는 뻔하다. 언론고시나 회계사, 계리사, 공무원 시험 등을 제외하면 문과생이 일반 기업을 지원할 때는 딱 네 가지 루트로 나뉜다. '마케팅', '영업', '전략 기획', 'HR 포함 지원 부문'이다. 마케팅 직무를 선택하는 사람들은 평소 프로모션이나 이벤트, 광고 같은 것에 관심이 많아서 마케팅이 상대적으로 재미있는 일이라고 착각하는 경우가 많다. 돈을 벌고 매출을 관리해야 하는 영업 직무는 죽어도 못할 것 같고, 전략 기획은 PPT를 잘 만들고 발표를 잘해야 할 것 같아서 어려워 보인다. 꼼꼼하고 교육에 관심 있는 사람이라면 HR과 지원 부문을 노려본다. 그러다가 막상 취업 시장에 뛰어들면 전략 기획과 HR의 채용 공고가 턱없이 부족하다는 사실에 실망하고, 마케팅 부문에 몇 번 떨어지고 나면 영업으로 이력서를 쓰기 시작한다. 물론 '상품 기획MD'이라고 불리는 영업 직군은 특별하게 생각하며 공부하는 경우도 있다. 요즘 문과생들의 기본 흐름도 여기서 크게 달라지지 않았을 것이다. 그냥 무난하게 대기업에 취업해야겠다는 마음을 먹었다면 아마도 이 흐름대로 준비하게 될 수도 있다.

그런데 이제는 이런 공고조차 아예 보이지 않는다. 이른바 '문과 직무'라고 불리는 부문의 채용 공고가 모두 자취를 감추기 시작했다. 오프라인 기반으로 운영되던 많은 기업들이 코로나19를 겪으면서 기존의 사업에 큰 위협을 받고 있기 때문이다. 외식업, 유통업, 여행업 등은 코로나19의 직격탄을 맞아 축소되고 있고, 제조업 역시 소비 시장이 줄어들면서 과거 각광받던 철강이나 자동차 산업도 지속적인 매출 하락을 보이고 있다. 그나마 남아 있는 기업들은 새로 등장한 IT 기업들에 자리를 뺏기기 시작했다. 당장 일반 소비자들부터도 모든 것을 온라인에서 하고 있는 실정이다.

기존 기업들도 이러한 경쟁에 예민하게 반응하며 기존의 오프라인 서비스를 디지털화하려는 노력을 보이면서 IT 인력 채용에 열을 올리기 시작했다. 성장 중인 회사와 살아남으려는 회사가 모두 IT 인력을 뽑기 위해서 난리다. 이런 불확실한 상황 속에서 문과생을 대상으로 하던 대규모 신입 공채는 문을 닫았고, 상시 채용으로 전환됐다. 2021년 현재 삼성을 제외한 대부분의 대기업에서 공채가 사라졌다. 그리고 그 기업들은 기존의 방식을 버리고 IT 기업의 조직 구조와 업무 방식을 따라가기 위해서 노력 중이다. 급격하고 빠른 디지털 트랜스포메이션Digital transformation 시대에서 우리가 잘 알던 직무들은 경쟁력이 없다는 이야기를 듣고 있다.

2020년 10월 공개된 취업 플랫폼 '사람인'의 발표에 의하면 IT 업종은 코로나19 상황에서도 채용 공고가 전혀 줄지 않고, 2020년 6월 이후로는 오히려 전년 동기 대비 6.5% 증가했다고 한다. 채용 시장이 얼었다니니 IT 회사들은 사람이 없어서 난리다. 한창 떠올랐던 음성형 SNS '클럽하우스'에서는 수많은 IT 기업들이 앞다투어 자사의 구조나 일하는 방식을 홍보하는 방을 만들어 인재 채용을 위해 경쟁하곤 했다. 이 시대에 남은 유일한 채용 공고가 결국 IT 기업에서 나오고 있다. 우리가 선택할 수 있는 유일한 선택지가 되어버렸다.

"XX 기업에서 문과생이 쓸 수 있는 직무가 뭐예요?"

요즘 취업 카페에서는 이런 질문을 쉽게 찾아볼 수 있다. 어쩔 수 없이 IT 기업에 지원해야 하는 상황은 파악했으나 기본 직무조차 이해하기 어렵다는 뜻이다. 그다음으로는 이런 질문이 이어진다.

"모든 직무에서 코딩 가능자를 우대하는데, 그럼 저도 코딩을 배워야 할까요?"

각종 뉴스 매체에서는 문과 취업준비생들이 이미 IT 기술을 필수 스펙처럼 여기며 앞다투어 코딩 언어나 데이터 분석 툴을 배우고 있다는 이야기가 나온다. 그러나 사실 코딩은 문과생들이 업무를 하는 데 필수적이진 않다. 코딩 언어 자체가 아닌 IT의 구조와 논리를 배우는 것이 더 중요하다. 왜냐하면 이 코딩이라는 언어로 만들어진 '회사의 서비스'를 이해하는 것이 중요하기 때문이다. (난해한 설명이라고 느껴지는가? 이 책은 이 난해한 문장이 무슨 뜻인지 알게 하려는 책이다. 부디 끝까지 읽기를 바란다.) 나는 꼬치꼬치 잘 따져대는 문과생이라면 IT 업무에 필요한 논리적인 판단도 문과생이 더 잘할 수도 있다고 믿는다. 개인적으로 내가 사학을 공부했다는 사실이 원인과 결과가 중요한 IT 시스템 구조를 배우는 데 큰 도움이 되었고, 경영학을 전공했기에 누구보다도 내가 있는 산업 분야를 넓게 볼 수 있었다고 생각한다.

그런데 진짜 문제는 따로 있다. 취업 카페에서 위의 질문을 했던 사람이 올린 채용 공고를 살펴보았다. '어? 이거 아예 개발자를 뽑는 건데?' 그 채용 공고는 문과생을 위한 것이 전혀 아니었다. 이처럼 진짜 큰 문제는 우리가 지금 'IT 기업'과 'IT 기업을 따라 하려는 기존 산업'들이 마구 혼용해서 사용하는 '직군명' 자체를 이해하지 못하고 있다는 점이다. 예를 들어서 'Talent Acquisition'이라고 쓰여 있는 채용 공고를 보고 HR 직무를 바로 떠올릴 수 있는 대학생은 과연 몇 명이나 될까? 'Growth Marketer'나 'Operation Assistant'는 어떤가? 우리가 기존에 알고 있는 마케팅, 영업, 전략 기획, HR·지원 부문의 '필터'를 가지고서는 현재 IT 기업에서 올라오는 채용 공고가 문과생에게 맞는 것인지 아닌지조차 구분할 수 없다. 그리고 이름의 차이로 미묘하게 달라진 직무의 차이도 이해하기 어렵다.

이러한 구분은 내 직무인 '서비스 기획자'의 경우도 마찬가지다. 기존 기업들에서 온라인 서비스를 만드는 기획 직군을 '서비스 기획자'라고 불렀다. 그러나 요즘 IT 기업들은 '프로덕트 매니저PM, Product Manager'라고 공고를 올리는 것이 더 흔하다. 이름만 다르고 완전히 같은 직무냐고 묻는다면, 사실 완전히 같다고 할 수는 없다. 둘 사이에는 조직의 구조와 관점의 차이가 담겨 있고, 그 차이 때문에 실제 업무를 하는 스킬셋은 같아도 완전히 동일한 직무라고 볼 수 없다. 그렇지만 어느 정도 유사한 것도 사실이다. 지금 우리가 보는 공고들이 딱 그런 상황이다. 그래서 문과생들은 채용 공고 앞에서 '문과생이 지원할 수 있는 곳인지' 조차 알기 어렵다.

취업 카페에서 언급된 코딩 우대를 해준다던 직무는 '검색팀'의 신입사원 채용 공고였다. 만약에 직무명이 '검색개발팀'으로 되어 있었다면 그 문과생은 '코딩 우대' 같은 말에 혼란스럽지 않았을 것이다. 아예 이 공고 자체를 보지 않았을 수도 있다. 앞서 말했던 조직의 차이는 팀의 이름을 바꿔놓았고, 기존의 필터와 관념으로는 이제 팀에서 필요한 직무조차 쉽게 구분하기가 어려워졌다.

물론 IT 기업에서 핵심적으로 뽑는 인원이 개발자, 디자이너, 프로덕트 매니저(서비스 기획자)인 것은 사실이다. 하지만 프로덕트 매니저가 아니더라도 IT 기업 내에서 문과생이 해야 하고 더 잘할 수 있는 직무는 분명히 있다. 기존의 필터로 보니까 보이지 않는 것뿐이다. 취업 시장에서는 예전부터 '문송하다(문과라서 죄송합니다)'는 표현이 쓰여왔지만, 우리도 우리에게 적합한 직무를 찾아낼 수 있는 눈이 있다면 다시 한번 경쟁에 참여해볼 수 있다.

순수 문과생이 지금의 취업 시장에서 성공적인 커리어를 쌓고자 하는 욕심이 있다면, IT 조직의 구조와 논리를 파악하고 직무를 제대로 이해해서 '문과생으로서 IT 기업에서 필요한 인재가 되는 방법'을 찾아야 한다.

지금 필요한 것,
바로 '온보딩'

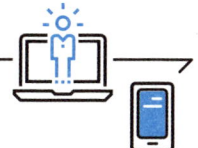

앞서 이야기했던 문제들이 하루아침에 생겨난 것은 아니다. 내가 처음 이커머스 회사에 들어갔을 때도 그랬다. 오프라인 유통 계열사가 많고 국내 이커머스 중에서는 가장 오래된 회사였기에 조직 구조는 꽤나 구닥다리였다. 그럼에도 이커머스 회사라 사업의 본질 자체가 내가 예상한 것과는 달랐다. 총 8명의 동기가 같이 입사했는데 각각 MD, 홍보, 마케팅, 서비스 기획(당시에는 'UX 기획'이라 불렀다)으로 뿔뿔이 흩어져 배치를 받았다. 예상과 다른 업무에 매일이 놀라움의 연속이었다. 동기 채팅방엔 메시지가 하루에도 몇백 개씩 올라왔는데, 새로 알게 된 것에 대해서 이야기하며 매일같이 놀라워했다.

언론사들과 멋지게 소통할 줄로만 알았던 홍보 업무는 어쩐지 CS센터를 통해 넘어오는 수많은 고객 항의에 대한 입장 표명을 마련하기에 바빴다. 외부 광고는 TV CF 대신 온라인 광고 플랫폼이나 대행사를 만나서 그 비용과 효율에 대해서 이야기하는 것이 주 업무였다. 멋진 상품을 픽업할 줄 알았던 MD들은 상품 한번 제대로 볼 일도 없이 담당하는 여러 입점 판매사와 매일 씨름을 해야 했다. '회사는 이론과 달라서 그런 걸까?' 생각하며 하루하루 눈 동그랗게 뜨고 이겨내고 배우고 버텨내면서 성장했다. 하지만 가장 어려웠던 것은 사실 '내가 무엇을 모르는지 모른다는 점'이었다. 그래서 입사하자마자 당장 회사를 휘어잡는 인재가 되고 싶었던 꿈은 조용히 접어야 했다.

그나마 운이 좋았던 것은 내가 서비스 기획을 하는 직무에 있었다는 점이다. 눈치 챘겠지만 온라인 회사에서 일한다는 것은 어떤 직무도 IT 부서와의 협업을 피할 수가 없다는 뜻이다. 우리의 고객도 온라인상에 있고, 우리의 서비스도 온라인상에 있으니까. 특히 직무의 특성상 회사 내의 다양한 부서와 같이 일할 기회가 많았다. 서비스 기획자의 일은 고객들이 이용하는 서비스만 만드는 것이 아니다. 그 서비스를 위해서 내부에 있는 직원들이 같이 모니터링하고, 서비스를 제공할 수 있도록 하는 시스템도 만든다. 그러려면 각 직무에서 수행하는 역할과 프로세스, 지향하는 목표를 알아야만 했다.

나는 운이 좋게도 여러 가지 프로젝트를 진행하면서 동기들과 한 번씩 같이 협업할 수 있었다. 그 과정에서 마치 퍼즐 조각이 맞춰지는 것처럼 각 직무가 어떤 역할을 하면서 하나의 회사로서 움직이게 되는지 눈에 보이기 시작했다. 그 과정을 겪다 보니 왜 이 직무가 이런 일을 해야만 하는지 이해되기 시작했다. 이커머스 회사가 하나의 거대한 시계라면 나는 그 시계를 움직이는 무브먼트의 구조를 만드는 사람이었다. 각 팀들은 그 안의 톱니바퀴를 열심히 돌려서 초침과 분침을 움직이고 있었고, 그 모든 일이 '시간을 알려주기 위한 것'이라는 하나의 목표 때문임을 알게 되었다. 시간이 지나고 생각해보니 입사 초기의 혼란과 놀라움은 우리가 단순히 회사를 몰랐기 때문이라고 치부할 것이 아니었다. 우리 머릿속에 있던 기준은 여전히 제조업 회사인데 온라인 사업을 하는 회사에 왔고, 그 차이를 몸으로 겪어가며 배운 것이었다.

직무에 대한 메타인지를 넓히는 온보딩 과정

입사 후 3년 정도 시간이 지났을 때, 회사에서 내게 '신입사원 멘토'라는 훈장을 달아주었다. 반년마다 신입사원이 들어왔고 여러 직군에 멘티가 생겼다. 내 직무에서야 당연히 후배와 일하면서 회사 적응을 도와준 적이 있었지만, 다른 직무의 신입사원들을 멘티로 삼는 것은 새로운 경험이었다. 다른 직무의 멘티들과 교류하면서 느낀 건, 앞서 이야기했던 혼란이 시간이 지나도 계속 반복되고 있다는 것이었다. 그래서 내가 지금까지 일하면서 알게 된 IT 회사의 목표, 그리고 그 안에서 각 직무들이 하고 있는 역할을 어드민(회사 내에서 이커머스 운영을 위해서 사용하는 소프트웨어 프로그램)을 통해서 알려주는 강의가 있으면 좋겠다는 생각이 들었다. 생각만 해서는 아무런 의미가 없기에 바로 행동으로 옮겼다.

HR팀을 찾아가서, 신입사원 대상 OJT On the Job Training 에서 30분만 시간을 달라고 요청했다. '이커머스 시스템의 이해'라는 거창한 이름을 달았지만, 우리 회사가 하는 가장 기본적인 일들을 알려주고 그때 사용하는 어드민의 메뉴는 무엇이고 거기서 무엇을 하는지 알려주는 짧은 강의였다. 우리 회사 역시 대부분의 회사가 그러하듯 OJT에는 각 팀의 팀장님들이 들어와서 직무 설명을 했다. 그런데 내가 입사 첫날 OJT를 받았던 기억을 떠올려보면, 솔직히 단 한 마디도 알아듣지 못했다. 전체적인 흐름을 모르는 상태에서 팀의 모든 업무에 대해 세세하게 설명을 듣고 있자니, 그 OJT를 통해서 가고 싶은 부서를 희망할 수 있는데도 졸음이 쏟아졌다. 이런 내 옛날 모습을 생각하면서 신입사원들에게 전체적인 흐름을 알려줄 수 있는 강의를 만들었고, 감사하게도 좋은 반응을 얻었다. 각 팀의 상세 업무를 듣기 전에 먼저 머릿속에 큰 틀을 세운 것 같다며, 덕분에 어떤 팀으로 가야 본인들이 원하는 업무를 할 수 있을지 알게 되었다는 긍정적인 피드백을 받았다.

원래 OJT라는 것은 '직무 현장 교육'에 해당한다. 그래서 이렇게 신입사원을 팀에 배치하기 전에 며칠에 걸쳐서 하는 교육은 사실 직무를 제대로 배우기에는 적절하지 않은 방법이다. 고작 1~2시간의 OJT 교육을 통해서 정말 쓸 만한 직원을 만드는 것은 불가능에 가깝다. 우연찮게 시작한 것이었지만 내가 제안한 강의는 OJT가 아닌 '온보딩'을 위한 나의 첫 시도였다고 생각한다. 이 강의의 목표는 오로지 '회사를 이해하는 것'이었으니까.

그렇게 몇 차례에 걸쳐서 이 강의를 진행했다. 그러다 보니 한계가 있다는 것을 깨달았다. 시스템을 기준으로 설명하다 보니 '어떤 일을 하는 것인지'에 대해서는 설명할 수 있었지만 '무엇을 목표로, 왜 하는 것인지'에 대한 부분은 채워주지 못했다. 어느 날 OJT 강의에서 한 친구가 손을 들고 이런 질문을 했다.

"어떤 팀이 가장 야근이 없어요? 외주 관리만 하는 곳도 있다고 들었는데요."

질문의 의도를 물어보니 "야근하기 싫어서요."라는 대답이 돌아왔다. 물론 '무엇을 위해서 시간을 투자해야 할지' 그 이유에 대한 이해가 없다면 당연히 효율적인 삶을 택하는 것이 맞다고 생각한다. 목표를 모른다면 아무리 일을 잘하는 사람을 만나도 그게 잘하는 것인지조차 모르고, 무엇을 질문해야 하는지도 알 수 없다.

사실 많은 사람들이 이커머스 기업은 단순히 '온라인에서 물건을 잘 판매하는 것이 목표인 회사'라고 생각해 '판매 금액=수익'이라고 여긴다. 실제로 이커머스에서 가장 중요한 것이 '결제시키는 일'은 맞다. 하지만 오프라인 매장에서도 결제를 위해서만 애를 쓰면 고객이 부담스러워서 떠나듯, 중요한 것이 단순히 '장사를 잘하는 것'만은 아니다. 꼭 돈을 버는 것 말고도 모든 직무에는 각자의 목표가 있다. 그 목표에 충분히 감화되지 않는다면 일하는 것은 고통일 뿐이다. 그런 의미에서 신입사원들에게 이커머스의 비즈니스에 대해서 이해시킬 수 있는 교육을 만들었다. 그 교육이 바로 2017년부터 2020년까지 신입사원과 인턴을 대

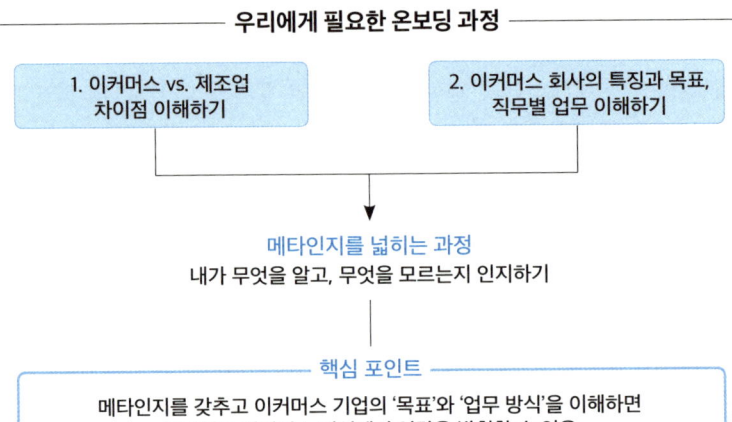

상으로 진행했던 '대한민국 이커머스의 역사'라는 장장 3시간짜리 강의다. 매번 OJT 내에서 가장 유익하고 재미있는 강의로 꼽힌 교육이다.

위 그림이 바로 내가 실험했던 온보딩 교육이다. 소위 '일잘러'의 역량을 한마디로 정의한다면 '업에 대한 메타인지'를 갖췄다는 것이다. 『메타인지, 생각의 기술』이란 책에서 메타인지란 "자신이 무엇을 알고 무엇을 모르는지 아는 것이고, 더 나아가서 업무의 목적과 절차, 상황과 맥락을 파악하는 능력"이라고 정의한다. 내가 진행한 이 두 강의는 이커머스 기업의 진짜 목표와 비전을 알려주고, 각각의 직무가 하는 역할과 일을 회사 전체의 맥락 속에서 보여주었다. 이러한 큰 그림을 그릴 수 있게 알려준다면, 신입사원들도 보다 더 쉽게 자신의 역할을 찾아가고 어떻게 성장할지 고민해볼 수 있다고 생각한다.

내가 했던 온보딩 실험을 정리해보면 다음 세 가지 내용을 담고 있다.

- What : 회사 밖 사용자로서의 시각이 아닌, 플랫폼을 만들어나가는 사람으로서의 시각과 역할
- Why : 이커머스 기업의 수익 구조와 비즈니스모델에 대한 이해
- How : 모든 것이 '웹/앱' 즉, 온라인 서비스 내에서 일어난다는 '프로덕트적 사고방식'

그리고 이 책은 '이커머스의 비개발자들'을 위해 이 세 가지를 집중적으로 다뤄보려고 한다. 다시 한번 말하지만 이 책은 내가 모든 직무를 훤히 꿰뚫고 있어서 쓰는 것이 결단코 아니다. 전문가들은 이 책을 조용히 덮고, 갈 길을 몰라 헤매는 불쌍한 어린 양들에게 건네 주시길 부탁드린다. 이 책은 회사와 직무에 대한 메타인지를 키울 수 있도록 도와주는 '온보딩'을 위한 것이다. 여러분이 이 책을 통해 스스로 원하는 직무를 찾아낸다면, 그다음은 각 직무의 최고의 플레이어들을 만나서 진짜 OJT를 받거나 실무에서 배워가며 자신의 역할을 만들어가면 된다. 자, 이제 새로운 필터로 IT 기업을 바라보는 눈을 키울 때다.

Chapter 2

잘 모르겠다면 이커머스에서 시작하자

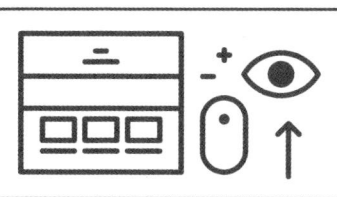

e-commerce
onboarding
without coding

NOPE

HTML
C++
PHP
JAVA

Without Coding **100%**

For Non-developer

빅블러 시대, 이커머스로 입사해야 하는 이유

본격적으로 IT 기업에 첫발을 내딛고자 할 때, 어떤 회사를 선택해야 할까? 어떤 회사가 좋을지 잘 모르겠다면 일단 '이커머스'를 선택하자.

얼마 전 스타트업 취업을 도와주는 커리어 서비스인 '조인스타트업'과의 인터뷰에서 '어쩌다가 이커머스 기획자가 되었는지'에 대한 질문을 받았다. 내가 이커머스라는 특정한 비즈니스에서 애정을 가지고 10여 년을 일해온 것의 시작은 사실 우연이었다. 취업준비생 시절에는 나 역시 특별한 기준 없이 온라인 회사 취직을 준비하고 있었고, 어떤 회사를 가야 하는지 정확히 알지 못했다. 네이버, 야후, 다음, 대기업의 온라인 서비스 계열사 등등. 내가 하고 싶은 직무가 있는 곳에 닥치는 대로 지원하고 여러 번의 고배를 마시면서 딱 하나 합격한 곳이 이커머스 회사였던 것뿐이다. 그런데 지금 생각해보면 천운이라는 생각이 든다. 내가 커리어를 시작한 회사가 이커머스였다는 것이 지금의 나에게 큰 힘이 되고 있다.

'네카라쿠배'에 가야 한다고들 하는데 이런 상황에서 왜 꼭 이커머스에 가라고 하는 걸까? 그럼 모두 다 '쿠팡'으로만 가라는 것인가? 아니면 조금 더 넓게 봐서 '배달의민족'을 준비하면 될까? 네이버의 수많은 서비스 중에서도 '네이버쇼핑'으로 가란 뜻인가? 그런 뜻은 아니다. 내가 여러분에게 이커머스에 가라고 이야기하는 데는 두 가지 이유가 있다.

1. 가장 많이 선택되는 온라인 사업의 형태

'진짜 이커머스'를 이해하려면 이커머스의 범주를 '물건을 판매하는 사이트'에서 조금 다른 방향으로 시각을 바꿔야 한다. 쿠팡과 배달의민족을 떠올려보자. 많은 사람들이 쿠팡은 물건을 판매하는 이커머스고, 배달의민족은 음식 배달 앱이라고 생각하곤 한다.

우리가 이 두 앱을 이용하는 방식을 한번 살펴보자. 쿠팡에 들어가면 두 가지 방식으로 상품을 찾는다. 원하는 상품을 검색하거나 아니면 화면을 둘러보다가 마음에 드는 상품을 고르는 식이다. 그러다 마음에 드는 상품을 찾으면 장바구니에 담고, 주문서를 확인하고 결제를 한다. 그리고 집에 물건이 빨리 배송 오기를 기다린다. 다음으로 배달의민족도 생각해보자. 음식 카테고리를 선택해서 리스트를 쭈욱 훑어보거나

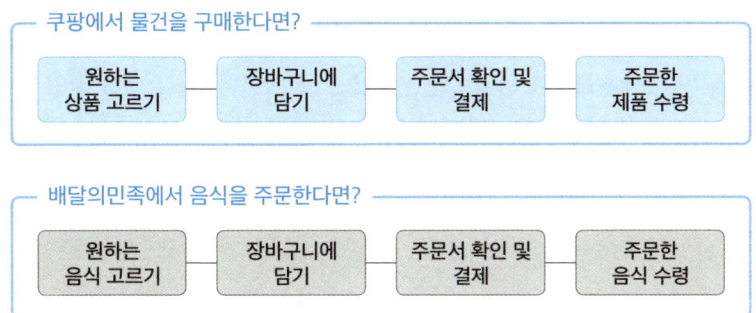

검색창에 원하는 메뉴를 검색해 음식점을 찾는다. 그리고 원하는 음식을 선택해서 장바구니에 담고 주문서로 넘어가 결제를 한다. 그리고 음식을 기다린다. 이 두 앱을 이용하는 방식이 굉장히 비슷하다는 것이 느껴지는가?

우리가 이커머스를 떠올릴 때는 주로 '무엇을 팔고 있는가'에만 맞춰서 생각하는 경우가 많다. 그래서 머릿속에서 쿠팡은 이커머스라고 떠올리지만, 배달의민족은 이커머스라는 생각을 하지 못한다. 사실은 '네이버웹툰'도 이커머스고, '카카오톡 이모티콘샵'도 이커머스다. 이커머스란 '온라인 내에서 결제 시스템을 통해서 유무형의 상품을 거래하는 구조를 갖춘 모든 사업'을 의미한다. 더 쉽게 말하면 온라인상에서 결제를 바탕으로 재화나 서비스를 제공하는 모든 형태가 이커머스다. 우리가 앱으로 접근하는 온라인 비즈니스의 8할은 '무엇을 제공하는가'만 다른 이커머스인 경우가 많다.

기존의 기업들도 온라인의 중요성을 인식하기 시작하면서 직접 자사의 제품과 서비스를 이용할 수 있는 온라인 서비스와 앱을 만들고 있다. 그중의 대다수가 이커머스에 해당하며, 기존의 업종을 바꾸지 않고 오로지 고객과의 접점만 바꾸는 방식으로 시작한다. 의류 제조 기업 LF의 'LFmall'은 대표적인 성공모델이며 현재 LG전자나 삼성전자도 온라인 이커머스 서비스를 만들고 있다. 제조업 중심으로 성장한 우리나라의 산업들이 모두 이커머스를 만들어내고 있다고 생각해도 무방할 정도다. 이 정도면 얼마나 많은 이커머스들이 생겨나고 있는지 상상이 가능할 것 같다.

서비스업도 마찬가지다. 통계청이 발표하는 '온라인 쇼핑 동향' 조사에서 이커머스의 카테고리는 우리가 평소 스마트폰에서 '앱'의 형태로 이용하고 있는 모든 사업체의 종류를 망라한다. 문화·레저나 여행뿐 아니라 청소 서비스와 같은 용역 서비스도 결국 이커머스의 범주에 들어가고 있다. 어느새 콘서트 예매를 인터넷으로 하지 않는 것을 상상할 수 없는 시대에 살고 있다.

취업은 '1승 게임'이라는 말이 있다. 한 번 성공하면 이기는 게임이라는 뜻이기도 하나, 반대로 인연이 닿을 하나의 회사에 입사하기 위해서 정말 수많은 도전이 필요하다는 뜻이기도 하다. 그렇다면 우리는 한 번의 준비로 여러 회사를 지원할 수 있도록 대비할 필요가 있다. 카테고리가 다르면 당연히 생각할 것은 다르겠지만, 구조적으로 같다는 점은 기본기를 준비하는 과정에서 큰 장점이라고 할 수 있다. IT 회사 중에서도 많은 비중을 차지하고 있는 이커머스에서의 인턴 경험이라면, 나중에 다른 곳에 취업할 때도 가치 있는 경험이 될 수 있지 않을까?

최근 3년간 카테고리별 모바일 쇼핑 거래 금액과 증감률

구분	매체	2017	2018	2019	2020	증감률 (18년)	증감률 (19년)	증감률 (20년)
음식 서비스	모바일 쇼핑	2,354,254	4,773,004	9,087,699	16,519,714	103%	90%	82%
e쿠폰 서비스	모바일 쇼핑	1,005,534	1,746,122	2,936,316	3,678,890	74%	68%	25%
사무·문구	모바일 쇼핑	243,806	332,335	450,418	613,654	36%	36%	36%
화장품	모바일 쇼핑	4,574,021	5,525,107	7,327,037	5,607,976	21%	33%	-23%
음·식료품	모바일 쇼핑	4,961,507	6,890,309	9,093,680	14,308,308	39%	32%	57%
가전·전자·통신기기	모바일 쇼핑	4,656,589	6,493,240	8,357,074	11,431,776	39%	29%	37%
농축 수산물	모바일 쇼핑	1,498,077	1,927,833	2,444,448	4,242,957	29%	27%	74%
가방	모바일 쇼핑	1,352,492	1,661,479	2,027,745	2,098,280	23%	22%	3%
생활용품	모바일 쇼핑	4,460,837	5,619,909	6,701,198	10,122,696	26%	19%	51%
가구	모바일 쇼핑	1,534,339	2,011,556	2,338,489	3,475,836	31%	16%	49%
의복	모바일 쇼핑	6,692,928	7,996,798	9,169,239	9,911,435	19%	15%	8%
애완용품	모바일 쇼핑	453,386	578,106	661,108	851,611	28%	14%	29%
스포츠·레저용품	모바일 쇼핑	1,683,991	2,175,826	2,486,246	3,400,965	29%	14%	37%
아동·유아용품	모바일 쇼핑	2,410,019	2,673,920	3,027,096	3,771,794	11%	13%	25%
여행 및 교통서비스	모바일 쇼핑	7,779,324	9,386,646	10,606,010	5,976,318	21%	13%	-44%
컴퓨터 및 주변기기	모바일 쇼핑	1,594,753	2,097,313	2,330,008	3,170,267	32%	11%	36%

자료 : 통계청, 단위 : 백만 원

2. 도메인 경계를 무너뜨리는 확장형 도메인

온라인 서비스 시장에는 서비스를 구분하는 특별한 기준이 있는데, 이를 '도메인Domain'이라 부른다. 이 도메인은 '업종'보다는 큰 개념으로 구조적인 본질에 따라 나뉜다. 온라인에서 비즈니스를 하는 기업들을 대략 일곱 가지 도메인으로 나눠볼 수 있다.

1) 게임   2) 금융   3) 광고   4) 솔루션/유틸리티
5) 커뮤니티/SNS   6) 검색 포털/콘텐츠/메신저   7) 이커머스

과거에는 이 도메인 간 인력 순환이 거의 일어나지 않았다. 그래서 금융 서비스를 만드는 사람들은 항상 금융 도메인에서만 일했다. 인력 풀이 넓지 않다 보니 이직 때마다 '세상 참 좁다'는 이야기가 나왔다고 한다. 동일한 도메인 안에서 중소기업과 대기업 간 이직처럼 회사 규모에 따라 이동하거나 경쟁사들 간 이직만 이뤄졌다. 도메인 간 인력 순환이 일어나지 않은 가장 큰 이유는 서비스 도메인에 따라 서비스의 구조와 형태가 달라서 일하는 형태도 달랐기 때문이다. 이런 업무적 차이를 '도메인 지식'이라고 하고, 그 지식은 연차에 비례해 쌓이는 방식이었다. 예를 들어서 똑같은 대학교 3학년이라도 사학과 3학년과 경제학과 3학년이 잘하는 것이 다른 것과 마찬가지다. 연차가 쌓일수록 자신이 속한 도메인에서의 지식은 많아지지만, 다른 도메인으로 넘어가면 그 연차만큼 지식이 있는 것이 아니었다. 직무를 변경하면 다시 1년 차가

되는 것처럼 도메인을 바꾸어 이직할 때도 연차를 인정받지 못했다. 이것은 온라인 비즈니스 시장뿐 아니라 모든 이직 시장에서 통상적인 상황이었다.

그런데 최근 몇 년 사이 온라인 기업들이 성장하면서 다른 도메인의 영역까지 적극적으로 범위를 확장해가며 하나의 기업이 여러 개의 도메인을 운영하는 형태로 바뀌어가고 있다. 이렇게 도메인의 영역이 흐려지는 현상을 '빅블러Big blur 현상'이라고 한다. 업종과 도메인의 경계가 흐려지면서 온라인 기업들은 기회만 있다면 어떤 사업에도 뛰어들고 있다. 이런 상황이라면 여러 가지 도메인으로 빠르게 확장하고자 하는 곳이 가장 성장할 확률이 높은 회사라고 할 수 있다.

그렇다면 각 도메인들의 기반이 되는 '사업 구조'에 대해 간단하게 살펴보고 이커머스의 확장 가능성에 대해서 이야기해보자.

1) 게임 도메인

- **도메인 구조** : 온라인 서비스에서 '게임'은 가장 독립적인 서비스다. 다른 서비스가 웹이나 앱을 기반으로 만들어지는 경우가 많다면, 게임은 별도의 패키지를 만들고 자체 앱으로 작동하는 경우가 많다. 만드는 과정에서 큰 줄기가 되는 스토리와 세계관이 있으며 이 부분은 게임의 사이즈와 난이도, 구성 방식을 막론하고 어디에나 적용된다. 하다못해 초밥 타이쿤 게임에서도 초밥 가게에서 초밥을 만들어내야 하는 세계관과 스토리가 주어진다. 게임 내에서의 상호작용은 아주 다양하다. 롤플레잉 게임RPG 장르의 경우에는 큰 시놉시스가 있지만,

그 시놉시스를 따라가는 수만 가지 경우의 수를 만들어서 목표를 달성시키거나 그렇지 못하면 재도전을 하게 함으로써 게임 속의 세상을 오랫동안 즐기게 한다. 이렇게만 보면 게임 산업은 온라인 사업 중 제조업과 가장 비슷한 사업으로 보인다.

- **변화의 움직임** : 최근에는 '오픈월드(사용자가 가상 세계를 자유롭게 돌아다닐 수 있는 게임)'를 통해 게이머들 간 상호작용이 자유로워졌고, 추가 결제 아이템 등이 제공되면서 온라인 게임이 마치 하나의 세계처럼 존재하게 되었다. 이를 일컫는 '메타버스Metaverse'라는 말까지 생겨났다. 과거 패키지 게임이었던 'FIFA'는 온라인 게임으로 바뀌면서 축구선수 카드를 뽑는 추가 결제 시스템을 통해 큰 수익을 창출하고 있다. '리니지'의 경우에는 지속적으로 레벨과 서버를 확장하면서 아예 그 안에서 하나의 사회경제가 만들어졌다. 오픈월드 형태의 샌드박스 게임들은 SNS와 커뮤니티 도메인의 구조를 반영하고 있고, 이를 바탕으로 광고 도메인을 만들기도 한다. 네이버Z가 운영하는 '제페토'가 바로 오픈월드이면서 동시에 커뮤니티적인 성격을 가진 대표적인 형태다. 최근 인기 있었던 '동물의 숲'도 스스로 집과 인테리어를 꾸민다는 점에서 샌드박스 게임의 요소를 일부 가지고 있다.

2) 금융 도메인

- **도메인 구조** : 금융을 다루는 온라인 서비스는 기존의 금융업에 속한 은행, 증권사뿐 아니라 핀테크를 기반으로 하는 결제와 예적금, 증권, 보험, 신용카드 등을 다루는 영역이 있다. 금융실명제에 따라 본인을

인증할 수 있는 인증 수단과 철저한 보안을 바탕으로 금융 서비스를 제공한다. 다른 온라인 서비스처럼 웹과 앱을 통해서 움직이지만, 금융에 관련된 여러 가지 법적인 규제와 절차적인 부분이 많아서 전문적인 지식이 많이 필요하다. 인터넷 은행으로 성장하고 있는 '토스'나 '카카오뱅크'를 생각해볼 수 있다.

- **변화의 움직임** : 핀테크 업체들을 중심으로 금융 도메인은 더 접근하기 쉬운 서비스를 통해 데이터를 축적하고 이를 통해서 새로운 금융 서비스를 제공하고 싶어 한다. 예를 들어, 기존에는 은행에서 대출 시 직장인에게만 유리한 기준으로 신용을 평가해왔다. 그런데 이제는 입출금 내역과 소비 형태 등의 새로운 신용 평가를 통해 수입은 일정치 않지만 성실한 자영업자에게도 금융 혜택의 기회를 주는 방향으로 변화하고 있다. 물론 해외보다는 그 변화가 느리지만 충전식 포인트나 제휴 카드PLCC 등의 다양한 결제 수단을 통해 많은 데이터를 모으기 위해서 노력하고 있다. 더 많은 데이터를 수집하고 사용하기 위해서 이커머스와 광고업으로 확장하는 경우도 많다.

3) 광고 도메인

- **도메인 구조** : 이용자들이 결제하는 B2C 사업으로 돈을 벌기보다는, 광고주가 되는 기업으로부터 돈을 버는 구조다. 일반 대중이 이용하는 웹·앱 서비스를 바탕으로 성장한다. 광고 클릭이나 노출되는 양을 기준으로 수익을 얻기 때문에 광고 서비스는 가능한 많은 광고주와 광고에 노출될 타겟이 많은 광고 영역을 확보하고 있어야 한다. 가지고

있는 광고 영역에서는 광고의 노출과 효과를 극대화하고 이를 광고주에게 증명하는 과정이 중요하다.
- **변화의 움직임** : 온라인 초창기에는 광고만 전문적으로 다루는 사업체들이 있었다. 그러나 현재는 트래픽을 많이 보유하고 있는 모든 회사의 필수적인 도메인으로 포함되고 있다. 구글 애드온 광고와 페이스북, 인스타그램, 유튜브의 광고는 우리가 가장 많이 접하는 광고매체다. 이들 모두 메인 서비스 내에 포함된다는 공통점을 가지고 있으며 하나의 수익 구조로서 자리하고 있다.

4) 솔루션과 유틸리티 도메인

- **도메인 구조** : 솔루션과 유틸리티 서비스는 우리가 개인적으로 사용할 일이 없는 것들이 많다. 하나의 '툴'로 작용하며 기업을 대상으로 하는 B2B 서비스인 경우가 많다. 서비스를 운영하고 만드는 입장에서도 일반 사용자를 상대로 고민하는 부분이 거의 없다. 대부분 실제 고객이 되는 기업의 요구 사항을 기반으로 움직인다. 경리업을 대행해주는 '경리나라', 스타트업을 위한 법인카드를 만드는 '고위드', 클라우드 서버를 제공하는 'AWS'도 이 범주에 들어간다. 이 외에 특별한 신기술을 바탕으로 하는 테크 기업도 이 범주에 들어간다.
- **변화의 움직임** : 각 솔루션의 강점을 홍보하기 위해 구독 방식을 채택하거나 해당 솔루션을 활용한 서비스를 직접 보여주는 '제품 중심의 성장 전략Product-based growth'을 쓰기 시작했다. 기존처럼 오로지 B2B 사업만을 주장하고 있지는 않다.

5) 커뮤니티와 SNS 도메인

- **도메인 구조** : 이용자들 간의 상호작용을 중요시하는 도메인이다. 개인 이용자들이 특정한 주제를 가지고 지속적으로 소통하고 교류할 수 있도록 만드는 데 가장 큰 목표를 둔다. 높은 트래픽을 유지하면서 결국 광고 도메인을 포함해 수익 구조를 만드는 경우가 많다. 페이스북이나 인스타그램, 에브리타임과 같은 앱들을 생각해볼 수 있다.
- **변화의 움직임** : 커뮤니티에서 축적된 개인에 대한 분석 정보를 이용해 광고 도메인을 키우는 것을 넘어서서, 개인이 직접 상품을 판매할 수 있는 이커머스 플랫폼으로 확대하려는 모습을 보이고 있다. 인스타그램에 생긴 쇼핑 기능이 이런 흐름을 단적으로 보여준다. 국내에서 성장하고 있는 '무신사, 오늘의집, 화해, 스타일쉐어'는 모두 이와 같은 방식을 통해 이커머스 도메인으로 전환되었다.

6) 검색 포털/콘텐츠/메신저 도메인

- **도메인 구조** : 검색 포털은 온라인이 태동하면서 가장 성공적으로 등장한 온라인 서비스다. 메신저 역시 오랜 시간 온라인의 역사와 함께해온 킬러서비스(시장에 나오자마자 경쟁 상품을 누르고 시장을 뒤바꿀 정도로 큰 수익을 얻는 서비스)다. 포털의 핵심은 정보 검색과 콘텐츠를 한데 모아서 사용자들의 최초 사용 경로를 확보하는 것에 있다.
- **변화의 움직임** : 포털 서비스는 지금까지 가장 많이 확장되어온 도메인이다. 검색 엔진을 통해서 정보를 조회하는 포털은 다양한 콘텐츠 서비스를 확보하는 방식으로 다른 무엇보다도 크게 성장했다. 네이버

와 구글은 검색 포털을 기반으로 성장한 대표적인 예다. 검색 엔진과 이메일 서비스를 시작으로, 카페와 블로그 같은 커뮤니티 도메인과 웹툰, 음악, 영상 같은 콘텐츠 도메인까지도 산업을 확장해왔다. 카카오톡은 메신저를 기반으로 포털과 콘텐츠를 확대해나가고 있다. 최근에는 게임 플랫폼까지 진출하며 어떤 도메인보다도 많이 확장하고 있다. 이러한 기반의 대표적인 서비스로는 네이버와 카카오가 있다.

이커머스를 제외한 여섯 가지 도메인 구분을 읽으며 이 중 어디에서 일해야 할지 분명 고민될 것이다. 아니면 기업 특성에 대해서는 명확하게 이해되지만 직무적으로는 크게 와닿지 않을 수도 있다. 중요한 것은 모든 도메인이 새로운 비즈니스모델을 만들기 위해 다른 도메인을 포함해가면서 거대 기업으로 성장하고 있다는 사실이다. 특히 금융과 포털을 기반으로 한 성장은 실로 대단한 정도다. 그럼에도 나는 이러한 성장은 결국 '이커머스 도메인'에서 모두 만나게 되어 있다고 생각한다. 왜냐하면 어떤 도메인이든지 '결제'가 포함되려면 이커머스 도메인을 포함시켜야 하기 때문이다.

그렇다면 이미 결제를 기반으로 만들어진 이커머스는 어떻게 성장하고 있을까? 앞에서도 설명했듯이 이커머스는 결제를 통해서 유무형의 상품을 판매하는 구조를 가지고 있다. 결제의 대상은 무엇이든 될 수 있다. 이커머스들은 '잘 팔기 위해서' 구조적으로 많은 노력을 한다. 그 과정에서 자연스럽게 다른 도메인들은 이커머스 도메인에 편입되기 시작한다.

이커머스 내에서 상품을 더 노출시키고 싶은 판매자들은 이커머스의 '광고 서비스'를 활용한다. 이커머스에서는 이용자들의 구매 정보를 기반으로 타겟 광고를 할 수 있고, 그런 광고를 보여줄 수 있는 영역도 굉장히 많이 가지고 있다. 앞서 커뮤니티 기업들이 이커머스로 확대하듯이 이커머스의 이용자들도 리뷰를 공유하며 '커뮤니티'로 확장해간다. 아마존이나 쿠팡에서는 이미 도움되는 리뷰를 작성하는 사람들을 구분하고 그에 따른 보상을 주면서 더 많은 사람들이 의욕적으로 글을 남기도록 만들고 있다.

결제를 중심으로 '금융 도메인'으로도 확대하고 있다. 결제 과정을 편리하게 하기 위해서 간편결제 서비스나 충전식 포인트 등의 금융 서비스를 개발했다. 간편결제 서비스 중에서는 이베이(G마켓, 옥션)의 '스마일페이'나, 쿠팡의 '쿠팡페이' 사용자가 많고, 네이버의 스마트스토어와 가격비교 서비스를 기반으로 성장한 '네이버페이'의 성장도 가속화되어왔다. 신용카드처럼 고객들에게 외상결제 서비스를 제공해주기도 하고, 이베이의 경우에는 더 나아가서 체크카드까지 발행해주기도 한다. 판매자를 대상으로 하는 금융 서비스도 만들고 있다. 영세하지만 성실한 판매자에게는 '즉시 정산'이나 '선광고 서비스' 등을 제공함으로써 사실상 단기 유동 자금을 지원하는 대출에 가까운 서비스를 해주기도 한다.

그리고 'B2B 솔루션'처럼 판매자에게 이커머스 내부에 개별 샵을 만들어주기도 한다. 네이버 스마트스토어를 생각해볼 수 있다. 더 많은 시간을 서비스 내에 머물도록 하기 위해서 '콘텐츠 도메인'으로의 확장도 머뭇거리지 않는다. 최근 쿠팡은 OTT 서비스를 출시하면서 콘텐츠 사

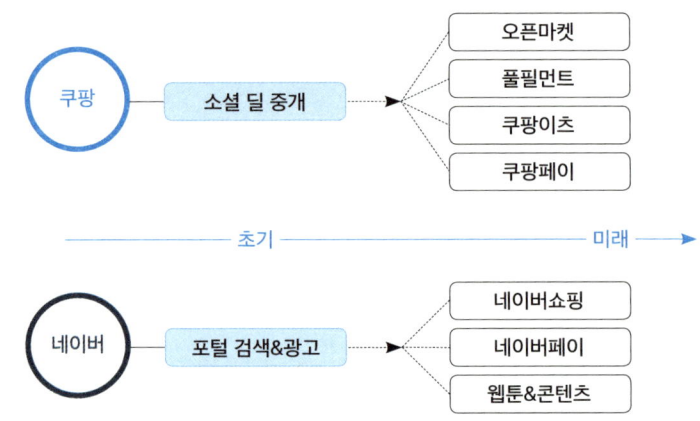

업으로도 확장했고, 아마존은 오래전부터 영상, e-book, 음악 서비스를 제공해오고 있다. 라이브커머스도 유튜브나 트위치 같은 방송 서비스에 가깝다. 이커머스가 온라인 서비스 중에서 겨우 게임 도메인 정도만 손대지 않은 것처럼 보이지만, VR 서비스 역시 어떻게 하면 이커머스에 녹일 수 있을까 많은 사람들이 고심하고 있다. 이미 중국 이커머스 시장은 게임 도메인으로도 공격적으로 확장하고 있는 추세다. 알리바바의 경쟁자로 부상하고 있는 중국의 '핀둬둬'는 쿠폰을 얻기 위한 다양한 미니 게임들을 선보이고 있다. 우리나라 이커머스도 마찬가지로 게임 도메인까지 확장할 가능성이 크다.

다시 돌아와서 '온라인 기업을 선택하기 어렵다면 이커머스로 가라'는 말의 의미는 두 가지로 해석이 가능하다. 하나는 선택지에 있는 대다수 기업들은 이미 이커머스인 경우가 많고, 표면적으로 이커머스처럼 보이지 않는 회사들조차 이커머스 사업을 하고자 하기에 선택지가 많다는 뜻이다. 또 하나는 이커머스 기업은 여러 가지 서비스 도메인으로 확장하며 커지기 쉬운 회사이기 때문이다.

대학에서 전공보다 학부를 먼저 선택하는 이유는 어떤 세부 전공을 공부해야 할지 미리 결정하지 못하기 때문이다. 온라인 서비스 회사에 입사할 때 명확하게 꿈꾸는 도메인이 없다면, 이커머스는 '자유전공학부'처럼 훌륭한 선택지가 될 수 있는 곳이라고 생각한다.

 더 공부해보고 싶다면, 이 책으로!

『네이버 vs 카카오』, 홍성용, 매일경제신문사, 2021
IT 기업들에 대해 여러 방면으로 다양한 소식을 전하는 '홍키자' 홍성용 기자의 저서다. 네이버와 카카오 두 기업의 성장 동력을 통해서 빅블러 시대에 이커머스가 빅테크 기업의 성장에 어떤 역할을 하는지 다시 한번 고민해볼 수 있는 책이다.

데이터 플랫폼 시대, 이커머스로 입사해야 하는 이유

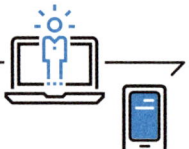

앞서 우리가 이커머스로 입사해야 하는 이유를 설명하면서 모든 산업들이 결국 '결제'가 들어간 서비스로 모이고 있기에 결국 이커머스 도메인에서 만나게 된다고 이야기했다. 이 말을 듣고 분명 고개를 갸웃하는 사람도 있을 것이다.

"모든 산업이 결제로 모인다면, 핀테크를 가면 더 좋은 거 아닌가요?"

그리고 이런 질문도 나올 수 있다.

"정작 제일 잘나가는 네이버와 카카오는 이커머스가 아니라 포털과 콘텐츠 도메인 아닌가요?"

이 두 가지 말 모두 맞다. 결제 서비스를 기준으로 한다면 금융·핀테크 산업은 모든 도메인에 영향을 미치는 것이 맞고, 네이버와 카카오는 포털과 콘텐츠를 기반으로 성장했고 지금도 가장 강력하게 성장 중이다. 하지만 금융·핀테크 산업이 더 성장하기 위해서는 이커머스 산업으로의 확장이 필수적이고, 네이버와 카카오는 이미 다양한 콘텐츠 산업을 이커머스로 전환했기 때문에 단단한 이익 기반을 마련할 수 있었다. 그리고 이렇게 될 수밖에 없는 근본적인 이유는 바로 이커머스에서만 수집할 수 있는 '주문 데이터'에 있다.

온라인 산업의 1등급 원유는 '주문 데이터'

데이터의 중요성은 정말 많은 곳에서 강조된다. 데이터에 기반한 의사 결정을 내리고 데이터에 기반해서 서비스를 만들어야 한다는 말은 이제 보편적인 구호처럼 사용되고 있다. 어떻게 해야 할지는 정확히 몰라도 그 중요성에 대해서는 모두가 인지하고 있다. 이런 기조에서 데이터 분석 관련 기술을 배우는 사람들도 굉장히 많다. 이커머스를 기반으로 한 기업이 성장하는 이유도 이 데이터와 관계가 깊다.

과거 제조업이 석유와 석탄에서 출발했다면, 빅블러 시대의 기업들은 데이터를 기반으로 새로운 사업을 시작한다. 많은 사람들의 이용 데이터가 쌓이면 그 데이터에서 새로운 사업의 힌트를 얻을 수도 있고, 사람들이 많이 모이면 모일수록 그 사람들 자체가 하나의 자원으로 이용되기도 한다. 여러 도메인에서 가장 먼저 차용하는 비즈니스모델은 광고 서비스인데, 광고 서비스는 정확한 타겟을 추출하는 것이 중요하다.

구글은 SSO Single Sign On 서비스(단일 로그인 서비스)를 통해서 다양한 외부 정보를 수집하고, 구글 검색과 유튜브에서 본 콘텐츠들의 키워드를 조합하여 완벽한 광고 타겟을 추출해낸다. 그리고 자연스럽게 구글의 여러 서비스들을 통해서 광고를 노출한다. 즉, 사용자들의 데이터는 구글이 더 효과적인 광고 효율을 냄으로써 광고 수익을 더 많이 벌어들일 수 있게 하는 원재료가 되고 있다. 플랫폼 업계에서 흔히 말하는 "공짜로 무언가를 얻는다면 당신이 상품이다."라는 농담은 바로 이런 지점에서 출발한다. 네이버와 카카오가 지속적으로 성장할 수 있었던 것도 구글처럼 사용자에 대한 다면적 행동 데이터를 얻을 수 있었기 때문이다.

금융과 핀테크가 주목받는 것도 바로 이 때문이다. 통장에 주기적으로 들어오는 수익과 여기저기 결제하며 얻는 정보를 통해 사용자들을 파악할 수 있을 것이라고 믿기 때문이다. '토스'와 '뱅크샐러드'도 이미 사용자의 신용카드 사용 정보를 이용해 신용카드 혜택을 매칭하여 더 좋은 상품에 가입하도록 추천하는 중개 서비스를 만들었다. 또한 이런 정보는 장기적으로 개인의 신용을 평가할 수 있는 새로운 기준이 되어서 다양한 금융 상품을 만들 수 있는 기반이 될 것이라 예상한다.

하지만 핀테크 기업과 콘텐츠 포털의 가장 큰 문제는 '데이터의 정확성'에 있다. 먼저 콘텐츠부터 생각해보자. 웹툰 서비스를 주기적으로 이용하는 사용자 A씨가 있다고 하자. 그 사람이 보는 콘텐츠의 특징은 굉장히 중요한 성향 측정의 지표가 된다. 그런데 만약에 A씨가 무료 웹툰을 이용하면서 특정 웹툰에는 비용을 지불하고 있다면, 무료로 본 웹툰과 유료로 본 웹툰 중에서 어떤 데이터가 A씨의 성향을 더 잘 표현해줄 수 있을까? 둘 다 의미는 있겠지만 유료로 본 웹툰에 가중치를 더 줄 수밖에 없다. 즉, 정확성이 더 높은 데이터는 웹툰이라는 콘텐츠를 판매하는 이커머스의 '주문 데이터'에 해당한다. 포털과 콘텐츠는 수익 구조를 위해서도 이커머스가 필요할 수 있지만, 더 정교하고 의미 있는 데이터를 얻을 수 있다는 측면에서도 이커머스가 굉장히 중요하다.

그렇다면 핀테크는 어떨까? 단순하게 생각해보면 하나의 이커머스 사이트보다는 사용자가 이용하는 여러 이커머스에서 결제 정보를 모을 수 있는 핀테크가 더 많은 정보를 수집할 수 있는 것처럼 보인다. 문제는 핀테크가 모을 수 있는 정보는 '어떤 곳에서 결제를 했는가' 정도인 경우가 많다는 점이다. 예를 들어 B씨는 '무신사'와 'CJmall'에서 '삼성페이'를 통해서 카드결제를 했다. 삼성페이로는 B씨가 무신사와 CJmall에서 결제했다는 사실을 인지하고, 이 사람이 온라인 쇼핑을 좋아하는 사람이라는 것 정도를 구분할 수 있다. 하지만 삼성페이는 B씨가 스트리트 패션을 좋아하는지 무신사 스탠다드의 기본 룩을 좋아하는지는 알 수가 없다. 마찬가지로 CJmall에서 홈쇼핑에서 판매하는 화장품을 샀는지 아니면 식품을 샀는지도 알 수 없다. 이 정보는 각 이커머스사의 주문 데이터에만 들어 있는 정보다. 핀테크가 가지고 있는 정보보다 이커머스가 가지고 있는 정보가 훨씬 구체적이다. 반대로 말하면 이커머스가 핀테크의 간편결제 도메인을 흡수한다면 더 많은 데이터를 기반으로 더 많은 사업을 만들어낼 수 있다는 의미가 된다.

실제로 이런 일은 이미 시장에서 일어나고 있다. 아마존의 광고 사업은 페이스북과 구글의 양강체제를 위협하며 무섭게 성장했다. 아마존은 2019년에 검색 광고 시장에서 이미 MS를 누르고 2위로 올라서며 전년 대비 약 30% 이상 성장했다. 후발 주자임에도 이런 성장이 가능했던 이유는 아마존이 구글과 페이스북처럼 콘텐츠 이용에 대한 행동 데이터뿐 아니라 '주문 데이터'를 가지고 있기 때문이다. 단순한 클릭 데이터가 아니라 기존의 구매 기록을 바탕으로 분석한 막강한 데이터는 광고의 목적을 달성하기에 더욱 유리하다. 비단 광고뿐 아니라 모든 비즈니스적 결정에서 이커머스의 주문 데이터는 훨씬 더 직접적이고 강력할 수밖에 없다.

현재 국내 온라인 기업 중 가장 강력하다고 말하는 네이버 역시 네이버페이를 기반으로 한 주문 데이터를 확보하고 있고, 카카오 역시 지속적으로 이커머스를 성장시키기 위해서 노력 중이다. 두 회사 모두 2019년에 계열사를 재정비하면서 이커머스를 성장시키려는 의지를 보였다. 쿠팡이 아직까지 네이버나 카카오만큼 넓은 사업 범위를 가지고 있지 않음에도 지속적으로 주목받는 이유 역시 이런 점이 크게 작용한다. 주문 데이터에 대해 생각해보면 앞서 모든 기업들이 왜 자사의 이커머스를 만들려고 하는가에 대해서도 쉽게 추측해볼 수 있다. 즉, 데이터가 온라인 산업의 석유라면 이커머스의 '주문 데이터'는 '1등급 원유'에 해당한다.

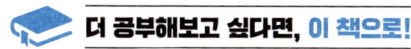
더 공부해보고 싶다면, 이 책으로!

『카카오와 네이버는 어떻게 은행이 되었나』, 김강원, 미래의창, 2020

이 책은 플랫폼 기업들이 핀테크를 통해서 어떻게 확장하고 성장해가는지 보여준다. 여기에서 중요하게 사용되는 것은 역시나 데이터와 결제가 있는 이커머스 플랫폼이다. 반대로 말하면 이커머스 플랫폼이 금융으로 확장하고 있는 모습에 대해 자세히 설명해주는 책이다.

데이터를 기반으로 한 신기술 전시장

데이터를 잘 활용하기 위해서는 양질의 데이터를 쌓는 것도 중요하지만, 이를 제대로 분석하고 바로 활용하는 것이 더 중요하다. 『인공지능 시대의 비즈니스 전략』의 저자는 책에서 인공지능 기술과 빅데이터 기술을 잘 활용하기 위해서는 현장에서 필요한 일에 사용해야 한다는 점을 강조했다. 기술만 보고 생각하면 '필요한' 부분이 아니라 '그럴듯한' 곳에 사용하게 되면서 정작 불필요한 것을 만들게 된다는 뜻이다. 이런 점에서 이커머스의 데이터는 양도 많고 정량화가 잘 되어 있으면서 명확하고 뚜렷한 목표를 가지고 있다. 다음 챕터에서 더 자세하게 설명하겠지만, 이커머스는 각 단계별로 명확한 목표가 있고 최종적으로는 '주문으로 전환시킨다'는 굉장히 명확한 목표를 가지고 있다. 이러한 명확한 목표는 인공지능 기술뿐 아니라 모든 신기술을 적용하는 데 있어서도 다양한 실험 기반이 된다.

이런 이유로 이커머스 기업은 다양한 범위에서 신기술을 도입하는 것에 적극적이다. 지금은 보편화되었지만 인공지능 챗봇을 이용한 상담센터나 이미지 검색을 통한 상품 찾기, 고객에 따른 상품 추천 등은 이커머스에서 퍼져나간 서비스들이다. 한때는 아마존의 AI 알렉사가 적용된 스마트 스피커를 이용한 보이스커머스와, 배송과 물류 측면에서 인건비를 줄여줄 수 있는 드론 이용에 대한 관심이 굉장히 높았고 실제로 많은 이커머스 기업들이 이에 뛰어들었다. 아마존, 알리바바처럼 이커머스를 시작으로 다양한 도메인 산업까지 확장하며 성장한 기업들은 신기술 도입에 있어서도 굉장히 적극적이다.

 신기술을 빠르게 적용한다는 점은 구직자의 입장에서는 회사를 높게 평가할 만한 요소다. 신기술이 멋있기 때문이 아니라 그 경험이 내 커리어를 만들어주기 때문이다. PC에서 모바일 환경으로 전환되면서 모든 온라인 기업의 희비가 갈린 것을 직접 목격했던 사람들이라면 신기술을 빠르게 적응하고 이에 대한 지식을 쌓을 수 있는 기회가 얼마나 중요한지 알 것이다. 나는 회사가 PC 기반에서 모바일로 넘어가는 시기에 운 좋게 동료들보다 먼저 모바일팀으로 발령받았다. 단지 새로운 기술을 조금 빨리 접했을 뿐인데, 그 약간의 차이가 한동안 나에게 더 좋은 기회를 가져다준다는 것을 체감했다. 흔하지 않은 신기술을 경험하는 것은 이직할 때도 물론 유리하다.

 정리하자면 데이터와 신기술을 기준으로 봤을 때도 이커머스 산업은 그 어떤 도메인보다도 확장 가능성과 성장 가능성이 크다. 그만큼 이커머스는 치열하게 경쟁하고 빠르게 성장하는 도메인이다. IT 회사를 선택하며 망설이고 있다면, 나는 다시 한번 이커머스 기업을 추천한다.

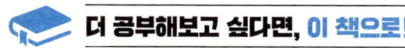

『인공지능 시대의 비즈니스 전략』, 정도희, 더퀘스트, 2018

국내 굴지의 대기업에서 인공지능을 비즈니스에 도입하는 선봉에 있었던 저자가 현실적 한계와 도입에서 필요한 절차 등에 대해 이야기하는 책이다. 쉽고 현실적인 이야기가 가득 담겨 있어, 상상이 아닌 현실 속의 인공지능의 도입에 대해서 고민해볼 수 있는 책이다.

『외계어 없이 이해하는 암호화폐』, 송범근, 책비, 2018

블록체인이라고는 코인밖에 모르는 사람에게도 기술로서의 블록체인에 대해 아주 쉽게 설명해주는 책이다. '아웃스탠딩'의 문과 출신 송범근 기자가 대학원 시절 공부하며 쓴 책으로, 블록체인을 활용할 수 있는 기반이 될 내용들이 많이 담겨 있다.

『메타버스』, 김상균, 플랜비디자인, 2020

게이미피케이션으로 유명한 김상균 교수가 메타버스에 대해서 입문용으로 쓴 책이다. AR, VR 등의 기술이 만들어내는 메타버스가 앞으로 온라인 사업에서 얼마나 중요하게 사용될 것인지에 대해 이야기하는 책이다.

대기업? 스타트업?
어떤 IT 기업이 좋을까

처음 회사를 선택할 때 명확한 꿈이 없다면, 가장 중요한 요소는 복지와 연봉 그리고 기업 문화 정도일 것이다. 많은 사람들이 대기업에 취업하려고 하는 것도 사실상 이러한 이유가 가장 크다. 대기업은 연봉도 더 높게 주고, 주 52시간 근무제를 지키며 국가에서 정한 근로 기준도 잘 따른다고 생각한다. 반면 '중소기업'에 대한 이미지는 나쁘다. 온라인 사업을 한다고 해서 '스타트업'이라고 좋게 부르지만 이 역시 결국은 중소기업이기 때문에 연봉과 복지는 대기업보다 좋지 않다고들 생각한다.

한편 '스타트업'에 기대하는 부분은 보통 '기업 문화'다. IT 기업, 특히 스타트업에 대한 환상을 가진 사람들이 굉장히 많다. 반바지를 입고 회사 카페테리아에서 뽑은 아메리카노를 마시면서 맥북으로 일하거나 자유롭게 출퇴근하는 모습을 상상한다. 아니면 누군가가 낸 아이디어에 모두가 감화하여 아드레날린을 뿜어가며 당장 며칠 만에 새로운 서비스를 기획해내는 상상도 한다. 이런 환상은 실리콘밸리의 모습이라고 흔히 말하는 내용에 판교 회사들이 상상을 덧씌운 것이다. 자유로운 복장으로 일하고, 자유롭게 제안하며 소통할 수 있는 기업 문화를 바란다.

하지만 연봉과 복지, 기업 문화 모두 '진리의 사바사(회사 by 회사, 회사마다 다르다는 뜻)'가 통한다. 같은 분야라고 해서 모든 회사가 일하는 방식까지 같을 수는 없다. 스타트업보다 연봉과 복지가 좋지 않은 대기업도 존재한다. 그리고 특히 이커머스 같은 분야는 오래된 대기업이라고 해서 사업을 더 잘하고 있는 것도 아니다. 스타트업이라고 생각하는 카카오는 이미 공식적으로 대기업에 분류되고, 네이버나 쿠팡은 규모나 영향력 측면에서 대기업을 능가하고 있다.

그렇다면 이커머스 기업 중에서도 내가 입사할 기업은 어떻게 선택해야 할까? 이 부분에 대해서는 어떤 특정 기업이 좋다고 단정지어 말할 수 없으니, 개인적인 경험과 주변 지인들의 경험을 토대로 몇 가지 기준을 이야기해보려고 한다.

나는 오랜 기간 대기업의 사내 벤처 회사를 다녔다. 주목받지 못하던 사내 벤처 기업이 점점 성장하여 그룹사의 주요 계열사로 편입되었고, 10년 가까이 재직하는 동안 대기업이 되는 과정에서 몇 차례의 변곡점들을 겪었다. 입사 시점에 300명이었던 정직원이 1,300여 명으로 늘었고, 외부 비정규 파견직과 아웃소싱된 조직까지 포함하면 인원은 거의 10배가 되었다. 그리고 그 과정에서 이커머스와 오프라인 유통이 가지고 있는 가치관의 차이에 대해서도 많이 느꼈다. 그리고 지금은 1년 동안 직원이 60명에서 200명이 넘도록 급성장하고 있는 스타트업에 다니고 있다.

회사의 창업 멤버로 참여한 적은 없지만, 조직의 인원 변화나 사상의 변화에 대한 스펙트럼은 굉장히 넓다. 당대의 가장 선두주자인 회사를 다니진 않았지만, 그렇기에 오히려 평범한 대한민국의 기업들에 대해 좋은 것과 나쁜 것을 가릴 수 있는 눈이 생겼다.

누군가 나에게 어떤 이커머스 기업을 선택하면 좋겠냐고 묻는다면, 나는 기업의 '운영 방식'을 주의 깊게 보라고 하고 싶다. 이 책에서 앞으로 꾸준히 이야기하겠지만, 온라인 사업을 하는 IT 기업은 계속해서 온라인상에 만들어진 서비스를 통해서 성장해야 한다. 모든 직무의 직원들이 동일한 목표를 가지고 각자의 방식으로 서비스가 잘 작동할 수 있도록 움직여야 한다. 그러려면 각자가 자신의 직무에서 온라인 서비스와 연관되는 부분에 대해 잘 알아야 하고, 온라인 사업에 대한 이해를 갖춰야 한다(이 부분은 챕터 3~4에서 더 자세히 설명하도록 하겠다).

반대로 피해야 하는 회사는 이 개념이 제대로 확립되지 않은 회사다. 온라인 서비스를 만드는 IT 조직을 '전산실' 개념으로 보는 회사들이 종종 있다. 전산실이라는 개념은 과거 오프라인 유통업에서 가지고 있던 개념이다. 상품의 소싱과 판매 같은 중요한 프로세스는 오프라인에서 개개인의 역량으로 이뤄졌기 때문에, 당시의 전산이라고 하는 부분은 오프라인의 매출 실적을 모아서 체크하는 ERP(전사적자원관리)를 보조하거나 카드결제 같은 부분을 지원하는 데 지나지 않았다. 전형적인 '지원 부서' 중 하나로 보았고, 많은 기업들이 이 부분을 아웃소싱 형태로 운영했다. 규모가 조금 큰 기업들은 이러한 전산만 다루는 계열사를 만들어서 상황에 맞춰 인원을 수주해서 사용함으로써 비용을 효율화하는 수단으로 생각했다. 하지만 이커머스를 운영해야 하는 상황에서 여전히 IT 조직을 전산실 개념으로 운영하는 것은 서비스의 성장을 가로막는 일이다.

 IT 조직을 '전산실'로 부르는 회사에서 온라인 사업을 준비하다 보면 겪는 문제들은 전형적이다. IT 업계에서 구전되어 내려오는 몇 가지 전설들이 있는데, 나는 이것을 '개발 3교대설'이나 '온라인 전단지설'이라고 부른다. '개발 3교대설'은 개발하는 시간이 오래 걸린다고 하면, 온라인 매장을 만드는 개발 방식을 정확하게 이해하지 못한 리더가 개발자를 늘려서 무조건 빠르게 만들라고 하거나, 3교대 근무로 시간을 당길 수 없냐고 지시하는 것을 말한다. 글쓰기와 같은 언어로 이루어진 개발 과정을 이해하지 못해서, 마치 건축처럼 인원을 많이 붙이면 여러 명이 동시에 많이 일할 수 있을 거라 생각해서 생기는 해프닝이다. '온라인 전단지설'은 마치 전단지 디자인 수정을 요청하듯이 오픈 직전에 디자인이나 기능을 완전히 고치면서 '그거 하나 고치는데 뭐가 그렇게 어렵냐'고 말하는 사람을 만났을 때를 일컫는다. 내가 신입사원 때 웃으면서 농담처럼 들었던 이 이야기들은 실제로 지난 10년이 넘는 시간 동안 현실에서 마주했던 적이 몇 번 있고, 그리고 여전히 구전되며 이 업계를 떠돌고 있다.

이런 일화들의 핵심은 회사의 리더가 IT 조직을 단순히 '을'의 관계로 인식해서 시키는 일만 빠르게 수행하기를 바라는 데 있다. 온라인 산업의 핵심은 온라인 서비스에 있는데, 온라인을 가장 이해하지 못하는 조직에서 원하는 것을 지시하고 IT 조직은 그대로 수행하기만을 바라는 것에서 문제가 발생한다. 이런 상황이 지속적으로 반복되면 IT 조직은 기준 없이 밀려오는 요청에 대응하는 것에 지쳐서 퇴사와 인력 교체가 잦아진다. 그렇게 되면 무엇 하나 좋게 개선하려고 요청해도 "영향이 예상되지 않아서 못 고쳐요."라든가 "그건 구조적으로 못 만들어요."라는 말을 듣게 되고, 이때 회사의 성장이 멈춘다는 것을 온몸으로 체감하게 된다.

뒤에서 다시 설명하겠지만, 온라인 사업을 하는 회사 내의 모든 직무는 결국 IT를 통해서 만들어진 산출물과 직접적으로 연관되어 있다. 따라서 이를 정확하게 이해하고 일을 하려면 누구보다도 전문적인 의견에 귀를 기울이고 이를 이용할 수 있는 준비가 되어야 한다. 나 역시 문과 출신이지만 IT 조직에 속해 있기 때문에 이런 문제를 더 심각하게 느끼는 것처럼 보일 수도 있다. 하지만 사실 내가 더 걱정하는 것은 IT 조직을 전산실로 인식하고 요청하는 이커머스 잡부들의 미래다.

IT를 전산 조직으로 인식하는 것은 개인적 차원의 문제가 아니다. 이러한 인식은 보통 개인에서 시작되는 게 아니라 조직의 생각이 자연스럽게 개인에게 스며드는 형태다. 내 위의 리더와 그 위의 리더가 이커머스 매장을 전단지처럼 생각하고 일을 시키면 그 밑에서 일하는 사람들도 자연스럽게 그렇게 인식하게 된다. 그렇게 되면 요청 부서와 IT 조직 간의 골이 깊어질 것이고, 하고 싶은 것을 제대로 만들어내지 못하게 된다. 그리고 장기적으로는 그 일을 요청한 사람들 또한 서비스 도메인의 지식을 배우고 어디서든 써먹을 수 있는 역량을 키울 기회를 잃는다. 실제로 그런 환경에서 근무하는 마케터와 영업 MD들은 자신이 하는 일에 대해 성장하는 느낌을 받지 못해서 이직을 고민하게 되는 경우를 많이 봤다. 하지만 막상 이직할 때는 자신의 직무 역량을 정의하지 못해서 비슷한 개념을 가진 회사로 처우만 바꿔서 옮기는 일이 더 많았다.

이러한 구조적 인식의 차이는 회사의 크기나 연식에서 기인하는 것이 아니다. 가장 중요한 것은 리더의 인식 문제다. 스타트업임에도 전산실처럼 생각하는 회사도 있고, 아주 오래된 기업임에도 IT 기업으로서의 정체성이 명확한 회사도 있다. 리더가 회사의 정체성을 어떻게 정의하고, IT 조직 그리고 나아가서 '온라인 서비스'를 어떻게 인식하는지에 따라서 회사의 방향성이 정해진다. 지금 가려는 회사가 '유통 회사인데 온라인 판매를 하려는 회사'인지, 아니면 '이커머스 회사'인지를 정확하게 구분할 필요가 있다.

나의 경험을 이야기해보자면, 회사가 사내 벤처의 정체성을 가지고 있을 때는 '온라인 서비스 회사'로 인식되었으나 나중에 리더가 바뀌면서 '온라인 판매를 하려는 유통 회사'로 변질되어 어려움을 겪었다. 물론 이때 다른 리더가 온다면 이러한 인식을 충분히 개선할 수 있다는 희망은 있었다. 그러나 지금 여러분이 주니어라면 이런 회사는 피하라고 말하고 싶다.

삼성그룹 이건희 회장은 "업의 본질에 대한 해석이 실패할수록 조직의 실패는 반복된다."라고 이야기한 적이 있다. '업의 본질'에 대한 오해는 자유로운 소통이나 애자일 방법론(개발 대상을 작게 나누어 변화에 유연한 소프트웨어 개발을 목표로 하는 방법론)을 선택하고 있는 것과는 아주 별개의 이야기다. 온라인 사업의 본질을 잘 알고 있는 회사라면 강력한 리더에 의해 상명하복식으로 일을 하더라도 올바른 방향으로 역량을 쌓고 또 성공의 기회도 얻을 수 있다고 생각한다.

내가 이커머스를 기준으로 이야기했기에 '유통 회사'와 '이커머스'의 구분으로 말했지만, 사실 어느 업종이나 비슷한 상황이 존재한다. '금융 회사'와 '핀테크'의 구분도 있고, '제조 회사'와 'D2C Direct to Customer 이커머스'도 있다. 온라인 사업으로 변하는 과도기에서 많은 회사들이 혼란스러워하고, 그 과도기 때 방향을 제대로 잡지 못하면 개인의 성장에도 큰 문제가 된다. 외부에서 강의와 대외 활동을 하면서 만난 수많은 직장인들도 이와 비슷한 문제로 고민하고 있었다. 연봉이나 복지, 조직 규모에 따른 업무 범주는 스스로 납득하거나 포기할 수 있는 문제라면, 이 부분은 조직의 문제이기 때문에 개인의 힘으로 바꾸기 어렵다. 그래서 개인이 아무리 열심히 노력해도 큰 성과가 나지 않고, 시간이 지날수록 자신의 실력에 대한 불신이 생겨 이직이 두려워지기도 한다. 드라마와 달리 현실에서는 갓 입사한 사원이 회사 전체의 분위기를 바꾸기는 어렵다. 선택의 기회가 있다면, 이 부분을 주의해서 회사를 선택하면 좋겠다.

물론 이러한 이야기도 꼭 정답이 아닐 수 있다. 선택은 여러분의 몫이다. 여러 가지 가치를 기준으로 회사를 고민하고 있다면, 이 기준도 고려 요소에 넣어주길 바라는 것이 IT 회사를 먼저 다녀본 선배로서 건네는 사적인 조언이다.

 더 공부해보고 싶다면, 이 책으로!

『실리콘밸리를 그리다』, 김혜진 외 4인, 스마트북스, 2018

실리콘밸리에서 일하는 한국인들이 실리콘밸리와 국내의 상황을 비교해가며 테크 기업에서 일하는 사람들과 조직의 사고방식에 대해 이야기하는 책이다. 다양한 직무를 담당하는 사람들의 시각을 통해서 테크 기업의 사고방식에 대해 생각해볼 수 있다.

Chapter 3

어떻게 돈을
버는지 알면
할 일이 보인다

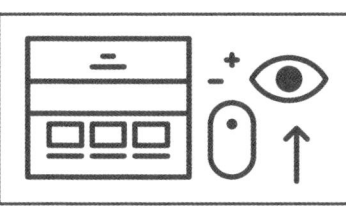

e-commerce
onboarding
without coding

대한민국 이커머스는 특별하다

전 세계 어디에서도 쓰지 않는 쿠팡과 카카오톡을 쓰는 나라 대한민국. 한때 '온라인 갈라파고스(자신만의 기술이나 양식만 고집함으로써 세계 시장에서 고립되는 것을 비유하는 말)'라고 불리던 곳, 바로 우리나라 온라인 시장이다. 서구권에서는 이미 득세하고 있고, 심지어 이웃 나라 일본에서도 순위권에 있는 아마존이 아직 진입조차 하지 않은 곳이 우리나라 이커머스 시장이다.

나는 2016년부터 우리나라의 특수한 이커머스 환경이 어떻게 만들어져왔는지 그 역사를 조명하고 정리한 내용을 바탕으로 강의를 해왔다. 대한민국이 '온라인 갈라파고스'라고 불릴 만큼 특수한 데는 환경적 이유나 역사적인 이유가 있을 것이라 생각했고, 직접 조사를 하면서 그 생각은 확신이 되었다.

이 챕터에서는 이커머스가 어떻게 돈을 버는지에 대해 이야기하면서 회사라는 조직이 공통적으로 지향하는 바를 설명하려고 한다. 그에 앞서 가장 처음으로 이야기할 것은 우리나라 이커머스의 특별한 환경에 대해서다. 배경지식으로 역사적 흐름을 알아두면 사용자의 시각에서 메이커의 시각으로 전환하는 데 큰 도움이 될 것이다. 전체 역사를 다 훑으려면 책 한 권 분량의 내용이 되기 때문에, 중요한 키워드들을 중심으로 간략히 정리해보았다.

UI와 사용성을 예민하게 만든 인터넷 속도

우리나라의 이커머스가 시작된 것은 1996년이다. 이듬해에 다음Daum의 한메일이 나오고 PC통신을 하던 사람들이 웹으로 넘어오기 시작했다. 1998년 인터넷 전용선이 설치되면서 사용한 만큼 돈을 내는 기존의 '종량제 방식'에서 '월정액 방식'으로 변해 모두가 인터넷을 자유롭게 사용할 수 있는 시대가 열렸다. 그리고 2009년, 우리나라의 인터넷 속도는 전 세계 평균 대비 7배가 빠른 속도를 자랑하며 압도적인 글로벌 1위를 차지했다.

이런 인터넷 환경은 사용자들과 서비스에 큰 영향을 미쳤다. 한국 사용자들은 저렴한 비용으로 빠른 인터넷 속도를 누리고 있었기 때문에 서비스와 서비스 용량에 대한 부담이 없었다. 그래서 더 많은 이미지와 애니메이션을 사용하는 것에도 거리낌이 없었다. 해외 사이트에는 흰

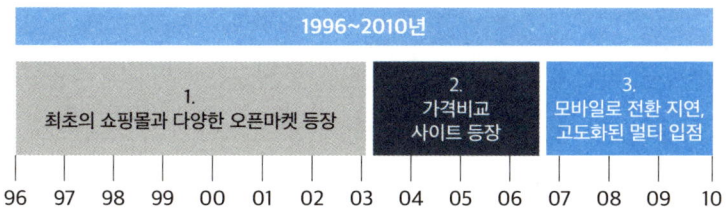

바탕에 검은 글씨만 덜렁 있던 시기에도, 국내에서는 복잡함을 넘어 움직이는 GIF 이미지와 수많은 팝업을 사용해 해외에서는 접속조차 어려울 정도의 무거운 사이트들이 만들어졌다.

또한 용량에 대한 부담이 없었기 때문에 디자인 측면에서도 디테일하게 신경 쓸 수 있었다. 온라인 서비스에서는 조금이라도 더 신경 쓸수록 파일 용량이 무거워진다고 생각하면 된다. 예를 들어 상품 사진이 덩그러니 놓여 있는 것이 싫어서 예쁜 테두리를 하나 두른다면 그것 역시 용량이 된다. 그래서 우리나라의 서비스 화면은 해외 서비스에 비해서 표와 같은 형태로 깔끔하게 정리되어 있는 편이다.

UX 이론에서는 '도허티 임계Doherty Threshold'라고 해서 PC 작업 수행 시 반응 시간이 0.4초 이하일 때 생산성과 만족도가 증가하고, 반대로 응답이 1초 이상으로 늘어나면 사용자 경험이 나빠진다는 심리학 법칙이 있다. 그런데 전 세계에서 가장 빠른 인터넷 속도를 누려온 한국인들의 임계치는 평균보다 더 짧은 듯하다. 실제로 인터넷 속도에 대한 통신사와 고객들의 집착은 모바일 환경에서도 계속 중요한 포인트가 되어왔다.

그러다 보니 초창기 3G 통신망을 기반으로 한 스마트폰에서의 가장 큰 불만은 '빠르게' 작동하지 않는 서비스에 대한 것이었다. 특히 스크롤만 하면 콘텐츠가 끊이지 않고 나오는 무한 스크롤Infinity scroll 방식의 모바일 환경에서 반응 속도는 중요한 UX 관리 요소다. 지금도 여러 앱 리뷰에서 반응 속도 문제는 흔히 지적되곤 한다. UI 측면에서 반응 속도가 더 빠르게 보이도록 하는 방법들(로딩 이미지 표시, 스켈레톤 스크린 처리 등)이 많이 고안되었지만, 여전히 빠른 반응 속도는 기본적인 조건으로 여겨지고 있다.

트레저 헌터를 대량 양산한 가격비교 중심의 성장

1990년대 말에 등장한 정액제 기반의 개인 초고속 인터넷 사업이 완전히 정착되면서, 2000년대 초반에는 초기 벤처 붐을 바탕으로 다양한 온라인 서비스가 등장했다. 가장 흔히 사용된 것은 '다모임'과 '프리챌'과 같은 커뮤니티였고, '체리야닷컴'이나 'Yes24'와 같은 카테고리 킬러(상품 분야별 특화 매장) 방식의 전문몰도 등장했다. 대기업 중심의 종합몰들도 계속 성장했다. 이익보다는 성장을 중시하던 시대였다. 이 시점에 너도나도 온라인 쇼핑몰을 만들기 시작했고, 쇼핑몰 솔루션인 '카페24', '메이크샵', '고도몰' 등이 등장함으로써 무수히 많은 개인 쇼핑몰들이 쏟아져 나왔다. 특히 동대문 보세 의류를 중심으로 한 쇼핑몰들이 등장하면서 이커머스 시장이 급격하게 성장했다. 2003년에 메이크샵에서만 2만 6천 개의 쇼핑몰이 만들어졌으니 시장의 성장 속도가 가늠이 되지 않을 정도였다.

이렇게 쇼핑몰의 수가 급격하게 증가하면서 쇼핑몰의 이름을 모두 외우기 어려운 상황이 되었고, 포털을 바탕으로 한 검색 방식이 주요해졌다. 특히 네이버는 '지식인'을 통해서 2000년대 초반에 가장 크게 성장한 검색 포털이 되었고, 사람들은 원하는 쇼핑몰을 찾기 위해서 검색 포털을 사용하는 방식에 정착했다. 그리고 2006년, 여기저기 흩어져 있는 상품들 중에서 동일한 상품의 가격을 비교해주는 서비스들이 본격적으로 등장하면서 시장은 급격하게 가격 경쟁으로 흘러가기 시작했다. 여기에 네이버에서 성장한 블로거들과 가격에 민감하게 반응하며 특가 소식을 알리는 '뽐뿌'와 같은 커뮤니티는 시장 내에서 수많은 '트레저 헌터'를 탄생시켰다. 트레저 헌터Treasure hunter란 온라인에서 특가 상품을 찾아다니면서 물건 하나를 사더라도 열심히 발품을 팔아 제값보다 저렴하게 구매하는 소비자들을 말한다. 온라인에서 쇼핑을 할 때는 10원이라도 더 싼 곳에서 사야 한다는 인식은 모든 소비자들의 본능이지만, 이에 대한 명확한 도구를 제공해줌으로써 가장 대세가 된 것은 대한민국뿐이었다.

이러한 현상은 당시 이커머스 사이트들이 솔루션과 쇼핑몰 구축 에 이전시를 중심으로 성장했기 때문에 서비스 품질의 차이가 크지 않았던 탓도 크다. 모든 상황이 동일하다 보니 고객들은 상품의 보유 여부와 가격을 기준으로 구매를 결정했다. 현재도 대부분의 종합몰 트래픽은 '네이버 가격비교'를 통해 들어오는 경우가 많다. 모 회사가 운영하는 대형 오픈마켓은 최대 70%의 트래픽이 네이버 가격비교를 통해서 진입되고 있다. 2018년쯤 쿠팡이 여러 가지 이유로 잠시 네이버 가격비교와의 연동을 끊었을 때는 쇼핑몰 이용 순위가 밀릴 정도로 가격비교 사이트의 영향력이 큰 상황이다.

가격비교에 진입해 있는 이커머스들도 이러한 현상을 심화하는 데 일조한 부분이 있다. 처음 트래픽이 가격비교로 많이 진입할 때, 직접 접속 트래픽으로 전환할 방법을 선택했다면 네이버 가격비교에 수수료를 주지 않는 방향으로 성장했을 것이다. 그런데 반대로 높은 트래픽에서 더 선택받기 위해서 가격비교로 진입 시 추가 혜택을 주는 방식을 선택해버렸다. 이 과정에서 사용자들은 더욱 가격비교를 합리적인 방식이라고 인식하게 되었고, 이커머스 시장은 가격 출혈 경쟁 위주의 시장이 되어버린 것이다.

독보적 1위가 없는 경쟁, 멀티 입점의 정착

요즘은 쿠팡과 네이버가 한국 이커머스의 양대산맥으로 정해진 것이 거의 기정사실화되었지만, 20여 년간 한국 이커머스 시장에는 압도적인 1위가 없었다. 현재 1위라고 이야기되는 네이버나 쿠팡도 시장의 50%를 넘는 정도는 아니다. 2020년 말 자료에 따르면 네이버가 12%, 쿠팡이 10%, 이베이(G마켓, 옥션)가 10%, 11번가가 6% 순으로 온라인 시장을 점유하고 있다. 네이버와 쿠팡을 합쳐도 전체 시장의 과반수를 넘지 못한다. 비슷한 기간 미국 시장에서 아마존의 점유율이 44%, 중국 시장에서 알리바바의 점유율이 56%, 심지어 일본 내 아마존의 점유율이 23%인 것과 비교하면 한국의 이커머스 시장에서는 굉장히 치열한 경쟁이 이루어졌다는 것을 알 수 있다.

이렇게 치열한 경쟁은 이커머스의 가장 핵심적인 자원인 '상품'을 제공하는 입점사들의 판매 형태에도 큰 영향을 주었다. 압도적인 판매처가 없기 때문에 판매자(셀러)들은 가능하면 많은 이커머스에 입점해서 상품을 판매하고자 했다. 2007~2009년 사이에 여러 대형 이커머스가 등장하게 되는데, 판매자들은 새로운 이커머스가 등장할 때마다 그곳에 새로 입점하면서 운영하는 과정에 큰 어려움을 겪었다. 상품을 판매하기 위해서는 각 이커머스에서 제공하는 판매자 사이트를 이용해서 상품 정보를 일일이 입력하고, 주문이 들어오면 각 사이트에 접속해서 처리해야 했는데 이는 누가 봐도 비효율적인 상황이었다.

이때 한 번의 상품 등록으로 동시에 여러 이커머스사에 상품을 게시해주고 주문도 한꺼번에 모아서 처리할 수 있도록 해주는 솔루션 기업들이 속속 등장했다. 이를 '쇼핑몰 통합 솔루션' 또는 '셀링 툴'이라고 부르는데 유명한 기업으로는 샵링커, 플레이오토, 사방넷, EC-모니터 등이 있다. 개별 쇼핑몰 제작을 지원하던 솔루션인 카페24도 현재는 이러한 기능을 제공하고 있다.

오픈마켓처럼 입점이 자유로운 쇼핑몰일 경우, 쇼핑몰 통합 솔루션 이용 비중이 굉장히 높은 편이다. 모 오픈마켓 관계자의 말에 따르면 대략 60%의 입점 셀러가 셀링 툴을 이용하고 있다고 한다. 대형 오픈마켓의 경우 API를 직접 연동하는 대형 브랜드들도 많이 입점해 있기 때문에 이커머스에서 제공하는 개별 파트너 사이트를 이용하지 않는 비중이 굉장히 높다.

문제는 이러한 구조 때문에 이커머스가 개별 셀러에게 가지는 파워와 이커머스가 가지고 있는 상품 정보 데이터의 힘이 해외의 이커머스 강자들에 비해서 굉장히 약하다는 점이다. 데이터를 복사하는 방식으로 여러 사이트에 입점해 있기 때문에, 실제 재고가 시장 내에서 뻥튀기 되는 현상도 나타난다. 예를 들어 한 셀러가 5개의 재고로 10군데의 이커머스에 셀링 툴을 이용하여 상품을 판매하고 있다고 해보자. 이때 전체 시장에서 이 상품의 재고는 50개처럼 보인다. 45개는 존재하지 않는 재고이지만, 고객은 가격비교 서비스를 통해서 여러 이커머스를 옮겨 다니며 마치 50개의 재고가 있다고 인식하게 된다. 이런 구조는 평소에는 큰 문제가 없어 보이지만 특정 상품이 굉장히 높은 인기를 보일 때 문제가 된다. 10개의 사이트에서 동시에 주문을 받게 되면 45건의 과주문이 발생하고, 셀러는 재고가 없다며 주문을 추후에 취소하게 된다. 이때 고객 입장에서는 굉장히 불쾌한 경험을 하게 되는데, 이커머스는 이에 대해 관리할 수 있는 방법이 없다(이 문제를 해결하기 위해서는 뒤에 등장할 '풀필먼트 전쟁'에 뛰어들 수밖에 없다).

가격 문제도 커진다. 표준화된 가격을 복사해서 여러 이커머스사에 연동하는 방식으로 등록하기에 가격적인 면에서 혜택을 만들기 어렵다. 일부 이커머스사와 협의된 시점에만 가격을 조정하여 특가를 만들거나, 이커머스사가 마케팅 비용을 들여서 상품 가격을 낮춰야 한다. 이는 가격비교에 이은 또 다른 출혈 경쟁을 야기하고, 이커머스의 적자를 심화시키는 구조가 만들어진다.

특히 요즘 가장 많이 거론되는 '상품 추천 기능'을 잘 만들기 위해서는 상품의 디테일한 정보가 필요한 경우가 많다. 어떤 사람이 '스트리트 패션'이라는 취향을 가지고 있다면, 그 사람에게 적합한 상품을 추천해주기 위해서는 해당 상품의 스타일 정보를 파악해야 한다. 즉 상품을 등록하는 셀러들이 그러한 특수 정보를 많이 제공해줄수록 추천 서비스의 질이 높아진다는 뜻이다. 아마존이나 알리바바는 강력한 플랫폼 파워를 바탕으로, 상품 등록 시 더 많은 정보 제공할수록 상품이 많이 노출될 수 있도록 알고리즘을 조정해 셀러들을 유도한다. 하지만 하나의 셀링 툴을 이용해서 여러 개의 이커머스에 입점하는 국내 쇼핑몰들은 그러한 귀찮은 행동을 굳이 하려고 하지 않는다. 만약 그것 때문에 상품을 등록하지 못하게 한다면 그 이커머스에서는 상품을 판매하지 않는 것이 운영하기에 더 편리하기 때문이다.

따라서 국내 이커머스 회사들은 셀러들에게 디테일한 정보를 얻지 못하고, 수백 명의 인원을 별도 채용하여 상품의 추가 정보를 수집함으로써 서비스를 강화하는 방식을 택하고 있다. 하지만 이렇게 수집하는 정보는 셀러나 제조사가 직접 제공하는 정보에 비해서 당연히 정확도가 떨어질 수밖에 없다. 물류창고가 없는 상태에서는 실물을 보고 조사할 수 없으니 특히 더 한계가 있다. 이 역시 풀필먼트 트렌드를 당겨오는 중요한 이유가 되고 있다.

모바일 시대로의 전환과 새로운 비즈니스모델의 출현

2007년은 애플에서 아이폰이 출시된 기념비적인 해다. 아이폰 출시 후에도 국내에서 스마트폰이 널리 퍼지기까지는 2년이라는 기간이 더 필요했다. 스마트폰 도입 초반에는 통신사들과 와이파이 사용을 놓고 신경전을 벌이기도 했다. 2010년부터 가파른 속도로 스마트폰이 보급되기 시작했고, 2011년 갤럭시s2의 등장과 함께 세계 평균의 2배에 이르는 스마트폰 보급율을 달성했다.

이때 대표적으로 성장한 서비스는 카카오톡이다. 카카오톡은 '선물하기'를 통해서 명맥만 유지하던 e-쿠폰 교환권을 대세 서비스로 만들었고, 이러한 흐름은 소셜커머스 형태의 로컬 상품 교환권을 판매하던 쿠팡, 위메프, 티몬의 성장을 촉진했다. 카카오톡은 모바일의 성장과 함께 폭발적으로 성장했다.

또한 2014년 이후 간편결제가 보급됨에 따라 '온디맨드 O2O 서비

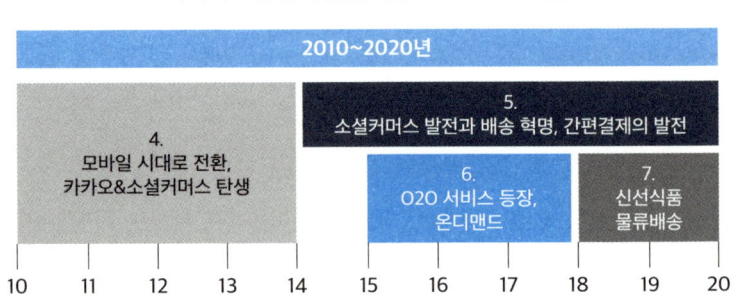

이커머스 산업의 발전 과정 2010~2020년

스(스마트폰 등으로 상품이나 서비스를 주문받아 오프라인에서 해결해주는 서비스) 플랫폼'이 활성화되기 시작했고, 이때 우리가 알고 있는 대부분의 서비스업이 앱을 통해서 이커머스화되었다. 가장 대표적인 서비스로 '배달의민족'과 '야놀자' 등이 있다. 모바일은 '휴대성'과 'GPS', '간편결제'라는 세 가지 무기로 새로운 비즈니스모델을 만들어내면서 본격적인 온라인 산업의 대세를 만들기 시작했다.

전자상거래법, 개인정보보호를 포함한 다양한 법과 제도

우리나라는 '하지 말아야 하는 것'을 정하기보다는 '할 수 있는 것'을 정해놓는 방식으로 법을 만든다. 그래서 특정한 사업을 하기 위해서 갖추어야 하는 항목들이 법에 명시되어 있고 그 기준에 어긋날 경우에는 불법이 되는 식이다. 이커머스에 영향을 주는 많은 법들도 그런 방식으로 만들어졌다. 전자상거래법, 개인정보보호에 대한 내용이 담긴 정보통신망법, 광고법 등은 대표적으로 이커머스에 영향을 주는 법들이다. 간편결제나 물류배송처럼 사업 범위가 넓어지면서 여신법이나 화물자동차운수사업법 등 관여해야 할 범위가 점차 넓어지고 있다.

이커머스 사이트를 보다가 '귀찮다'고 느낄 만한 부분들은 대부분 이러한 법에 관련된 것이 많다. 예를 들어 앱을 설치할 때 앱 푸시를 받을지에 대해 별도로 동의를 받는다거나, 이벤트 페이지에 잘 보이지도 않을 정도의 깨알 같은 글씨로 많은 약관이 쓰여 있는 것이 그러하다.

상품의 상세 페이지에는 아무도 읽지 않는 필수 정보 표를 기입해야 한다. 이 모든 건 해외 이커머스에서는 상상할 수 없는 법적인 규제다. 단순히 이용의 편의성만 생각한다면 이런 부분은 불편한 규제라 여길 수도 있다.

하지만 다른 법과는 다르게 사용자들도 굉장히 예민하고 냉정하게 생각하는 것이 있다. 바로 '개인정보보호법'이다. 2000년대 초반 국내에서 굉장히 많은 개인정보유출 사건이 터졌다. 그리고 그 정보들은 중국으로 건너가서, 한때 가입도 하지 않은 게임 사이트에 아이디가 하나씩 생성되던 시절도 있었다. 그리고 그러한 개인정보유출을 일으킨 회사 중에는 대형 이커머스인 '옥션'도 있었다. 옥션의 개인정보유출 사건은 온라인 개인정보보호법이 개정되는 것에 큰 영향을 주었다. 그리고 초창기 오픈마켓에서 일어난 수많은 사기와 짝퉁 판매 사건을 계기로 사용자들을 보호하기 위한 많은 절차들이 추가되었다. 고객들도 이러한 문제를 인식하고 있기 때문에 광고나 정보 수집을 '혜택'이라기보다는 '스팸'으로 생각하는 경향이 강하게 자리 잡고 있다.

이러한 규제는 해외 사업자들이 국내로 진출하는 것에 큰 허들로 작용한다. 해외 서비스를 국내에 도입하려고 했던 사람들도 이 지점에서 가장 많이 좌절했다. 사실 이런 규제가 있었기에 해외 대형 이커머스가 국내에 진출하지 않았을 가능성도 무척 높지만 말이다. 이처럼 다소 불편한 규제지만 지금까지의 짧은 역사 속에서 그렇게까지 해야만 했던 상황과 이유가 충분히 있었다. 바꿀 수 있다면 좋겠지만 당장 그럴 수 없다면 꼭 알아둬야 하는 우리나라 이커머스의 큰 특징이다.

대한민국 이커머스의 최신 트렌드

대한민국 이커머스의 최신 트렌드는 딱 세 가지로 정리할 수 있다. 물류에 대한 투자, 간편결제를 바탕으로 하는 멤버십 그리고 버티컬커머스다. 최근 3년간 이 세 가지 키워드가 이커머스의 판도를 흔들어왔고, 앞으로도 당분간 이 트렌드는 지속될 전망이다.

1) 배송 전쟁과 풀필먼트 전쟁

첫째, 물류에 대한 엄청난 투자가 이루어지고 있다. 2014년 쿠팡은 자체 배달 인원 '쿠팡맨'을 통한 당일배송 서비스인 '로켓배송'을 론칭했다. 쿠팡맨의 성장에는 다양한 브랜딩적 요소가 있지만 당시만 해도 당일배송은 충격적인 서비스였다. 우리나라는 이미 평균 이틀이면 배송되는 굉장히 빠른 택배 인프라를 갖추고 있었음에도, 더욱 빠르고 친절한 쿠팡맨은 큰 인기를 끌었다. 쿠팡맨과 로켓배송이 대세가 되면서 쿠팡은 급격하게 성장했다. 사실 자체배송은 법적으로도 비용적으로도 리스크가 컸기에 기존 이커머스사들이 피해오던 서비스였다. 하지만 아마존을 모델로 자체배송을 선택한 쿠팡은 많은 비용과 리스크를 감당하면서도 고객 서비스를 개선해갔다.

물류센터를 통한 자체배송은 실제로 고객 서비스 개선에 큰 영향을 주었다. 온라인에서 구매한 물건이 고객의 손에 도착하는 마지막 구간을 '라스트마일Last mile'이라고 한다. 자체배송 서비스를 하게 되면 이 라스트마일을 분석해 택배의 실제 도착 시간을 예측할 수 있다. 또한 정확한 재고 관리를 통해서 앞서 이야기한 '과주문 취소' 문제도 해결할 수 있다. 마찬가지 이유에서 셀러가 상품 정보를 제공하지 않더라도 정확한 정보를 알 수 있게 된다. 물류센터를 통한 자체배송은 고객 개인화 추천과 배송 서비스의 질을 모두 한 단계 높일 수 있는 좋은 계기가 되었다.

이에 대적하는 방법으로 고객이 온라인에서 주문한 상품을 오프라인 매장이나 편의점에서 수령하는 배송 방식이나, 필요한 물건을 미리 주문해두는 정기배송 서비스도 대두되었지만, 대세는 결국 자체 물류센터를 통한 당일배송이었다. 물류창고와 배송 인력을 직접 운영하는 데는 굉장히 많은 비용이 들었지만, 이를 통해 '배송'이 '이커머스의 체질' 자체를 바꿀 수 있는 전략이라는 것을 모두가 알게 되었다.

2018년에는 비슷한 형태의 배송 전쟁이 신선식품과 이륜차 배달에서 나타나기 시작했다. 신선식품을 배달하기 위한 콜드체인(저온 유통체계)에 많은 투자가 일어났다. 그리고 이러한 시장은 점차 성장하다가 2020년 코로나19 사태를 맞이하면서 절정을 이루게 된다. 온라인으로 장을 보는 사람들이 급격히 많아지면서 '마켓컬리'는 새로운 유니콘 기업이 되었다. 물론 쿠팡이나 이마트 역시 큰 폭으로 성장했다. 이륜차 배달은 '배달의민족'을 중심으로 시작되었는데, 이 역시 코로나19를 계기로 사람들이 집에서 머무는 시간이 늘어나면서 폭발적으로 성장했다. '허마셴셩'과 '콰이마러스' 등 중국에서 먼저 성장한 이륜차 배달을 통한 장보기 서비스처럼 배달의민족도 'B마트' 서비스를 론칭했다.

다 끝난 것 같지만 아직도 성장 가능성이 많아서, 당분간 라스트마

일에 대한 투자는 다양한 방식으로 이뤄질 것이다. 특히 물류창고를 통해 자사의 직매입 제품을 판매하는 것을 넘어서서, 아마존과 같은 방식으로 물류와 배송 서비스를 다른 기업들에게 제공하는 '풀필먼트 Fulfillment 서비스'는 아직까지 완벽한 승자가 나오지 않은 상황이라 이 분야에 대한 지속적인 성장이 예상된다.

2) 간편결제와 멤버십 서비스

둘째, 간편결제를 바탕으로 한 유료 멤버십 서비스가 이커머스 시장을 장악하고 있다. 개인정보 문제가 터지고, 공인인증 수단과 액티브X 설치에 염증을 느낀 고객들의 불만의 목소리가 높아지면서 카드사에서는 2010년을 전후로 간편결제에 대한 여러 가지 시도가 시작되었다. 하지만 여전히 공인인증서 제도에 대한 문턱이 높았기 때문에 최초로 시도되었던 간편결제는 각 이커머스사가 카드사에 확인해서 인증을 받으면 휴대폰 SMS로 전송된 숫자로 결제를 하는 방식이었다. 한 번의 등록으로 모든 사이트에서 결제 가능한 현재에 비하면 굉장히 불편하지만, 당시에는 이 정도도 무척 편리하게 느껴졌다.

그러다가 2014년, 결제에 대한 문턱이 조금 낮아지면서 국내에서 많은 간편결제사들이 쏟아져 나왔다. 그리고 이 시점부터 이커머스사들도 고객들의 결제 편의를 위해 자체 간편결제 브랜드를 만들어내기 시작했다. '스마일페이'와 '쿠팡페이'가 대표적이다.

대부분의 대형 이커머스사들은 여러 가지 이유에서 전자지급결제대행업(PG업)을 등록하고 있는데, 이를 바탕으로 정기결제 서비스를 만들 수 있었다. 2018년부터 지금까지 이 정기결제 서비스를 이용한 유료 멤버십 서비스의 경쟁이 한창이다. 유료 멤버십 전략은 미국에서 닷컴 버블 붕괴로 경기가 좋지 않았을 때 아마존이 고정 고객층을 만들기 위해서 사용했던 전략이다. 정기결제 금액의 몇십 배에 달하는 혜택을 제공하는 대신, 고정적인 재정 수익을 확보할 수 있는 형태였다. 고객 락인Lock-in 효과가 커서 이커머스 사이트와 고객의 관계가 더욱 돈독해진다는 장점이 있다.

이커머스사들은 이러한 정기결제 서비스에 대해서 2018년 이전에도 많은 검토를 했었지만 간편결제의 문턱이 낮아지기 전까지 자동 정기결제를 만들기가 어려웠다. 또한 비용을 들여가면서 락인효과를 만들어야 하는가에 대해서 그 필요성을 인식하지 못했다. 하지만 앞서 설명했던 것처럼 가격 출혈 경쟁이 심해지고 네이버 가격비교에 대한 의존도가 높아지면서 자연스럽게 고객 락인에 대한 수요가 많이 생겨났고, 2019년부터는 많은 기업에서 다양한 유료 멤버십에 대한 실험이 시작되었다.

대부분의 이커머스사가 유료 멤버십을 만들었지만 현재 잘 운영되고 있는 곳은 네이버와 쿠팡, 이베이 정도다. 월 2,500~4,900원 정도의 금액을 지불하면 각 사에서 제공하는 혜택을 이용할 수 있다. 네이버의 유료 멤버십 '네이버플러스'는 네이버가 관리하는 다양한 콘텐츠 이용권과 높은 포인트 적립율을 제공하여 네이버페이를 계속 사용하도록 하는 순환 구조를 잘 설계했다. 또한 콘텐츠 이용은 주문 데이터와 함께 개인화를 위한 데이터로도 사용될 수 있어서 아마존 프라임이 지향하는 바와 가장 비슷하게 구현되었다.

하지만 네이버가 자사의 쇼핑몰이 없다는 점은 쿠팡에게는 큰 강점이 되고 있다. 쿠팡은 물류창고에 직접 직매입한 상품과 풀필먼트를 통해서 들어온 상품을 이미 많이 가지고 있고, 이를 한데 묶어서 배송할 수 있다. 쿠팡의 유료 멤버십인 '로켓와우'는 무제한 무료배송을 제공한다. 최근에는 유료 멤버십 고객들이 무료로 볼 수 있는 OTT 서비스를 출시함으로써 역시 아마존 프라임의 형태로 한 발짝 더 다가갔다. 2020년 연말 기준 네이버플러스 멤버십의 가입자는 출시 6개월 만에 250만 명을 훌쩍 넘었고, 쿠팡은 2018년 10월에 멤버십을 출시한 이래로 500만 명의 회원을 확보한 것으로 알려져 있다. 이베이의 스마일클럽도 유료 회원 300만 명을 확보한 상태다.

3) 버티컬커머스

마지막 트렌드는 버티컬커머스Vertical commerce다. 이커머스 시장은 대부분 종합몰을 중심으로 성장했다. 쿠팡과 G마켓, 11번가는 이 세상의 모든 상품을 다 팔고 있다고 해도 과언이 아니다. 하지만 그렇기 때문에 오히려 시장에서 물건을 사려고 할 때, 너무 방대한 이커머스 사이트를 열기보다는 네이버 검색을 통해서 원하는 상품을 찾으려는 이용 패턴이 더 많았다. 유료 멤버십을 통해 락인효과를 활용하기 시작하면서 사이트에 직접 접속하는 사람들의 비중이 늘고 있지만 머릿속에 한번 박힌 이동 경로는 쉽게 바뀌지 않는다. 해외에서 어떤 상품을 구매하고자 검색할 때 무조건 아마존부터 접속하는 것과 완전히 반대되는 현상이다.

쿠팡이나 11번가가 너무 많은 상품을 팔고 있다는 것이 문제가 된다. 너무나 방대한 카테고리를 다룬다는 것은, 결국 특정 카테고리의 성향을 파악해서 최적화하기는 어렵다는 말이기도 하다. 나는 이 현상을 가리켜 '카테고리의 저주'라고 부른다. 예를 들어서 의류를 살 때는 사이즈나 컬러, 핏, 스타일과 같은 정보가 굉장히 중요하다고 하면, 화장품의 경우에는 사용 리뷰나 피부 타입과 같은 정보가 중요하다. 서비스를 직접 만들어보면 여러 종류의 카테고리를 모두 각 특성에 맞춰서 만들기가 생각처럼 쉬운 일은 아니다. 물론 매출 비중이 높은 대표적인 카테고리는 종합몰에서도 신경을 쓰긴 하겠지만, 오직 그 카테고리만을 생각해서 사용자들의 구매 패턴에 맞게 완벽하게 만들어놓는다면 더욱 경쟁력을 갖출 수 있다. 특히 특정한 세대의 타겟까지 맞춘다면 더더욱 의미가 있을 것이다.

이러한 개념이 바로 '버티컬커머스'다. 특정한 타겟과 특정한 카테고리에 맞춰서 이용 패턴을 검토하고 만들어진 커머스 앱이다. 이런 경우 사용자가 머릿속에 특정한 목표를 떠올렸을 때 검색 포털보다 먼저 떠오르게 만들 수 있다. 무엇을 사야 할지 구체적인 상품이 떠오르지 않는 상태에서 관련 정보나 다른 대안을 발견하기가 더 쉽기 때문이다. 이러한 방식으로 성장한 버티컬커머스로는 남성용 스트리트 의류를 판매하는 '무신사', 인테리어와 관련된 모든 것을 판매하는 '오늘의집', 여성 보세 의류를 중심으로 판매하는 '지그재그' 등이 있다. 대부분 각각의 카테고리에 최적화된 이용 방식을 제안하고 있다. 특히 오늘의집은 본인의 인테리어 사진을 직접 올리고 상품을 연결시키는 방식으로 고객들의 이용 방식을 제안하면서 큰 성장을 보이고 있다.

이렇게 국내 이커머스의 특징을 정리해보았다. 새롭게 알게 된 사실도 있을 것이고, 고개를 끄덕인 부분도 적잖이 있을 것이라고 생각한다. 앞으로 이커머스 세상에서 일할 마음을 가지고 있다면 그저 재미로만 살펴볼 내용은 아니다. 이러한 상황이 내가 앞으로 뛰어들어야 할 전쟁터의 논리이고, 시장이 고민하고 있는 것들이 내가 앞으로 바꿔나가야 할 큰 과제일 수 있다. 이런 부담감이 조금이라도 들었다면, 이제 단순한 사용자에서 벗어나 이커머스 메이커로서의 심정을 조금이나마 알게 된 것이다.

 더 공부해보고 싶다면, 이 책으로!

『거의 모든 인터넷의 역사』, 정지훈, 메디치미디어, 2014
인터넷 서비스에 대한 이해를 돕고, 주요한 온라인 서비스들의 역사를 한눈에 조망해볼 수 있는 책이다. 해외 사례가 많이 다뤄지고 있어서 글로벌 온라인 서비스의 역사를 공부하기에 좋다.

이커머스 성장의 핵심 논리 : 문제 해결과 트래픽

모든 이커머스가 대형 플랫폼 기업으로 성장하기는 어렵다. 사업 확장을 통해서 플랫폼 기업이 되기 위해서는 양적 스케일업 성장이 필수다. 그래서 요즘 업계에서는 '그로스$_{Growth}$'라는 단어가 인기다. 기업의 성장은 그곳에서 일하는 모든 사람들에게 중요한 부분이자 숙제다. 이커머스에 입사하려고 하는 우리에게도 마찬가지다.

이커머스가 성장하기 위해서 꼭 필요한 두 가지 핵심 논리에 대해서 이야기해보려고 한다. 이를 잘 알아두면 입사한 후에도 일하는 데 좋은 길잡이가 될 것이다. 앞으로 우리가 이커머스 기업에서 해야 할 일들의 목표가 될 부분이다.

성장 핵심 논리 1 : 문제 해결

첫째, 우리의 서비스가 사용자의 문제를 해결해줄 수 있어야 한다. 이커머스를 통해서 다양한 상품들이 판매되는데, 그중에는 물건도 있고 서비스도 있다. 동일한 서비스를 제공하는 경쟁사도 있기 마련이다. 그런데 사용자는 왜 꼭 우리의 서비스를 사용해야 할까?

2018년 10월에 '앱에이프'에서 조사한 내용에 따르면 한국인의 스마트폰에는 평균 102개의 앱이 설치되어 있다고 한다. 실제로 사용하는 앱은 월 평균 39개 정도이며, 그중에서 이커머스 앱은 1~2개 정도다. 문자 메시지, 전화와 같은 필수적인 앱과 한 달에 한 번 정도 사용할까 말까 하는 앱을 제외하면, 우리 앱이 이미 설치되어 있다고 해도 그 앱을 '실행시키는 것' 자체가 기적에 가깝다. 즉, 특정한 상황에서 가장 처음으로 생각나는 서비스가 되어야만 살아남을 수 있다는 뜻이다. 사용자들은 한 가지 목적을 위해서 여러 개의 앱을 돌려가며 쓰지 않기 때문이다.

나는 이러한 서비스의 본질적인 가치를 가장 잘 설명해주는 것이 'Jobs To Be Done 이론'이라고 생각한다. 이는 '파괴적 혁신'으로 유명한 하버드 대학의 클레이튼 크리스텐슨이 제시한 고객행동 이론 중의 하나다. 특정한 물건을 사거나 서비스를 선택하는 것은 '사용자가 직면하고 있는 문제를 해결하기 위해서' 하는 행동이라고 설명한다. 문제가 생기면 그것을 해결해줄 사람을 고용하는 것처럼 사용자 역시 특정한 문제를 해결할 서비스를 고용하는 것이다.

Jobs To Be Done 이론의 가장 유명한 예시는 맥도날드의 밀크셰이크 판매에 대한 이야기다. 미국 맥도날드에서 아침 시간에 밀크셰이크 판매량이 좋은 것을 보고, 더 많이 판매하려는 목적으로 고객들에게 새로운 아이디어를 받았다. 초코 맛을 추가하거나 새로운 사이즈를 만드는 등 여러 가지 아이디어가 나왔는데, 이를 반영한 결과 실제 매출에는 변함이 없었다. 그래서 그 이유를 알아내고자 다시 조사했더니, 사람들이 아침에 밀크셰이크를 구매하는 진짜 이유는 자동차를 타고 출근하면서 손쉽게 배를 채울 수 있는 식품으로 밀크셰이크를 선택했기 때문이었다.

자동차로 장거리 출근을 하는 미국 사람들은 운전 때문에 양손과 시야에 제약이 있는 상황에서 허기를 달래야 했고, 이 문제를 밀크셰이크가 가장 효과적으로 해결해줄 수 있었다는 뜻이다. 생각해보면 두 손으로 잡고 베어 먹어야 하는 버거보다는 한 손으로도 마실 수 있는 셰이크가 편리했고, 콜라에 비해 쏟을 위험이 없고 배도 부른 밀크셰이크가 이 상황에서 더 적절했을 것이라 예상된다. 즉, 서비스가 성공하기 위해서는 만든 사람들이 생각한 가치보다도 사용자가 느끼는 서비스의 가치를 이해하는 것이 중요하다고 할 수 있다.

이 이야기에서 '페인포인트Pain point'라는 개념을 떠올리는 사람도 있을 것이다. 페인포인트란 사용자 중심 디자인User-centered design에서 자주 거론되는 용어로, 사용자가 무언가 하고 싶어 하는 과정에서 불편하게 느끼거나 원하는 목적을 이루지 못하게 하는 요소를 뜻한다. 사용자 중심 디자인에서는 경쟁사가 있는 기존 시장에 진입할 때 기존 서비스나 이용 프로세스의 문제를 찾거나, 운영하고 있는 자사 서비스의 페인포인트를 찾아내서 이를 개선해야 한다고 말한다. 그런데 페인포인트를 개선해야 하는 이유도 사실 Jobs To Be Done을 바탕으로 생각해볼 수 있다. 페인포인트가 없어진다는 것은 우리의 서비스를 통해 이루고자 했던 목적을 더욱 빨리 해결할 수 있도록 이용 경로를 매끄럽게 만들어주는 행위다.

이런 흐름에 문제가 없는지 체크하는 '퍼널 관리'까지도 확장해서 생각해볼 수 있다. 퍼널Funnel이란 서비스의 진입부터 마지막 결제까지 넘어가는 각 단계를 의미한다. 퍼널 관리를 통해서 우리 서비스가 문제 해결사로서 단계별로 문제없이 잘 작동하고 있는지 검토하는 것은 중요한 성장의 요소가 된다.

'고객 중심으로 생각해야 된다'는 말을 많이 들어보았을 것이다. 이 말은 고객이 원하는 모든 것을 그대로 해주라는 뜻이 아니다. 사실 고객이 제일 좋아하는 것은 공짜로 혜택을 누리는 것일 텐데, 그런 상황도 되지 않으면서 고객의 요구를 무조건 다 들어줄 수는 없다. 퍼널을 관리하고 고객의 소리에 귀를 기울여야 한다는 말은, 치열한 경쟁 상황에서 고객의 진짜 문제를 파악함으로써 고객에게 선택받을 만한 서비스로 만들어가야 한다는 뜻이다.

이러한 부분이 잘 채워져서 고객들에게 많은 선택을 받게 되면 우리는 '프로덕트 마켓 핏PMF, Product Market Fit이 일치했다'고 이야기할 수 있다. 이커머스 기업에서 일하는 모든 직무의 사람들은 결국 이러한 프로덕트 마켓 핏을 만들어내고 그 가치를 지켜나가기 위해 각자의 자리에서 다양한 노력을 하고 있는 것이다.

성장 핵심 논리 2 : 트래픽

둘째, 이커머스 서비스의 성장을 위해서는 '트래픽'이 많아야 한다. 트래픽이란 서비스를 이용하는 사용자의 수를 의미하는데, 어떤 방식으로 측정하느냐에 따라서 다양한 지표들이 있다.

- PV Page View : 서비스 내의 접속 수로, 여러 번 들어오면 여러 번 카운팅된다.
- UV Unique View/Vistor : 서비스 내에서 여러 페이지를 봤어도 1명인 경우 1로 카운팅된다.
- MAU Monthly Active Users : 월별로 한 번이라도 이용한 사람의 수를 의미한다.

서비스가 성장해야 트래픽이 늘어나는 것이라고 생각할 수 있지만, 아이러니하게도 사실 트래픽이 성장의 큰 원동력이 된다. 기존 오프라인 유통의 마케팅에서도 사람들에게 많이 노출되는 위치와 채널에서 광고하는 것은 중요하게 여겨졌다. 오프라인 유통은 아무래도 상점 자체가 눈에 띄는 곳에 위치하는 것이 판매에 효과적이었다. 흔히 '목이 좋은 곳'이라고 말하는 위치다. 일단 사람들의 눈에만 띄면 바로 매장으로 유입된다는 믿음이 있었기 때문이다.

하지만 온라인에서는 '진입' 자체가 쉽지 않은 일이다. 우리가 정말 혁신적인 앱 서비스를 하나 만들었다고 생각해보자. 아무리 훌륭한 앱이라고 해도 앱 마켓에 올리는 것만으로는 사람들에게 알려지기가 쉽지 않다. 힘들게 만들었지만 알려지지 않은 앱들이 이미 차고 넘친다. 잘 만든 상품을 온라인 시장에 알리기 위해서는 많은 노력과 비용이 필요하고, 우리는 그 점을 이용하는 것이다.

온라인의 특징인 '측정 가능하다는 점'은 이런 측면에서 훌륭한 무기가 된다. 데이터를 수집하면 접속한 경로에 따라서 어떤 문구와 형태의 광고가 효과적인지도 실험할 수 있고, 그중에서 실제로 매출로 연결된 사람이 몇 명인지도 확인할 수 있다. 측정 결과를 통해 효과적이면서도 비용 효율이 좋은 방법만 사용함으로써 최소한의 비용으로 최대 광고 효과를 누릴 수 있다.

그런데 왜 트래픽이 성장의 핵심 논리라고 하는 걸까? 이커머스에서는 당장의 매출 실적보다 트래픽이 중요한 시기가 있다. (항상 그렇다는 것은 아니다. 무조건 트래픽만 중요하게 생각하면 회사는 망한다.) 오프라인과 매장과 비교해서 생각해보자. 예를 들어 오프라인 옷 가게를 운영한다고 하면 1명이 방문해서 10만 원어치를 구매하는 경우와 2명이 방문하여 각각 5만 원어치를 구매하는 경우 중 어떤 쪽이 좋을까? 고객이 매장에 들어오면 한정된 공간은 가득 차게 되고 매장 직원도 고객 응대에 집중해야 한다. 이러한 것들을 모두 비용이라고 생각한다면, 당연히 1명의 고객이 10만 원의 매출을 올려주는 쪽이 훨씬 효율적이다. 따라서 오프라인 매장은 더 많이 살 것 같은 고객에게 더 좋은 서비스를 제공하려고 할 것이다. 백화점이 VIP 고객에게 제공하는 라운지나 퍼스널 쇼핑 같은 서비스는 그런 판매 양상을 단적으로 보여준다.

하지만 온라인 이커머스에서 동일한 상황이라면, 나는 2명의 고객에게서 각각 5만 원의 매출을 올린 쪽이 장기적으로 더 유익하다고 생각한다. 이커머스는 일단 공간적 제약이 없기 때문에 많은 인원이 제한 없이 한꺼번에 이용할 수 있으며, 고객을 직접 응대할 사람도 필요하지 않다. 따라서 많은 사람들이 남긴 구매 패턴과 행동 데이터를 축적하게 되면, 이커머스가 성장할 수 있는 또 다른 수익모델을 만드는 밑거름이 된다. 실제로 스타트업과 관련한 기사를 보다 보면, 아직 이익을 만들어 내지 않고 있음에도 트래픽이 많으면 그 기업의 성장 가능성을 높게 평가하는 것을 볼 수 있다.

이커머스에 대해서 조사하다 보면 적자를 내는 회사를 유독 많이 볼 수 있다. 이커머스의 대표적인 선두 기업인 '쿠팡'이나 현재 가장 주목받는 기업 중 하나인 '마켓컬리'도 꽤나 높은 적자를 보이고 있다. 적자라는 사실 때문에 기업에 대한 평가는 항상 양쪽으로 나뉘는데, 그럼에도 성장 잠재력이 높다고 평가되는 이유에 바로 '트래픽'이 있다. 트래픽이 확보된다는 건 이 서비스를 이용하는 사람들이 많고 애착을 가진 사람들이 많다는 뜻이다. 사람을 고정적으로 확보할 수 있다면 수익 구조는 얼마든지 만들 수 있다. 하다못해 사용자들이 많은 페이지에 광고 하나만 붙여도 수익으로 이어질 수 있고, 방대한 데이터를 바탕으로 개인화 광고도 설계할 수 있기 때문이다. 트래픽을 중요하게 평가하는 가장 큰 이유는 기존의 오프라인이 지배하던 사업의 형태 자체를 완전히 뒤집을 수 있는 가능성을 가지고 있기 때문이다.

문제 해결과 트래픽, 이 두 가지 성장 논리를 완성하기 위해서는 선순환 구조가 잘 설계되어 있어야 한다. 사용자들의 목적을 잘 수행할 수 있도록 서비스 자체가 빠르고 좋아야 하고, 한 번의 이용으로 끝나지 않고 계속해서 사용자를 끌어들일 수 있는 구조가 되어야 한다. 이렇게 하기 위해서는 단순히 비용을 들여서 트래픽을 사오는 것만으로는 한계가 있다. 트래픽을 위한 적자를 감수한다는 것은 광고에만 엄청나게 많이 투자한다는 의미가 아니라, 비용을 들여서 서비스의 근본적인 목적을 잘 만들어내야 한다는 뜻이다. 사용자들이 다시 방문할 만한 이유를 만들어줘야 한다.

실리콘밸리의 대표적인 리더인 리드 호프먼은 그의 저서 『블리츠 스케일링』에서 일정 기간은 적자를 감안하고서라도 더 빠르게 성장할 것을 강조하며 이를 '계획된 적자'라고 말한다. 위험을 감수하면서라도 더 많은 투자와 인적자원을 확보해서 시장을 먼저 장악해야 한다는 이야기다. 여기서 '시장 장악'이란 그 서비스가 제공하는 가치에 있어서는 무조건 첫 번째로 생각나는 서비스가 되어야 한다는 뜻이고, 트래픽이 높아질 수밖에 없는 구조를 갖춰야 한다는 뜻이다.

그렇다면 시장을 장악하는 가장 효과적인 방법은 서비스 자체가 트래픽을 계속 끌어올 수 있는 구조를 갖추는 것이다. 과거 동네 가게들이 사랑방을 자처함으로써 사람들을 지속적으로 끌어모으던 것과 유사한 개념이 온라인에서도 일어나는 것이다. 사실 그보다 조금 더 체계적이고 구조적으로 일어난다. 온라인 서비스에서는 한 번 들어왔던 사용자가 서비스에 다시 방문하는 것을 '리텐션 Retention'이라고 부른다. 잘 만들

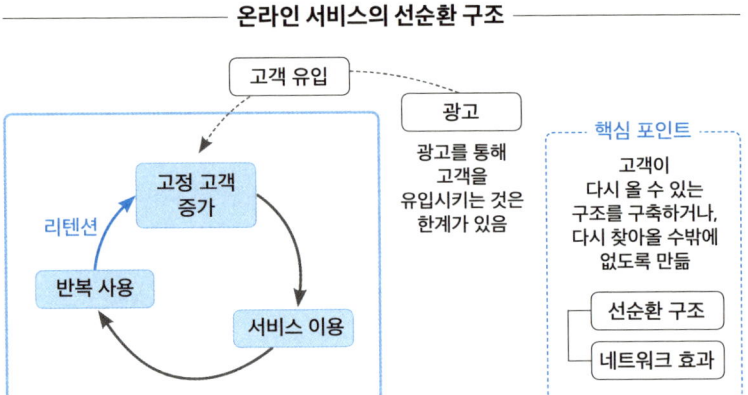

어진 온라인 서비스는 리텐션과 신규 사용자의 유입을 모두 체계적으로 설계하여 프로덕트가 자연적으로 성장할 수 있는 선순환 구조를 갖고 있다.

'선순환 구조'란 하나의 조건만 맞으면 그것이 단초가 되어 가만히 두어도 자연적으로 성장할 수 있는 구조를 말한다. 가장 유명한 선순환 구조는 아마존의 '플라이휠Flywheel'이다. 아마존 창업자인 제프 베이조스가 초창기 임원들 앞에서 아마존의 사업 아이디어를 냅킨에 그려서 설명한 것으로 유명해진 그림이다. 이 그림을 보면 아마존이라는 현재 지구상에서 가장 거대한 이커머스 회사가 어떻게 서비스를 성장시켜왔는지 한눈에 이해할 수 있다.

제품의 종류가 많아지면 사용자들은 원하는 상품을 쉽게 찾을 수 있게 되고, 이런 좋은 고객 경험은 아마존에 다시 방문하게 해 리텐션을 만든다. 트래픽이 많다는 것이 알려지면 더 많은 판매자들이 입점하게

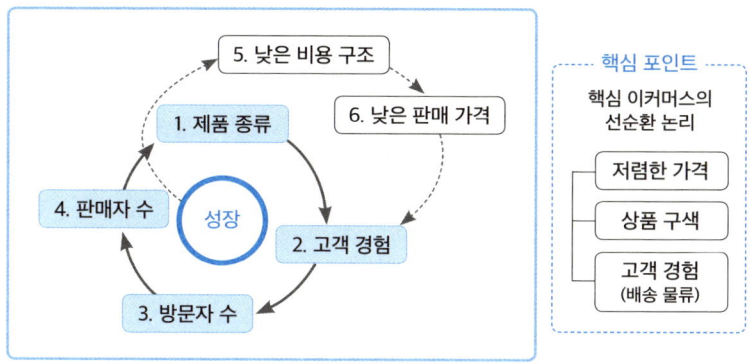

될 것이고, 이는 다시 제품의 수가 많아지는 결과를 가져와서 또 다시 순환하며 성장이 일어난다. 여기에 더해 회사가 성장할수록 '규모의 경제'에 의해서 물류창고나 배송 서비스 등 인프라 비용이 낮아지고, 판매자 간 가격 경쟁에 의해 상품은 더더욱 낮은 가격에 판매할 수 있게 된다. 이는 또 다시 사용자들에게 좋은 경험이 된다. 이커머스에서 가장 중요하게 생각하는 세 가지 핵심적인 요소(저렴한 가격, 상품 구색, 고객 경험)가 선순환 구조에 의해서 자연스럽게 강화된다.

많은 이커머스들이 아마존의 플라이휠을 목표로 서비스를 성장시키기 위해서 노력하고 있다. 물론 모든 서비스가 다 똑같은 형태로 성장하는 것은 아니지만, 적어도 이 방식이 사용자들을 다시 서비스로 돌아오게 할 수 있다는 점은 알게 되었다. 즉, 선순환 구조를 잘 설계한다면 자생적으로 성장할 수 있는 틀을 만들 수 있다는 것이다.

여기에서 한 가지 더 짚고 넘어가야 할 것은 '네트워크 효과Network

effect'다. 사용자가 좋은 경험을 얻어도 1명의 트래픽이 다시 1명으로 돌아온다면 사실 폭발적인 성장은 불가능하다. 여기에 빠진 미싱링크가 바로 네트워크 효과다. 광고로 인한 유입이 동일한 상황에서 극적인 성장은 네트워크 효과가 만들어낸다. '입소문'과 같은 개념으로, 온라인 서비스에서는 이러한 입소문까지도 설계할 수 있다. 사용 후기나 서비스 경험에 대한 글이 커뮤니티나 SNS로 빠르게 퍼지기 좋은 환경을 만드는 식이다.

예를 들어 상품 후기를 클릭 한 번으로 SNS에 공유할 수 있도록 한다거나, 서비스 내부에서 사용자 간 상호작용이 일어나도록 유도하거나, 내가 남긴 글에 댓글이나 좋아요가 달리면 알림을 줘서 다시 서비스로 들어오게 하는 방식이다. 사용자의 관점에서는 이제는 너무나 익숙해진 방식이다. 이 모든 것이 개발된 프로덕트에 포함된다. 선순환 구조를 바탕으로 더 폭발적으로 성장하기 위해서는 이러한 네트워크 효과를 잘 만들어야 한다.

지금까지 온라인 서비스를 성장시키기 위한 핵심 논리로서 '문제 해결'에 대한 가치와 '트래픽'의 중요성에 대해 이야기했다. 이커머스 내의 다양한 직군들은 이러한 핵심 논리를 서비스 전반에 적용하고 이에 적합한 프로덕트를 만들기 위해서 각자의 역할을 다한다. 이런 관점에서 서비스를 바라본다면 좋은 회사를 구분하는 것도 쉬워질 것이다.

📚 더 공부해보고 싶다면, 이 책으로!

『블리츠스케일링』, 리드 호프먼 외 1인, 쌤앤파커스, 2020

'계획된 적자'를 만들면서도 트래픽과 스케일을 성장시키는 IT 업계의 성공 논리에 대해 설명한 책이다. 고도성장과 속도에 대한 중요성을 느낄 수 있고, 회사의 규모에 따라서 달라지는 체계 등에 대한 내용도 담고 있다.

『디커플링』, 탈레스 S. 테이세이라, 인플루엔셜, 2019

시장을 파괴하는 것은 신기술이 아니라 '고객의 욕구'임을 알려주는 책이다. 고객의 욕구와 사용 목적에 맞추어 서비스를 개발해야 하는 이유에 대해서 설명한다.

가고 싶은 이커머스 회사를 구분하는 기준

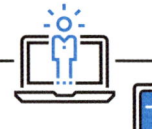

다양한 이커머스 중에서도 어떤 회사에 들어가면 좋을까? 이 책을 쓰는 지금 시점에서 좋은 분위기의 회사와 그렇지 않은 회사는 분명 있다. 하지만 이 책에서 특정 회사를 언급하며 좋고 나쁨을 구분하는 것은 지양하려고 한다. 시시각각 변하는 시장에서는 지금 내린 평가가 의미 없는 정보가 되기 쉽기 때문이다. 그런 정보가 필요하다면 각 기업의 뉴스 기사를 찾아보거나, 증권 회사에서 발행하는 투자 정보나 신규 서비스에 대한 홍보 자료를 보면서 서비스의 가치와 트래픽 현황은 어떤지 그 맥락을 분석해보길 바란다. 그 대신 이 책에서는 사용자가 볼 때는 큰 차이가 없어 보이는 이커머스 기업들이 업계 내에서 어떤 식으로 구분되는지 설명해보려고 한다.

이커머스 기업을 구분하는 중요한 기준들

다음은 국내의 이커머스 기업들을 구분해본 표다.

국내 이커머스 기업의 유형

기업명	운영 형태	판매자 거래 방식	카테고리	주요 고객 연령층	서비스 특징
쿠팡	유통	판매, 중개	종합몰	전 연령	배송 서비스 중심 커머스
네이버쇼핑	유통	중개, 솔루션	종합몰	전 연령	네이버페이 기반 연결
G마켓/옥션/11번가	유통	중개	종합몰	30대	오픈마켓
SSG닷컴/롯데ON	유통	판매, 중개	종합몰	30대 이상	오프라인 기반 계열사 통합몰
CJ온스타일/GSShop/홈앤쇼핑	유통	판매	종합몰	40대~50대	TV 홈쇼핑 계열 대기업몰
티몬/위메프	유통	판매, 중개	종합몰	20대 후반~30대	소셜커머스 출신 오픈마켓
LFmall	제조, 유통	판매	패션	20대	제조사 기반 판매
무신사	유통	판매, 중개	패션	20대 후반~30대	매거진 역량 기반
오늘의집	유통	중개	홈/인테리어	20대 후반~30대	커뮤니티 기반
지그재그	유통	중개	패션	20대	메타정보 수집 기반
배달의민족	유통	중개	음식	전 연령	이륜차 배달 연계
마켓컬리	유통	판매, 중개	식재료	30대	콜드체인 물류 중심 커머스
Cafe24/메이크샵	유통	솔루션	모든 카테고리	(이용사별로 다름)	솔루션으로만 제공되며 자사 판매 서비스는 없음

Chapter 3 어떻게 돈을 버는지 알면 할 일이 보인다

모든 기업을 다 다룬 것은 아니고 우리가 익히 알고 있는 기업들 중에서 대표적인 유형으로 나눌 수 있는 곳들만 다뤄보았다. 이러한 유형 구분에는 다음과 같은 몇 가지 기준이 있다.

1) 운영 형태

직접 판매하는 상품이나 서비스를 제조 또는 직접 제공하는 형태가 '제조'에 포함된다. 상품을 제조하는 회사는 따로 있고, 서비스 내에서 판매가 일어날 수 있도록 하는 곳은 '유통'으로 구분한다.

2) 판매자 거래 방식

이커머스가 상품이나 서비스를 거래하는 방식을 구분한 것이다. 매입 형태에 따라서 이커머스사가 판매자의 역할을 하면서 구매자에게 서비스에 대한 전체적인 책임을 지는 경우 '판매'로 구분하고, 단순히 중개자의 역할만 하면서 전체적인 책임을 지지 않는 경우를 '중개'로 구분한다. 예를 들어 물건에 하자가 있어서 고객센터에 전화했을 때 "이 부분은 판매자와 직접 통화하세요."라고 한다면, 이 경우 이커머스사는 '중개'에 해당한다. 마지막으로 '솔루션'은 실제 이커머스사는 아니지만 이커머스 서비스를 제공할 수 있는 프로덕트를 솔루션 형태로 제공하는 업체를 가리킨다. 실제로 물건 거래에는 전혀 관여하지 않고 이커머스사가 서비스를 운영할 수 있는 근간이 되는 시스템을 대여 또는 판매하는 곳이다. 사용자로서는 이 솔루션사와 소통할 일은 전혀 없다.

3) 카테고리

판매하는 상품이나 서비스가 특정 종류에 집중되어 있는지, 아니면 모든 상품 종류를 다루고 있는지를 구분한 것이다. 모든 종류를 다루는 이커머스사를 '종합몰'이라고 부르고, 특정한 카테고리의 제품만 전문적으로 판매하는 이커머스를 과거에는 '카테고리 킬러'라 불렀고, 요즘은 '버티컬커머스'라고 많이 부른다.

4) 주요 고객 연령층

해당 서비스를 실제로 사용하고 있는 주요 고객들의 연령을 표시했다.

5) 서비스 특징

각 이커머스사의 서비스 특징이나 기반이 되는 부분을 정리했다.

당장 이 표를 보고 어떤 이커머스 기업에 가면 좋을지 판단하기는 쉽지 않을 것이다. 이 표를 통해 말하고 싶은 진짜 내용은 이커머스 기업을 사용자의 눈으로만 판단하지 않았으면 하는 것이다. 겉으로는 비슷비슷해 보이는 이커머스사들이 사실은 굉장히 다른 형태로 운영되고 있다는 것을 알길 바란다. 특히 이커머스사가 제조에 참여하고 있는지나 매입처와의 관계가 어떻게 되는지는 이커머스사의 수익 구조와 연결되고, 어떤 카테고리에 집중하고 있는지는 서비스의 방향성을 알게 해준다.

각 서비스들의 특징은 서비스가 담고 있는 핵심 가치이자 사용자들이 인식하고 있는 중요한 가치로서, 그 회사에서 일하며 계속 고민해야 하는 중요한 과제가 될 수 있다. 고객 연령층에 대한 부분도 중요하다. 주 고객층은 오랜 시간에 걸쳐 쌓아온 것이기 때문에 몇 가지 서비스를 추가한다고 해도 연령층은 사실 쉽게 바뀌지 않는다. 나이가 의미 없는 매스Mass 서비스가 아니라면 이 연령층은 새로운 서비스와 성장을 만들어낼 때 중요한 고려 요소가 된다. 특정 연령층을 다 차지하는 것도 중요하지만, 어느 정도 시간이 지나면 연령층 확대에 대한 미션이 찾아올 수 있다. 그때 기존의 주요 고객들을 잃지 않으면서 새로운 연령대로 확장할 수 있는 방법을 마련해야 한다.

여기서 우리가 꼭 기억해야 할 것은, 가고자 하는 이커머스 기업에 맞춰서 생각을 정리해야 한다는 점이다. 중개만 하는 이커머스사에 가서 의류를 제작하겠다는 꿈을 갖는다거나, 이륜차 배달을 바탕으로 하는 곳에서 오토바이로 운반할 수 없는 상품을 팔자고 주장하는 것은 매력적이지 않을 수 있다. 회사는 기존의 자산을 활용해서 성장하고 있으므로, 성장에 대해서 설득할 수 없다면 아무리 좋은 아이디어라도 그 힘을 발휘할 수 없다. 연령대도 그렇다. 20대의 시각으로 아무리 많은 아이디어를 내도 서비스 사용자의 주 연령층이 40대 이상이라면 그 아이디어는 채택되기 힘들 것이다. 즉, 가고 싶은 회사를 명확하게 선택하기 위해서는 자신의 아이디어나 생각의 결이 잘 맞을 만한 곳을 택하는 것도 중요하다.

또 하나의 체크 포인트 : 회사의 정체성

마지막으로 나의 업무 경험에 비추어 볼 때, 이커머스사를 선택하는 데 있어 한 가지 꼭 검토하면 좋겠다고 생각하는 부분이 있다. 나는 이 책을 통해 IT 기업에 입사하려고 하는 사람들에게 이커머스를 추천하고 있다. 하지만 이커머스 형태의 사업을 하는 회사라고 해서 모두가 IT 기업다운 정체성을 가지고 있지는 않다는 것을 알았으면 좋겠다.

어떤 기업은 이커머스를 주로 서비스하는 기업이지만 스스로를 IT 회사가 아닌 유통 회사로 정의하기도 한다. 스스로를 유통 회사로 정의하는 이커머스는 IT 부서를 생각하는 태도 자체가 일반적인 IT 기업과는 다르다. 앞서 이야기했던 것처럼 유통 회사에서 IT란 유통 사업을 영위하기 위한 지원 조직의 일부처럼 여겨진다. 내부 인원보다는 외주를 통해서 필요한 시기에만 인력을 투입하려고 하거나, IT 기술에 대해서도 긴 시간 투자하지 않고 단기간 내에 성과를 보고 싶어 한다. 이럴 경우 아무리 좋은 기술을 외부에서 구매해온다고 해도 내부 인원들이 그 기술을 적절하게 활용하기가 어렵고, 빠르게 성장할 수 있는 추진력을 만들기도 어려워진다.

즉, 이커머스 기업을 선택할 때 기업이 IT 부서를 어떻게 생각하는지나 IT 인원을 적절하게 보유하고 있는지를 파악해봄으로써 진짜 정체성을 파악하는 것이 중요하다. 이 부분은 챕터 4에서 '프로덕트의 중요성'에 대해 설명할 때 더 자세히 다루겠다.

이커머스의 비즈니스모델과 수익 구조

이커머스는 어떻게 서비스를 생각해내고, 어떤 식으로 돈을 벌까? 면접에서 이런 질문을 받는다면 어떻게 답할 것인가?

사실 비즈니스모델에 대한 책이나 자료는 무수히 많다. 조금만 관심을 가지면 충분히 재미있게 찾아볼 수 있다. 하지만 전략 기획자나 창업을 준비하는 사람이 아니라면, 사실 신입사원에게 흥미로운 주제는 아니다. 온라인 비즈니스에서 몇 년 이상 일했던 사람들은 무릎을 탁 치며 공감할 내용도, 신입사원에게는 버겁기만 할 것이다. 책을 읽을 때는 고개를 끄덕이고 나서도 막상 이 내용을 업무에 어떻게 적용할 수 있을지는 어려울 수도 있다. 비즈니스모델처럼 거대한 이야기에 공감하기에는 직무에 대한 이해가 부족하기 때문이다.

그런데 비즈니스모델과 수익모델을 아는 것은 취업을 준비하는 과정에서도 중요하다. 우리가 수행해야 하는 직무들을 이해한다는 것은 곧, 기업의 이익을 만들기 위해서 내가 어떤 역할을 해야 하는가를 아는 일이기 때문이다. 비즈니스모델이 숲이라고 생각한다면, 이를 바라보는 시각을 갖추는 것은 나무 하나하나에 해당하는 직무를 이해하는 데 도움이 될 것이다.

이 글에서는 비즈니스모델을 경영학적으로 어렵게 설명하거나, 성공하는 비즈니스모델에 대한 이야기를 하려는 것이 아니다. 회사의 비즈니스모델을 파악해 입사 준비에 도움이 될 수 있는 실용적인 측면에서 비즈니스모델에 대해 이야기해보려 한다.

비즈니스모델의 이해

일부 사람들은 '비즈니스모델'과 '수익모델'을 동일하게 생각하고 혼용해서 사용하기도 하는데, 이 둘은 완전히 동일한 개념은 아니다. 비교해보자면 비즈니스모델이 수익모델보다 더 큰 범위다.

비즈니스모델이란 기업에서 어떤 방식으로 소비자에게 제품을 제공하고, 마케팅하여 알리고, 돈을 벌 것인가에 대한 계획이다. 이 설명은 미국의 경영학자 피터 드러커의 해석에 가까운데, 사실 비즈니스모델에 대한 여러 해석이 있을 뿐 명확하게 정의 내려진 것은 아직까지 없다. 하버드대학의 클레이튼 크리스텐슨 교수의 의견을 따른다면 우리가 앞서 이야기했던 Jobs To Be Done을 설명할 수 있는 가치 자체가 비즈니스모델이라고도 설명할 수 있다.

하지만 이런 복잡한 이론적인 문제는 접어두고 평범한 수준에서 이해해본다면, 비즈니스모델이란 기업이 무엇을 위해서 어떤 일을 하는지를 한눈에 볼 수 있도록 정리해놓은 표라고 설명할 수 있다. 물론 방대한 의미를 담은 개념을 이렇게 협소하게 접어버리는 것엔 무리가 있지만, 이 책은 입문자 중에서도 시작점에 있는 사람들을 위한 내용이기 때문에 이 정도도 충분히 어려울 것이다.

사실 디테일한 개념에서는 하나의 기업을 하나의 비즈니스모델 표만으로 설명하기는 어렵다. 하나의 기업도 여러 가지 방식의 비즈니스를 운영하고 있기 때문이다. 특히 이커머스 기업은 상품을 구매하는 사용자가 지출하는 돈이 주 수익원처럼 보이지만, 사실 판매자가 내는 거래 수수료가 주 수익원이다. 이 외에도 다양한 방식으로 비즈니스를 운영하고 있다. 기업이 실제로 돈을 버는 방식이 우리가 생각했던 비즈니스의 형태와 다른 곳이 많다. 예를 들어 아무나 쉽게 동영상을 올리고 시청할 수 있는 유튜브의 주 수익원은 개인화 광고를 원하는 광고주들이다. 이런 복잡한 관계는 단순하게 하나의 표로 설명하기는 어렵기에 한 회사를 분석할 때도 다각도로 살펴볼 필요가 있다.

온라인에서 '비즈니스모델'을 검색해보면 가장 많이 나오는 건 '비즈니스모델 캔버스'라고도 불리는 '9 빌딩 블록 모델'이다. 학교나 회사에서 진행하는 비즈니스모델 관련 워크샵에서 이 캔버스를 채우는 활동을 하는 경우가 꽤 있어서 아주 익숙한 그림이다. 사실 비즈니스 캔버스가 유명해지기 전에도 다양한 형태의 프레임이 있었다. 포박스모델4 box model, STOF모델, RCOA모델 등 형태는 조금씩 다르지만 비즈니스를 설명하기 위한 여러 가지 프레임들이다. 프레임은 단순히 내용을 채우는 것이 중요한 게 아니다. 그 내용들이 공통적으로 나타내는 바가 무엇인가를 정리하는 것이 중요하다.

어떤 회사를 이해하기 위해서 비즈니스모델을 분석할 때, 표를 채우기에만 급급해하지 말고 비즈니스모델 표에서 공통적으로 나타나는 다음 세 가지 구성 요소가 어떻게 만들어져 있는지 생각해보기를 바란다.

1) 사용자에게 제안하는 가치

성공적인 서비스는 제안하는 가치가 명확하다. 어떤 고객이 핵심 타겟인지, 우리 서비스가 해결해줄 수 있는 것은 무엇인지, 그리고 이를 위해서 우리가 제공하는 서비스나 상품은 무엇인지 정리해보자.

흔히 새로운 서비스를 만들 때 가장 오랫동안 고민하는 부분은 우리가 제공하는 서비스나 상품이 무엇인지다. 어떤 사람은 이 부분이 혁신적인 UI에서 만들어질 것이라고 생각하기도 하고, 어떤 사람은 과거에 쉽게 접근할 수 없었던 정보를 제공하는 데서 얻어진다고 믿는 사람들도 있다. 그런 관점에서 많은 이커머스 기업들이 특정 분야의 상품이나 서비스를 모아서 고객에게 편리하게 제공하는 형태로 가치를 설계한다. 대표적으로 배달의민족은 음식을 주문해 먹으려는 사람들을 핵심 타겟으로 설정하고, 배달이 가능한 모든 식당 정보를 모아서 사용자에게 전달한다. 이 과정에서 사용자들이 더 편리하게 이용할 수 있도록 결제를 편리하게 돕는 거래 수단까지 제공한다.

성공하는 이커머스 기업이 되기 위해서는 원래 제공하려던 가치보다 실제 고객들이 그 기업의 서비스에서 느끼는 가치를 더 중요하게 생각해야 한다고 앞에서 이야기했다. 실제로 이런 경우도 있다. 남성 고객에게 화장품의 성분 정보를 보여주면 화장품을 구매하는 데 도움이 될 것이라 생각하고 이커머스의 서비스 가치를 설계했는데, 만들고 보니 오히려 여성 고객들이 그 가치를 더 선호했다. 이때 기업은 기존에 설정한 타겟을 유지한 채로 서비스를 다시 설계하는 것이 아니라 타겟을 여성으로 바꿔서 기존의 가치 설계를 다시 고민해보았다. 이 사례는 화장품 리뷰 커뮤니티인 '화해'의 피보팅Pivoting 이야기다.

2) 회사의 자원과 프로세스 정리

사용자들에게 전달할 가치에 대해서 정의했다면, 이제 그 가치를 제공해줄 자원에 대해서 파악하고 어떻게 가치를 만들어내는가에 대해서 이해해야 한다. 회사의 인적자원부터 기술과 기기, 설비, 정보나 데이터 등 모든 것이 자원이 된다. 그리고 기존 사업을 통해서 이미 확보한 사용자가 있거나 이미 계약된 입점사도 회사의 자원이라고 할 수 있다.

사실 외부인으로서 이 부분을 파악하기란 쉬운 일은 아니다. 이 부분은 회사의 채용에 대한 소문이나 신규 서비스에 대한 기사를 통해서 추정해볼 수 있다. 예를 들어 배달의민족이 편의점 스타일 배달 서비스인 'B마트'를 선보였을 때, 이미 확보되어 있는 이륜차 배달 인프라는 중요한 자원이었을 것이다. 그리고 이러한 서비스를 위해서 지역에 물류

거점을 만들었다는 뉴스를 통해 이 서비스의 운영 프로세스를 상상해볼 수 있다.

3) 수익을 극대화하고, 비용을 최소화하는 성장모델

앞서 두 가지 분석을 통해 기업의 비즈니스모델은 기업의 활동과 사용자를 위해 준비된 가치가 있다는 것을 알았다. 여기서 이익을 창출함으로써 기업이 성장하기 위해서는 다음 두 가지 조건이 충족되어야 한다. 거래 규모에 따른 수익을 극대화하고, 비용은 최소화해야 한다. 그런데 기업의 목표에 따라서 당장은 수익이 나지 않더라도 비용을 들여서 트래픽과 거래 규모를 높이는 것에 집중하고 있을 수도 있다. 이런 목표에 따라서 회사가 원하는 바를 가속화할 수 있는 설계가 계속 이어진다.

예를 들어 엄선된 식품을 사용자들에게 새벽배송으로 가져다 주자는 목표를 가진 마켓컬리를 떠올려보자. 가치는 높이면서도 물류에 들어가는 비용은 줄이고자 하는 목표를 가질 수 있다. 이 경우 제품을 빠르게 물류창고에서 찾아서 내보냄으로써 빨리 배송하는 것과, 주문한 모든 종류의 상품을 한 바구니에 담아서 보냄으로써 포장 비용을 줄이는 활동이 서로 충돌할 수 있다. 이때 만약 이 회사의 성장모델이 '빠른 배송'에 있다면, 합배송을 통해 포장 비용을 낮추는 행위는 우선순위가 낮아질 수 있다. 이처럼 서비스들 간의 우선순위를 조정할 때 핵심적으로 고려되는 것이 바로 회사의 성장모델이다.

꼭 무언가를 포기해야만 하는 것은 아니다. 예를 들어 고객에게 광고를 했을 때 굉장히 의미 있는 매출로 이어지는 영역이 있다. 이 부분의 이익을 극대화하기 위해서 빅데이터를 통해 개인화 정보를 더 모아서 광고 소재가 자동으로 채택되도록 서비스를 만드는 것도 이 회사의 성장모델일 수 있다. 이 경우에는 무언가를 포기하지 않고도 성장모델을 만들어낼 수 있다.

이런 성장모델은 필연적으로 서비스를 이용하는 사람들에게 정책과 규칙으로 보여지는 부분에서 차이를 나타낸다. 앞서 말한 마켓컬리의 정책대로라면 냉장, 냉동, 상온에서 보관하는 상품들이 각각 빠르게 배송될 수 있지만 한 박스에 넣어서 보내달라는 사용자의 요청 사항을 수용하기는 어렵다. 두 번째로 말한 개인화를 강조한 영역에는 아무리 비싼 돈을 주더라도 자신의 광고를 고정시켜달라고 말하는 광고주를 수용할 수는 없게 된다. 이런 것들이 모두 세세한 운영 정책이 된다.

아무리 쉽게 설명해보려고 해도 비즈니스모델을 설명하는 것은 쉽지 않다. 하지만 이것을 분석해보고자 노력하는 과정에서 내가 가려는 회사가 가진 목적 의식이나 일의 방향성에 대해 이해한다면 앞으로 이 책에서 소개할 각 직무들에 대해서도 더 잘 이해할 수 있을 것이라 생각한다.

이커머스의 수익 구조

이커머스가 어떻게 비즈니스를 이끌어가는지를 이해했다면 다음으로는 어떻게 돈을 버는지 이해할 차례다. 이커머스는 비교적 표준적인 수익 구조 형태가 이미 정리되어 있는 업계다. 우리가 흔히 이커머스라고 하면 떠올릴 수 있는 '전자상거래'라는 단어가 이미 이러한 시장의 거래 형태를 잘 규정하고 있다. '상거래'에서 나타날 수 있는 형태들이 기본적인 수익의 방식을 규정한다.

여러 비즈니스모델이 존재하지만, 가장 기본적으로 갖춰야 하는 판매와 거래의 기능은 이 수익 구조를 바탕으로 설계된다. 이 위에서 기업의 전략적 판단에 의해 변주가 일어난다. 개념을 어렵게 설명하기보다는 몇 가지 키워드로 핵심만 살펴보도록 하겠다.

'1P와 3P'는 이커머스의 기본 수익 구조를 파악하기 위해서 알아야 하는 용어다. 여기서 P는 Player가 아니라 Party의 줄임말이다. 1P 즉, 1st Party란 이커머스 회사 자체를 의미한다. 이커머스 회사 자체가 직접 판매자가 되어 물건을 판매하는 형태를 의미하며, 도매로 물건을 사

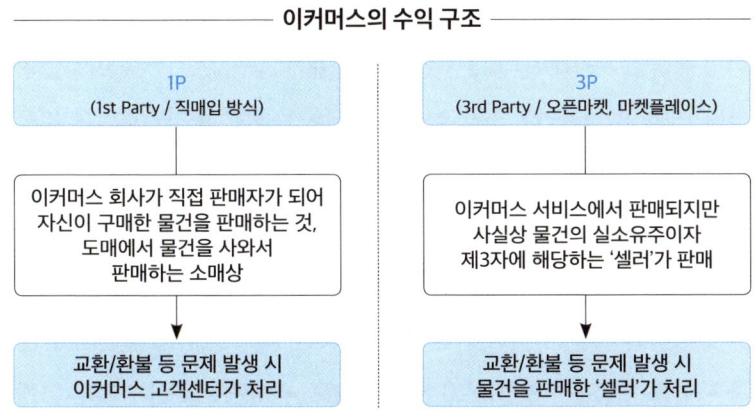

이커머스의 수익 구조

와서 판매하는 소매상을 떠올려보면 된다. 이런 방식으로 상품을 공급하는 매입 방식을 '직매입' 또는 '사입'이라고 한다. 직매입으로 판매한다는 것은 이커머스가 상품 제조사에게 물건을 사와서 판매하는 방식을 의미한다. 이렇게 되면 이커머스 회사가 판매자이기 때문에 상품에 대한 하자나 배송상의 문제, 환불 등의 문제가 있을 때 이커머스사가 먼저 책임을 져야 한다.

그렇다면 3rd Party란 무엇일까? 물건을 판매하는 사람이 이커머스 기업이 아니라 제3자라는 의미다. 이커머스 매장에서 판매되지만 사실상 판매의 주체는 제3자라는 것이다. 이런 형태를 보통 '오픈마켓'이나 '마켓플레이스'라고 부른다. 해당 이커머스가 3P인지 쉽게 알 수 있는 방법은 사이트 하단에 "○○○○(이커머스명)은 통신판매중개업자로서 판매자의 거래에 대해서 책임지지 않습니다."와 유사한 문구들이 있는지 보는 것이다. 3P의 경우 실제 판매된 물건에 대해서 문제가 있어서 고객센터에 전화하면 상품에 대한 부분은 판매자와 이야기하라면서 판매자의 연락처를 알려준다. 최근에는 도의적으로 그리고 서비스적으로 이커머스사가 거래에 대해서 많은 부분을 책임지려고 노력하고 있지만, 엄밀히 따지자면 이커머스사가 판매에 대해서 법적으로 책임져야 하는 부분은 적다.

이커머스 기업이 판매자인지 아니면 중개업자인지를 구분해야 하는 이유는 다음과 같다. 첫째, 수익의 대상이 다르다. 직매입의 방식으로 유통하는 경우는 미리 사온 물건을 파는 것으로, 매입 원가와 판매가 사이의 차익을 '마진'이라고 부른다. 쉽게 말하면 아주아주 낮은 가격으로 상품을 사올 수만 있다면 판매가에서 큰 이익 차액을 가질 수 있는 구조다. 반면 3P라고 부르는 '중개 거래' 방식은 원가의 개념이 없다. 대신에 우리 이커머스를 통해 거래를 했으니 그 대가로 거래 수수료라는 것을 받는다. 가장 흔한 방식은 거래가 일어난 상품의 금액에서 일정 부분을 수수료로 받는 것이다. 등록한 상품의 판매가를 기준으로 수수료를 받을지, 아니면 실제 결제액 기준으로 수수료를 받을지는 그 이커머스사의 선택이다.

<u>둘째, 비용 지출의 대상이 다르다.</u> 수익의 대상만 놓고 보면 1P가 무조건 좋아 보인다. 희소한 상품을 싸게 잘 사와서 비싸게 팔면 될 것 같다. 하지만 안 팔렸을 때를 고려해본다면 쉽게 선택할 수 있는 문제는 아니다. 1P는 미리 사온 상품들을 판매하고 있기 때문에 물건들이 예상보다 안 팔렸을 때 큰 문제가 된다. 팔리지 않은 상품들은 매입 원가를 보전할 방법도 없지만 심지어 계속 창고에 쌓아놓는 데는 유지 비용까지 들어간다. 창고 유지 비용에는 장소에 대한 임대료와 전기세, 인건비까지 들어가고 거기다가 그 창고에 다른 상품을 들여놓을 수 있는 기회비용까지 포함된다. 매년 연말 미국에서 열리는 '블랙프라이데이'는 이런 이유로 생겨난 것이라는 말이 있다. 대부분 1P의 방식으로 상품을 매입해왔던 미국의 유통사들이 창고를 털기 위해서 연말에 할인 행사를 하는 것으로 시작된 것이다.

반면 우리나라에는 블랙프라이데이 같은 행사가 별로 없다. 즉, 물건을 창고에 쌓아놓지 않는다는 뜻이다. 3P는 하나의 거래에서 큰 수익을 얻기 어려울 수는 있어도 구조적인 손실은 없다. 제조에 8,000원이

들어간 10,000원짜리 상품을 9,900원에 팔아도, 심지어 제조가보다 낮은 7,000원에 팔아도 중개 거래만 지원한 이커머스사는 수익을 얻는다. 창고 비용이 필요하지 않고 물건 하자에 대한 처리도 직접 하지 않으니 보상 비용이나 CS 비용도 상대적으로 적게 들어간다.

하지만 또 다른 문제는 이익이 적다는 점이다. 평균 10% 후반대의 중개 거래 수수료 중에서 카드사나 거래를 연계해준 전자결제대행사에 3~5%의 수수료를 지불하면 남는 이익은 생각보다 적다. 입점사들은 수수료를 더 낮추기 위해서 상품의 가격을 최저가로 올린다. 직매입했다면 추가 할인을 고려해서 높게 올렸을 판매가를 애초에 낮게 입력한다. 오픈마켓은 그 특성상 더 많은 입점사를 가져오기 위해서 더 많은 행사를 하고 더 많은 모객을 해야 한다. 이를 위해서 이커머스사는 입점사들이 참여할 대형 행사를 열고 쿠폰을 뿌려야 하므로 마케팅 비용의 지출이 크다. 그래봤자 수수료가 크지 않아서 이커머스사는 끽해야 최대 3,000원 할인해주는 쿠폰을 나눠주는 수준이지만, 어떤 때는 마케팅 비용 지출이 하나의 거래에서 나오는 수수료 이익보다 클 때도 있다.

이처럼 매입 방식이 다른 것만으로도 이미 서비스적 차이가 발생한다. 우리가 알고 있는 이커머스는 대부분 둘 중에 하나를 택하고 있다. 개중에는 위탁 매입이라고 해서 3P이면서 1P의 방식으로 운영할 수 있도록 입점 판매사가 이커머스사에게 위탁 계약을 통해서 거래하는 방식도 있긴 한데, 우리 수준에서는 이것 역시 큰 범주의 3P로 봐도 된다. 이커머스사가 어떤 방식으로 돈을 벌고 있는지를 파악한다면 어떤 부분에서 이익을 얻고 비용이 발생하는지 이해할 수 있다.

이커머스의 수익과 가치 평가

이커머스의 수익 구조를 하나의 공식으로 표현해보면 다음과 같다.

매출 = 방문자 수 × 구매 전환율 × 객단가 - 서비스 비용

이 공식은 보통 마케팅을 다루는 팀에서 자주 보게 되는 공식이다. 서비스 비용을 제하기 전 앞의 세 가지의 곱이 거래 규모에 해당하는 GMV Gross Merchandise Volume 로 이커머스사의 총 상품 판매량을 나타낸다. 진짜 이익은 비용을 빼야 계산이 되겠지만, 트래픽이 더 커지고 서비스를 좋아하는 사람들이 많아지는 것이 이 기업의 중요한 목표라면 이 GMV만으로도 기업의 가치 평가가 가능하다. 상품 1개를 팔 때 꼭 1개만큼의 이익을 만들어내지 않고, 고객을 장기적으로 우리 이커머스에 묶어두고 트래픽과 리텐션을 만들어내기 위해서 의도적으로 비용을 더 들여서 손해를 볼 수도 있기 때문이다. 당장은 손해를 보는 것 같아도 장기적으로 이익이 날 수 있는 구조를 만들어나가는 방식이다.

이런 구조를 만드는 경우는 이제는 주변에서 흔히 찾아볼 수 있다. 『모델』이라는 책에 나오는 '하이브리드 프레임'이라는 비즈니스모델의 정의 방식에서는 수익이 발생하는 시점 자체를 거래 시점이 아닌 다른 시점으로 기획하는 경우도 나온다. How는 결국 When을 의미한다. 이러한 수익모델의 가장 대표적인 예시로는 '유료 멤버십 서비스'가 있다.

쿠팡의 유료 멤버십 '쿠팡와우'는 한 달 멤버십 비용인 2,900원보다

하이브리드 프레임의 9-cell Method

구분	Who	What	How
고객 가치	어떤 용건을 가진 사람인가?	솔루션으로 무엇을 제공할까?	경쟁 솔루션과 어떻게 차별화할 것인가?
이익	누구에게서 이익을 취할 것인가?	무엇으로 이익을 낼 것인가?	어떤 시간 축에서 이익을 낼 것인가?
프로세스	누구와 협력할까?	자사의 강점은 무엇인가?	어떤 순서로 진행할 것인가?

자료 : 『모델』, 가와카미 마사나오

더 큰 혜택을 받을 수 있도록 설계되어 있다. 무료배송을 1회만 이용해도 이미 배송비 2,500원은 아끼는 것이기 때문에 무료배송을 2회 이상 이용하거나 쿠팡플레이를 통해서 유료 영화를 몇 편만 봐도 월 회비보다 높은 혜택을 받은 것이라고 볼 수 있다. 이익 측면에서만 본다면 이런 서비스는 이해할 수 없는 서비스다. 그럼에도 불구하고 기업이 이런 서비스를 제공하는 데는 분명한 이유가 있다.

단기적으로는 비용이 훨씬 크겠지만, 멤버십을 통해서 로켓배송을 이용하는 이용자가 더욱 많아질수록 로켓배송을 위해서 쿠팡의 물류창고에 입점하는 상품 수가 더 많아질 것이고, 물건이 많아질수록 물류창고의 비용 효율이 좋아지게 된다. 셀러의 재고를 물류창고에 둠으로써 재고 관리나 물류창고 임대 수익 등 이익도 생기고 로켓배송으로 고객들에게 질 좋은 배송 서비스도 계속 제공할 수 있다. 그러다 보면 어느 순간 들어가는 비용보다 벌어들이는 수익이 더 커지는 순간이 온다. 이렇게 성장을 고려한 장기적인 설계의 수익 구조는 이커머스에서는 이제는 굉장히 자연스러워졌다.

이 외에도 이커머스는 다양한 서비스를 통한 다양한 수익모델을 가지고 있다. 이러한 수익모델은 처음 설계한 비즈니스모델에서 설정한 사용자 가치를 더 강화하면서 거래 규모를 키우고 장기적으로 회사의 스케일업과 이익을 동시에 가져올 수 있는 방법으로 성장한다.

이런 이야기를 듣다 보면 분명 머리가 아파질 것이다. 하나의 산업을 이해하는 것인데 어려운 것이 당연하다. 하지만 목표를 명확히 하면 마음을 다잡을 수 있다. 이 책의 역할은 우리가 이커머스에 입사한 후에 해야 할 일들을 이해하게끔 돕는 것이다. 이제 막 시작하는 단계에서 중요한 것은 '이해의 틀'을 만들어서 그것을 바탕으로 앞으로 더 잘 배워나갈 수 있는 바탕을 만드는 일이다. 그런 관점에서 이 내용들을 이해하면 충분히 의미 있는 공부가 될 것이다. 앞으로 계속해서 이런 부분에 대한 관심을 가지고서 좋은 책들을 많이 읽고 공부해나간다면 분명 자신만의 답을 만들어나갈 수 있을 것이다.

 더 공부해보고 싶다면, 이 책으로!

『성공하는 스타트업을 위한 101가지 비즈니스 모델 이야기』, 남대일 외 4인, 한스미디어, 2020
국내외의 101가지 IT 서비스의 비즈니스모델에 대해서 분석한 케이스북으로, 다양한 서비스들의 비즈니스모델을 비교하면서 공통점과 차이점을 분석해볼 수 있다. 비즈니스모델에 대한 이해를 넓히고 싶다면 이런 케이스북을 보는 것도 추천한다.

『언카피어블』, 짐 매켈비, 리더스북, 2020
새로운 비즈니스모델이 만들어지는 과정은 파괴를 파괴하는 '혁신 쌓기 전략'이라고 소개하는 책이다. 거대한 대기업이 IT 기반 스타트업을 이기지 못하는 이유에 대해서 생각해볼 수 있다.

『구독경제는 어떻게 비즈니스가 되는가』, 닛케이 크로스 트렌드, 한스미디어, 2020

일본의 다양한 구독경제 비즈니스모델을 통해 구독경제 산업의 수익 구조가 어떻게 만들어지는지 볼 수 있는 책이다. 날이 갈수록 대세가 되고 있는 수익 구조이기 때문에 한번 읽어보길 추천한다.

온라인 플랫폼이
바꿔놓은 갑을 관계

이번에는 이커머스의 입장에서 소비자나 판매자와 맺는 관계를 이해할 차례다. 이 관계를 잘 이해하기 위해서는 '플랫폼'에 대해서 먼저 이해해야 한다. 사실 '플랫폼'은 매우 익숙하면서도 설명하기 어려운 단어다. '플랫폼 기업'이나 '플랫폼 서비스'라고 하면 떠오르는 회사들은 무수히 많다. 구글, 아마존, 페이스북, 네이버, 카카오톡 등등. 이렇게만 보면 대충 '거대한 IT 회사'를 말하나 보다 싶기도 한데, 뉴스에서 규모가 작은 회사도 플랫폼 회사라고 말하는 것을 보면 갑자기 혼란스러워진다. 사실 나 역시 '플랫폼이 무엇이냐'고 명확하게 정의 내리라고 하면 설명하기가 쉽지 않다.

그런데 그건 나만의 문제는 아니다. 비즈니스모델에 대한 설명이 몹시 다양한 것처럼 '플랫폼'에 대한 정의도 전문가들마다 조금씩 다르다. 그래도 어느 정도 합의된 형태는 있다. 우리는 플랫폼의 명확한 정의를 배우려는 것이라기보다는 플랫폼 서비스에서 나타나는 관계를 보고자 하는 것이기에, 어느 정도 합의된 형태 중에서 살펴보면 좋겠다. 내가 좋아하는 책인 『플랫폼 레볼루션』에 나오는 플랫폼의 정의다.

> 플랫폼이란 '생산자와 소비자가 상호작용을 하면서 가치를 창출할 수 있게 해주는 것에 기반을 둔 비즈니스'다.

이 정의대로라면, 플랫폼에는 세 가지 등장인물이 나온다. '생산자', '소비자' 그리고 그들이 서로 상호작용하면서 가치를 창출할 수 있게 해주는 '플랫폼'이다. 이 정의로 설명할 수 있는 플랫폼 서비스는 무수히 많다. 유튜브나 커뮤니티도 게시물을 올리는 사람(생산자)과 그것을 보는 사람(소비자)이 있고, 그러한 게시글을 보는 상호작용 자체가 플랫폼의 역할이다. 이렇게 보면 우리가 아는 대부분의 온라인 서비스는 플랫폼인 경우가 많다.

그중에서도 이커머스는 특히 플랫폼의 형태를 아주 명확하게 가지고 있다. 세 가지 등장인물을 이커머스의 용어로 바꿔보면 '판매자', '구매자', '이커머스'로 치환이 가능하고, 금전적 형태의 상호작용이라는 점에서 그 어떤 플랫폼보다도 명확한 관계성을 가진다. 이런 구조에서 플랫폼을 중심으로 보면 상호작용으로서의 거래는 양쪽으로 발생한다. 플랫폼을 중심으로 양쪽에서 '판매자와의 금전 거래'와 '구매자와의

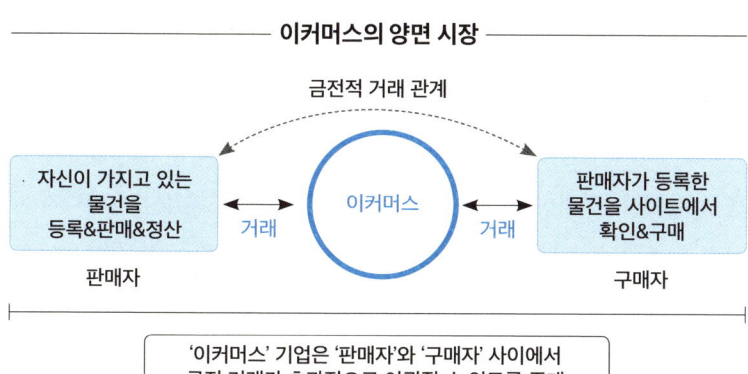

'금전 거래'가 일어나는 시장 구조가 생겨난다. 이를 '양면 시장Two-sided market'이라고 부른다. 그리고 이 양면 시장이라는 특징은 이커머스 플랫폼에서 일할 때 이커머스의 입장에서 판매자나 구매자와 맺는 관계에 영향을 준다.

양면 시장의 관계적 특징

양면 시장으로서의 이커머스가 관계적인 측면에서 지닌 특징을 크게 세 가지로 정리해볼 수 있다. 첫째, 판매자도 구매자처럼 관리의 대상이다. 단순하게 생각하면 기존 오프라인 유통업에서의 관계와 다를 바 없어 보일 수도 있다. 기존에도 도매상이 있고, 최종적으로 구매하는 손님이 있으니 등장인물은 똑같다. 하지만 기존의 오프라인 유통업은 거대한 소싱 파워와 유통 매장의 입지 같은 이길 수 없는 파워게임이 있었다면 이커머스는 상황이 다르다.

과거 유통 회사와 관련된 뉴스에는 '유통사 갑질'이라는 단어가 종종 등장했다. 거대한 파워를 가진 유통사가 판매자로 입점한 회사에 과도한 할인을 강요하거나 억지로 행사에 참여시키거나 하는 행위를 말한다. '물량 떠넘기기'라고 해서 어떤 때는 이미 직매입으로 사들였던 상품 중 판매되지 않아 남은 재고를 강제로 반품받도록 하기도 했다. 이런 문제는 도심지 상권일수록 더 심각해지는데, 백화점과 대형마트 중심의 대형 오프라인 유통은 대체할 수 있는 시장이 거의 없었기 때문에 이런 일들이 가능했다.

하지만 이커머스에서는 이런 경우가 상대적으로 적다(아예 없는 것은 아니다). 뉴스에서 이커머스 회사의 갑질에 대한 뉴스를 본 기억이 떠오른다고 해도, 이것만 알아줬으면 좋겠다. 아무리 거대한 파워가 있는 이커머스사라고 해도 우리나라 전체 전자상거래 시장에서 20%의 점유율을 넘지 못한다는 사실이다. 온라인에는 판매자가 선택할 수 있는 이커머스 기업이 무수히 많다. 실제로 대부분의 판매자들은 일부 특정 카테고리가 아니면 여러 플랫폼에 멀티 판매를 한다. 공산품을 거래하는 판매자의 경우에도 특정 플랫폼에 맞춰줘야 할 일이 거의 없고, 자체적인 브랜드를 보유하고 있는 판매자라면 사실상 이커머스사의 눈치를 볼 필요가 전혀 없다. 그들은 그들의 매출을 올리기 위해서 이커머스와의 거래를 제휴하고 선택한다. 선택의 기회가 없었기에 가능했던 오프라인 유통사의 무소불위식 갑질과는 다소 온도차가 있다.

한마디로 정리해보자면, 플랫폼은 판매자도 구매자도 우리 서비스로 오게 하기 위해서 많은 노력을 하게 된다. 구매자를 위한 고객센터처럼 판매자를 위한 상담센터도 따로 두고, 그들이 우리 플랫폼 내에서 성장하고 성공할 수 있도록 교육을 지원하거나 어떻게 하면 매출을 높일 수 있을지 지속적인 정보도 제공하려고 노력한다. 굉장히 중요한 판매자에게는 VIP 고객을 모시듯이 전담 관리자를 붙여 플랫폼과 우호적인 관계를 형성하기 위해서 애를 쓰기도 한다.

우리는 대부분 구매자로서의 경험이 더 많기 때문에 처음 이커머스에 입사하게 되면 판매자와의 관계에 대해서는 잘 생각하지 못한다. 물론 이러한 관계 요소들은 파워게임이기 때문에 플랫폼과 판매자 사이에서 한쪽이 압도적인 파워를 가지면 언제든지 뒤집힐 수 있는 문제이긴 하다. 하지만 당분간 국내 시장에서는 대부분의 이커머스가 상생하려고 할 것이다. 중요한 포인트는 플랫폼이 항상 갑이 아니라는 사실이다.

둘째, 판매자와 구매자의 관계는 닭과 달걀의 관계다. 판매자가 많이 있는 이커머스는 많은 상품을 보유할 수 있게 되고, 많은 상품을 가진 이커머스에는 구매자가 많이 몰리게 된다. 앞서 배운 서비스의 선순환 구조 중 가장 유명한 아마존의 플라이휠에서 나타나는 핵심적인 논리다. 이 조건은 순서가 없어서 반대로도 설명이 가능하다. 잠재적 구매자들이 많은 이커머스에는 판매자들도 물건을 팔기 위해서 몰려온다. 그래서 이커머스가 계속 성장한다는 것이다.

이커머스에서 판매자와 구매자와의 관계는 그 선후 관계를 정리하기 어렵다. 그래서 처음 이커머스 서비스를 만들게 되면 전략적으로 판매자든 구매자든 한쪽의 양을 급격하게 늘려야 한다. 이커머스 기업들은 어떤 쪽을 먼저 성장시킬 것인가를 놓고 골몰하고, 각자 나름의 방식으로 노력한다. 이때 전략 없이 양쪽을 모두 늘리려고만 하면 좋은 성과로 연결시키기 어렵다. 판매자의 수와 상품의 카테고리가 늘어날수록 이커머스 서비스의 범위는 넓어지지만, 이 상품을 필요로 하는 고객을 타겟팅하여 끌어오기는 어려워질 수 있다. 상품만 많다고 해서 다 잘되는 것은 아니다. 반대로 특정한 대상에 관심 있는 고객들을 열심히 끌어모아서 보유하고 있다고 해도 무조건 거래로 이어지는 것도 아니다. 각종 주제의 커뮤니티를 통해서 많은 사용자를 확보한 후에 이커머스로 전향하는 경우가 있는데, 사실 많은 커뮤니티들이 이 전환에서 거래를 일으키지 못해서 실패하고 만다.

취업을 준비하는 입장에서는 입사하려는 이커머스 회사가 어떤 쪽에 우선을 두고 서비스를 성장시키고 있는지를 주의 깊게 살펴봐야 한다. 물론 균형 감각이 가장 중요하다. 구매자를 모으기 위해서 판매자에게 손해가 나는 행동을 강요할 수도 없고, 판매자를 모으기 위해서 구매자에게 매력 없는 서비스를 제공해서도 안 되기 때문이다.

마지막으로, 성장 가능성이 큰 플랫폼은 매치 메이킹Match making의 단계로 넘어간다. 플랫폼에 속한 판매자와 구매자가 일정 규모 이상이 되면 그다음 단계로 넘어가야 한다. 진입한 시장이 포화 상태가 되면 더 이상 상품을 늘리는 것만으로는 구매 사용자가 늘어나지 않는 시점이 온다. 경쟁 회사 때문에 구매자가 다른 플랫폼에 분산되어 있을 수도 있고, 해당 카테고리에서 더 이상 상품을 입점시키기 어려워질 수도 있다. 그것도 아니면 이미 보유한 상품이 너무 많아서 구매자가 자신에게 최적화된 상품을 찾기 어려울 수도 있다.

플랫폼의 가치는 이러한 양쪽 사이드를 모두 만족시킬 수 있어야 한다. 이커머스라면 그 가치는 가장 적절한 상품을 가장 필요로 하는 구매자에게 잘 연결될 수 있도록 하는 것이다. 커플 매니저처럼 둘 사이를 이어줄 수 있어야 한다. 수동적인 방식으로는 구매자들에게는 검색 필터를 다양하게 제공함으로써 원하는 제품을 손쉽게 찾을 수 있도록 도와주거나, 판매자들에게는 최신 판매 트렌드와 통계 서비스를 제공함으로써 더 잘 팔릴 상품을 준비할 수 있도록 도와주는 식이다. 적극적인 방식으로는 잠재적 구매자와 상품의 데이터를 바탕으로 머신러닝이 예측한 매칭 상품을 추천해주는 방식도 있다.

추천 기능은 요즘 모든 플랫폼에서 빠지지 않고 등장하는 기능이다. 대표적으로 '협력적 필터링'의 방식과 '콘텐츠 기반 추천' 방식이 있다. 협력적 필터링이란 구매자의 기존 구매 내역이나 행동 데이터를 통해서 가장 유사한 구매자들을 묶어서 하나의 추천 그룹을 만들고 서로의 데이터를 기반으로 상품을 추천해주는 방식이다. 예를 들어 동일한 상품에 관심을 보인 A와 B가 있다고 하자. A에게는 B가 구매한 다른 상품을 추천해주고, B에게는 A가 구매한 다른 상품을 보여주는 방식이다. '콘텐츠 기반 추천'은 상품의 속성 정보를 다양하게 보유해서 사용자가 지금까지 구매한 상품들의 속성에 기반하여 적합한 상품을 매칭하는 방법이다. 이를 위해서는 판매자가 상품을 등록할 때 다양한 속성 정보를 등록할 수 있도록 유도해야 한다. 보통은 이 두 가지 방식을 적절히 섞어서 구현한다.

AI와 함께 추천 기능이 대세가 되고 있다는 사실은 모두 알지만, 추천 기능이 플랫폼에서 왜 중요하게 활용되는가에 대해서는 그 근본적인 목적을 생각해보지 않는 경우가 많다. 추천이 중요한 이유는 구매자에게 가장 적절한 상품을 제공할 수 있으면서도, 판매자의 숨어 있는 상품을 잘 드러내줄 수 있는 방식이기 때문이다. 이는 플랫폼으로서의 역할을 잘 수행할 수 있는 최고의 방법이다.

'양면 시장 플랫폼'으로서의 이커머스가 가진 세 가지 특징을 살펴보았다. 이커머스는 어느 한쪽의 손만 들어줄 수는 없다. '사용자에게 가장 편리한 서비스를 만드는 것'이라는 명제는 판매자 역시 또 하나의 사용자라는 것을 포함하고 있다. 이 상황에서 우리는 플랫폼 기업에서 가져야 할 직무적 태도에 대해 고민해볼 수 있고, 이커머스가 각 사용자와 갖는 관계에 대해서도 충분히 상상해볼 수 있다.

 더 공부해보고 싶다면, 이 책으로!

『플랫폼 레볼루션』, 마셜 밴 앨스타인 외 2인, 부키, 2017
내가 플랫폼에 대한 공부를 시작하면서 가장 먼저 읽은 책이자, 머릿속에 플랫폼의 개념과 양면 시장 그리고 플랫폼 전략에 대한 뿌리를 내려준 책이다. 책의 중간에 플랫폼 구현에 대한 실무적 이야기도 있는데 신입사원들이 이해하기에는 조금 어려운 부분도 있다. 하지만 플랫폼의 근본이 궁금하다면 꼭 읽어보길 추천하는 책이다.

『매치메이커스』, 데이비드 에반스 외 1인, 더퀘스트, 2017
다면 플랫폼들이 어떤 가치를 중요하게 여기는지 알려주는 책이다. '연결'과 '매칭'이 플랫폼의 핵심이라는 점에서 앞의 『플랫폼 레볼루션』과 함께 읽어보면 양면 시장에 대한 정보를 더 잘 이해할 수 있다.

『플랫폼의 생각법』, 이승훈, 한스미디어, 2019
국내 플랫폼을 다루는 책 중에서는 가장 유명한 책으로, 2020년에 개정판도 출간되었다. 다양한 국내외의 사례를 통해서 플랫폼의 개념과 성공 방식에 대해 생각해볼 수 있는 기회를 준다. 플랫폼이라는 개념이 아직 낯설다면 이 책부터 읽어보길 강력 추천한다.

『플랫폼 승자의 법칙』, 홍기영, 매일경제신문사, 2020
플랫폼과 관련해서 논문 같은 명확한 자료가 필요하다면 참고하기 좋은 책이다.

『플랫폼 비즈니스의 모든 것』, 마이클 쿠수마노 외 2인, 부키, 2021
거대 플랫폼 기업이 나타나면서 어떻게 성장하고 또 실패했는지 그 전략에 대해서 다루는 책이다. 플랫폼에 대해 관심이 많다면 위의 책들 중 마지막에 읽어볼 것을 추천한다.

교과서에는 없는
온·오프라인 유통의 차이

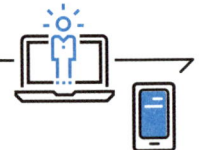

미국의 월마트와 아마존은 오프라인 유통과 이커머스를 비교할 때 항상 등장하는 회사들이다. 월마트는 아마존이 나타나기 훨씬 전부터도 가장 유명했던 대표적인 오프라인 마트다. 놀라운 속도로 성장하는 아마존을 보고 위기감을 느낀 월마트는 온라인 사업에 여러 번 도전했다. 하지만 이렇다 할 성과를 만들어내지 못했다. 그러다 2018년쯤, 아마존을 완전히 제압한 것은 아니지만 온라인 사업에서 유의미한 성과를 얻게 되면서 전 세계 오프라인 유통사들의 주목을 받았다. 여기에는 2016년에 제트닷컴을 통째로 인수했던 것이 큰 역할을 했다. 월마트는 단순히 업체만 인수한 것이 아니라, CEO 및 임원진을 제트닷컴 출신으로 교체하는 변화를 단행했다.

아직 온라인 기업에 대해 잘 이해하지 못했다면 여기서 궁금증이 생길 수밖에 없다. 첫째, 돈도 많은 월마트는 왜 아마존을 능가할 이커머스를 못 만들었을까? 둘째, 왜 월마트는 제트닷컴을 통째로 사는 것도 모자라서 그곳의 임원들을 모두 월마트로 이식했을까? 이 궁금증에 대한 모든 답은 한마디로 회사와 회사 내의 사람들의 머릿속에 있는 '온라인 DNA' 때문이다.

내가 근무하던 회사는 사내 벤처로 시작된 곳이었는데, 이미 오랜 시간 오프라인 유통업을 해온 계열사가 많이 있었고 그들과 함께 근무할 일도 많았다. 오프라인 유통에서 잔뼈가 굵은 계열사 사람들과 일할 기회가 있었는데, 이커머스 쇼핑몰에 대해서 대화할 때마다 무언가 어긋나는 기분이 자주 들었다. 마치 전제 조건부터 다르다는 게 느껴지는 대화였다.

한번은 오프라인 계열사의 마케팅 팀장과 함께 합동 프로젝트를 진행한 적이 있었다. 이커머스 활성화 전략을 같이 상의하는 자리였는데, 그분은 아마존 프라임 멤버십처럼 외부의 음악 스트리밍 서비스와 제휴해서 고객들에게 단기적으로 무료 서비스를 제공하자고 제안했다. 나는 그 아이디어에 반대했다. 온라인 서비스는 상시적으로 일관성 있는 품질을 제공해야 할 뿐만 아니라, 결제든 회원가입이든 분명한 목적이 있어야 하는데 목적 없이 거창한 프로모션만 진행하는 것은 의미가 없다고 이야기했다.

"그럼 석촌호수에 러버덕은 왜 띄웠을 거 같아요?"

격앙된 어조로 그분이 나에게 되물었다. 그때 그 말은 판매와 효율 측정에 있어 온라인과 오프라인의 차이를 나타내는 핵심적 문장으로 내 머릿속에 깊게 남았다.

오프라인 유통은 '장치 산업'이라고 풍자될 만큼 장소와 인테리어가 중요하다. 찾아올 이유가 명확하다면 오프라인 쇼핑몰은 어떻게든 매출을 올릴 수 있다. 하다못해 대형 쇼핑몰에 왔다면 옷은 사지 않더라도 커피라도 한잔 마시게 된다. 석촌호수의 러버덕은 그런 면에서 엄청나게 성공한 프로젝트였다. 단기적인 행사였는데 서울시에 사는 대부분의 사람들이 그 기간에 석촌호수를 방문했고, 그 덕분에 근처에 새로 론칭한 쇼핑몰에 많은 사람을 불러들일 수 있었다. 문제는 오프라인을 쇼핑몰을 찾아오는 사람들과 이커머스를 찾는 사람들은 다르다는 점이다.

만약에 러버덕 조형물의 소식을 뒤늦게 접하고 석촌호수에 방문했는데 러버덕은 이미 사라진 뒤라면 어떨까? 아마도 '아 없어졌네…. 아쉽지만 어쩔 수 없지.'라고 생각하며 근처에 방문한 김에 새로 오픈한 쇼핑몰을 구경할 것이다. 석촌호수 관리자에게 전화해서 왜 러버덕이 있다고 했는데 없어졌냐고 항의하거나 화를 내는 사람은 별로 없을 것이다. 석촌호수가 아니라 특정 매장이 없어졌어도 고객들은 그러려니 하고 수긍한다.

그런데, 온라인 세상은 다르다. 단타성 프로모션으로 음악 무료 듣기 서비스를 제공해 사람을 끌어모았다고 치자. 한 달 동안 임시로 제공한 서비스가 사라져버리면 온라인 서비스 사용자들은 앱 리뷰에 이렇게 악플을 남길 것이다.

음악 무료 서비스 제공한다고 해서 설치했는데 벌써 없어졌네요. 초심을 잃었어요. 삭제합니다.

이게 내가 이커머스를 운영하면서 겪은 온라인과 오프라인 고객의 차이다. 이커머스는 물리적 제약이 없기 때문에 고객들이 서비스를 이용하는 주기가 모두 다르고, 대신에 일관성 있는 서비스를 원한다. 부가 혜택의 폭을 줄이게 되면 고객은 당장 부정적으로 반응한다. 오프라인 유통의 마케팅과 모객 방식을 온라인 고객들에게 그대로 적용할 수가 없다. 그런데 문제는 오프라인 경험으로 온라인 서비스를 재단하려 할 때 발생한다. 이커머스를 아무리 많이 이용해봤다고 해도 이커머스를 만드는 사람들의 입장이 되어본 적이 없다면, 아마도 학교에서 배운 제조업과 오프라인 기반의 논리로 사고할 것이다.

'온라인 DNA'를 갖추기 위해서 꼭 기억해야 할 '온라인과 오프라인 서비스의 차이점'을 세 가지로 정리해봤다. 이 부분은 오프라인 계열사들과 함께 일하면서 느낀 점들을 바탕으로 정리한 내용인데, 여러 기업 강의에서 현직자들에게 많은 공감을 얻었던 포인트들이기도 하다.

1. 장소와 콘텍스트의 차이

오프라인 유통은 '장소', 이커머스는 '콘텍스트Context'가 중요하다. 오프라인 유통은 일반적으로 지역의 핵심 거점에 매장을 만들려고 노력한다. 노출 빈도가 높은 장소는 그 장소 자체만으로도 큰 홍보 효과를 가지고 있기 때문이다. 그래서 오프라인에서 매장을 만들기 위해서 지나가는 유동 인구를 직접 카운팅해보는 것은 기본 중의 기본이다. 우리가 고객일 때를 생각해보자. 새로운 매장이 생기면 '한번 가볼까' 하고 들어가보기도 한다. 그래서 오프라인 매장은 프랜차이즈가 잘나간다. 인지도가 높은 브랜드는 그 위치를 기억하고 찾기가 쉽기 때문이다.

오프라인에서 위치는 선호도를 이기기도 한다. 집 바로 앞에 롯데마트가 있고, 옆 동네에 이마트가 있다고 생각해보자. 평소에 이마트에 대한 선호도가 높다고 해도, 가까운 롯데마트를 두고 왕복 20분을 투자해서 이마트를 이용할 사람은 별로 없다. 정말 특별한 이유가 없다면 조금 마음에 들지 않더라도 집 앞의 매장을 이용하게 되어 있다. 이게 바로 장소가 주는 메리트다. 반면에 이커머스는 그런 장소적인 혜택이 전혀 없다. 모바일에서 장보기 앱을 선택할 때는 집과 매장의 위치를 고려하지 않는다. 매장의 위치가 의미 없는 마켓컬리나 쿠팡프레시와 같은 앱을 선택할 수도 있다. 중요한 건 우리 집까지 배송이 되느냐지 우리 집과 물류창고와의 거리가 얼마나 되는지는 중요하지 않다.

성공하는 이커머스는 특정한 상황에서 무조건 처음 생각나는 'No.1'이 되어야만 시장을 장악할 수 있다. 동일한 목표에서는 'Winner takes all'인 것이 이커머스 간 경쟁의 특징이다. 이때 중요한 것이 바로 '콘텍스트'다.

콘텍스트란 '맥락' 또는 '상황'이란 뜻이다. 온라인 서비스는 매장으로 이동할 필요 없이 필요한 것이 떠올랐을 때 그 즉시 앱 서비스로 연결이 일어난다. 똑같이 식품을 주문하는 행위라고 해도, 지금 당장 배가 고파서 저녁거리를 주문하려는 사람과 내일 아침 식사 재료를 사려는 사람, 모레 손님상을 차리기 위해서 주문하는 사람은 연결되는 콘텍스트가 다르다고 할 수 있다. 오프라인으로 장을 봐야 할 때는 상황이 어쨌거나 똑같이 장을 보게 되겠지만, 온라인 서비스는 이런 콘텍스트에 맞춰서 세세하게 구분된다. 당장 20분 내로 장을 봐야 한다면 'B마트', 내일 아침 식사라면 '마켓컬리'의 새벽배송, 모레 손님상을 위한 것이라면 이마트의 'SSG닷컴'에서 시간을 지정해서 미리 주문해놓을 수 있다. 그래서 이커머스들은 명확한 콘텍스트를 장악하기 위해서 사용자들의 삶을 세세하게 분석하고, 그 콘텍스트에 자신들을 연결시킬 수 있도록 노력한다. 이게 바로 앞에서 설명한 성공하는 이커머스가 가지고 있는 'Jobs To Be Done'에 해당하는 것이다.

2. 접객 방식의 차이

오프라인 유통과 온라인 유통은 접객의 방식이 다르다. 앞서 오프라인 유통은 '장소', 이커머스를 이용할 때는 '콘텍스트'에 영향을 받는다고 했는데, 이 부분에 크게 영향을 주는 것이 하나 더 있다. 바로 '집중력'이다. 오프라인에서 고객은 매장 안에 들어오는 순간 이미 제한된 공간이 주는 특수성에 의해서 상품과 대상에 집중하기 쉽다. 이런 환경에서 접객 서비스는 고객들의 동태를 살피면서 호기심이 있어 보이면 더 추천하

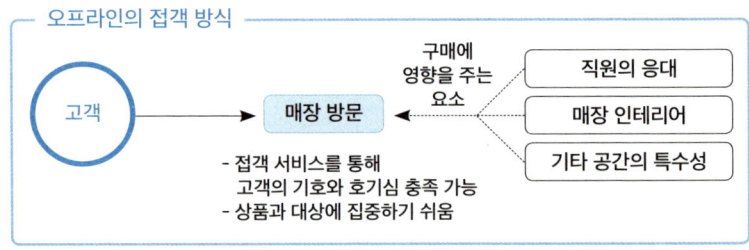

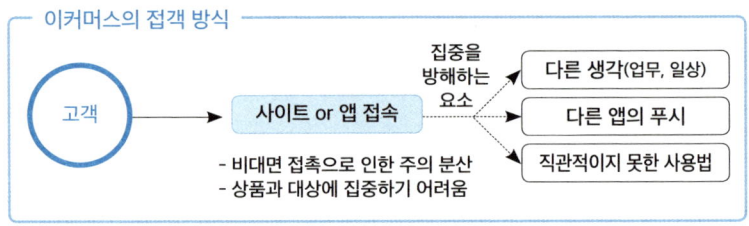

고, 고객이 고개를 갸웃하면 혹시 모를 문제점에 대해서 설명해주려고 노력하는 방식이다. 접객 서비스에 뛰어난 점원들은 고객들의 세세한 반응을 살피면서 더 좋은 상품을 추천하기도 하고, 같이 사면 좋을 상품을 자연스럽게 연결시켜주기도 한다.

그런데 이커머스는 머릿속에 무언가가 문득 떠올랐을 때 서비스에 들어오기 때문에 사실상 집중력을 높이기가 어렵다. 게다가 모바일 환경은 집중을 깨뜨리는 방해 요소도 굉장히 많다. 쇼핑을 하려고 상품 페이지를 둘러보다가 딴 생각이 나면 쉽게 다른 앱으로 넘어가거나, 다른 앱의 푸시를 받으면 보던 페이지를 잊어버리고 그곳으로 넘어가버리기 일쑤다. 스마트폰으로 책을 읽기 어려운 이유도 이와 마찬가지다.

이커머스 매장의 평균적인 구매 전환율은 2~3% 수준이고, 대형 프로모션으로 외부 트래픽이 압도적으로 높아진 상황에서는 1%대까지도 낮아진다. 이커머스는 집중력의 지속 시간도 짧기 때문에 계속해서 새로운 자극을 줌으로써 끊임없이 새로운 상품이나 콘텐츠로 이동할 수 있도록 정보를 제공해야 한다. 원하는 순간에 바로 주문을 완료할 수 있도록 빠른 주문과 결제 프로세스를 만들기 위해서도 노력해야 한다. '간편결제, 빠른 결제'가 트렌드가 된 데는 바로 이런 중요한 이유가 있다. 구매에 필요한 정보를 효율적으로 볼 수 있고, 짧은 시간에 결제를 할 수 있도록 하는 것이 이커머스의 실질적인 접객 서비스다. 이런 이유 때문에 모바일 이커머스로 넘어오면서 UX와 UI가 굉장히 중요하게 다뤄지고 있다.

3. 타겟팅 방식과 프로모션 설계 방식의 차이

앞서 설명했던 러버덕 에피소드는 사실 이 부분과 가장 연관이 깊다. 제조업과 오프라인 유통은 '마케팅 깔때기 이론'을 바탕으로 한다. 이것은 앞서 이커머스에서 관리하고 있는 깔때기Funnel와는 다소 차이가 있다. 전통적인 마케팅 깔때기 이론은 크게 '인지와 관심Awareness, Attention, 흥미Interest, 욕망과 확신Desire, Conviction, 구매Action'의 네 가지 단계로 구분된다.

여기서 첫 번째 단계인 인지와 관심은 오랜 기간 마케팅의 가장 중요한 요소였다. 대형 매체 광고든 PPL이든 한 번이라도 광고를 통해 특정 브랜드나 상품에 노출되면, 나중에 매장에서 실제로 그 물건을 만났을 때 조금 더 강력하게 인지되어 그 상품을 구매하게 된다는 이론이다. 이 이론은 매스미디어 마케팅의 근간이었다. 그래서 오프라인 매장에서도 상품을 인지할 수 있도록 전파하는 것에 굉장히 애를 쓴다.

어차피 매스 대상의 오프라인 유통사는 정확하게 타겟팅할 수 있는 대상이 명확하지 않다. 그래서 브랜드 이미지나 지역적 특징에 따라서 추정할 수밖에 없다. 동네에 초등학교가 많고 신혼부부의 비중이 높다는 자료가 있으면 그런 정보를 토대로 상품을 소싱하는 식이다. 또한 마케팅을 하는 시점에 누구에게 어떻게 팔렸는지 효과가 얼마나 있었는지를 정확하게 추정할 수 없다. 동네 마트에서 전단지를 뿌렸다고 해보자. 전단지에 쿠폰을 붙였다고 해도, 전단지의 효과를 명확하게 추적할 수 있는 방법은 없다고 봐야 한다.

하지만 온라인은 다르다. 온라인 이커머스는 모든 것을 데이터로 남기기 때문에 이용 흐름과 행동을 기반으로 한 명확한 타겟팅이 가능하다. 심지어 온라인에서는 광고를 본 날은 구경만 하고 다음 날 구매한 사람도 광고의 영향을 받았는지 알 수 있는 방법까지 마련되어 있다. 또한 앞서 했던 행동을 알 수 있기 때문에, 행동에 맞춘 세분화된 타겟팅도 가능하다. 예를 들어서 포털에 '원피스'를 검색한 사람에게 '원피스를 파는 쇼핑몰' 광고를 보여주도록 설정할 수 있고, 그 성과도 명확하게 측정할 수 있다. 그중에서 몇 명이나 광고를 보고 인입됐고, 몇 명이나 구매했는지도 알 수 있다. 이렇게 모든 것을 자세하게 알 수 있는 상황에서 불특정 다수를 위한 마케팅을 진행할 이유는 없다. 성과를 최대화할 수 있는 방법을 찾아서 마케팅을 진행한다.

이런 차이는 마케팅 예산을 측정하는 방식에도 영향을 준다. 매스마케팅 위주의 홍보를 하는 제조업과 오프라인 유통 담당자에게 연간 마케팅 예산을 측정하는 방식에 대해서 물어보면, 대부분 전년도 사용 예산을 기준으로 매출이 더 상승한다고 가정하고 비용을 덧붙이는 식으로 계산한다. 회사 상황이나 시장 상황이 좋지 않을 때는 매출을 줄이고 순이익을 높이는 방식으로 예산을 줄인다. 그러나 이커머스처럼 마케팅 활동의 효율을 디테일하게 측정할 수 있는 곳에서는 예산 설정도 좀 더 계산적으로 하게 된다. 왜냐하면 그렇게 할 수 있기 때문이다.

이렇게 오프라인 유통과 이커머스의 운영 방식의 차이점들을 살펴보았다. 이러한 인식 차이가 바로 '온·오프라인의 DNA 차이'다. 이렇게 조건과 가정이 다른 상태에서 오프라인의 DNA를 가지고서는 이커머스의 운영 방식과 전략에 대해서 이해하기 어렵다.

그런데 재미있는 점은, 오프라인 유통을 운영하는 곳에서도 실질적으로는 이커머스의 방식을 사용하려고 한다는 사실이다. 이른바 '디지털 트랜스포메이션'이다. 기존의 오프라인 매장 운영 형태를 온라인처럼 데이터로 측정하고, 이를 통해서 의사결정을 할 수 있도록 하는 운영 형태를 말한다. 아마존이 운영하는 무인 매장 '아마존 고'처럼 천장에 카메라를 달아 이용자들의 행동 데이터를 모으거나, 알리바바의 '허마센셩'처럼 키오스크나 앱으로 결제하게 만들어 구매 데이터를 모으는 식

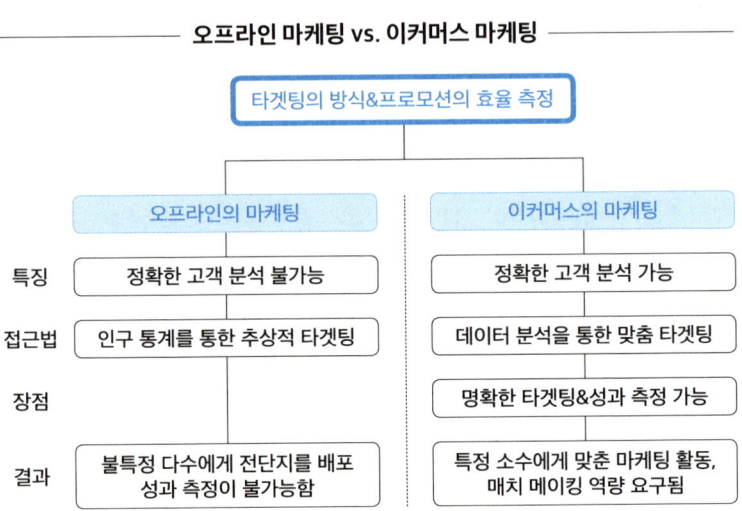

이다. 스타벅스의 '사이렌오더' 또한 좋은 예다.

데이터를 기반으로 운영한다는 것은 어떤 면에서는 운영자에게 더 냉정하고 이성적인 판단을 요구한다. 이런 것들을 눈치 챌 수 있어야 한다. 여기서 정말 좋은 소식은, 현실의 DNA는 태어날 때 이미 정해지지만 다행스럽게도 '온라인 DNA'는 앞으로 충분히 고민하고 겪어가면서 만들어나갈 수 있다는 점이다.

 더 공부해보고 싶다면, 이 책으로!

『온라인 쇼핑의 종말』, 바이난트 용건, 지식노마드, 2019
코로나19 팬데믹이 발생하기 전 오프라인 중심의 디지털 트랜스포메이션이 강화되고 '온라이프' 개념으로 온·오프라인의 경계가 흐려질 것이라는 방향성에 대해서 설명한 책이다. 팬데믹이 일어나지 않았다면 이 흐름은 더 가속화됐을 수도 있다. 다만 현재의 '포스트 코로나' 상황에서는 이 책에서 제시한 것과 그 흐름이 상당히 달라 보이겠지만, 언젠가 일어날 온라인 쇼핑의 종말에 대해서 이해해보고 싶다면 이 책을 추천한다. 개인적으로는 이미 디지털 결제가 이루어지는 시스템의 형태라면 아무리 오프라인이라도 이커머스라고 생각한다.

『애널리스트 오린아의 유통의 귀환』, 오린아, 베가북스, 2021
유통 전문 애널리스트인 저자가 리테일의 관점에서 오프라인 유통부터 이커머스의 흐름과 트렌드를 엮어서 설명한다. 위의 책과 마찬가지로 온·오프라인 경계가 없어지는 유통의 미래를 그리는 책이다.

Chapter 4

이커머스의 개발하지 않는 문과 인재들

프로덕트 중심의
사고방식이 필요해

'그래서 대체 내가 할 수 있는 직무가 뭔데?'

여러분이 진짜 궁금해하는 정보는 사실 이제부터가 시작이다. 너무 궁금해서 지금 이 챕터부터 펼쳐본 분이 있다면, 다시 처음으로 돌아가길 바란다. 앞의 내용들에 대한 배경지식이 없는 상태에서 여기서부터 읽게 된다면, 이 책을 읽기 전과 다를 바가 없게 된다. 이 책은 이커머스 회사에 대한 메타인지를 넓히기 위해서 지식 정보를 차곡차곡 쌓아서 전체를 조망하고 그다음에 하나하나의 직무를 살펴보는 방식이다. 그래서 앞의 정보들을 읽으면서 핵심을 이해하지 못한다면, 여기서부터 읽는 직무에 대한 부분은 사실상 여전히 겉만 바라보게 되기 쉽다.

그럼에도 여기서부터 읽을 사람들을 위해서, 앞의 모든 내용을 단 하나의 문장으로 줄인다면 이렇게 이야기할 수 있다. "이커머스의 본질은 프로덕트다."

이커머스의 본질은 프로덕트다

'프로덕트'라는 단어가 익숙하지 않을 것이다. 그래도 책을 앞에서부터 읽어온 독자들이라면 알게 모르게 이 용어가 조금 익숙할 것이다. 평소에도 이커머스나 IT에 관심이 있었다면 이 단어를 어디에선가 접했을 수도 있다. 여기서 프로덕트란 우리가 사고파는 '상품'을 말하는 것이 절대 아니다. 프로덕트란 개발 프로젝트를 통해서 만들어진 산출물로, 우리가 평소에 '웹·앱 서비스'라고 부르는 것 그 자체를 의미한다. '서비스'라고 하면 무언가를 대신 처리해주는 대면 업무나 대가 없이 제공해주는 덤이나 편의를 의미한다고 생각하기 쉽다. '웹이나 앱'은 서비스를 제공하기 위해서 어쩔 수 없이 만드는 수단이나 편리한 경로 정도로 생각한다. 우리 머릿속에 3차 산업의 서비스가 강하게 자리 잡고 있기 때문이다. 하지만 여기서 말하는 서비스는 그런 개념이 아니다.

'세탁특공대'라는 앱을 통해 세탁소를 대신해서 세탁 서비스를 제공하는 회사가 있다. 그 회사 자체는 세탁을 대행해주는 서비스업을 하는 회사가 맞긴 하다. 하지만 기존의 동네 오프라인 세탁소와는 그 방식이 완전히 다르다. 고객들은 앱을 통해서 세탁을 신청하기 때문에 이 회사

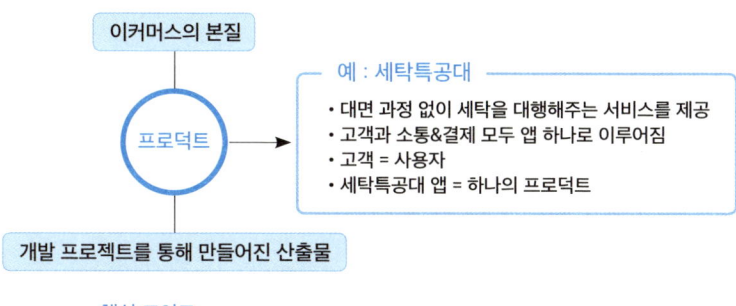

의 직원들은 고객과 직접 대면하는 일이 없고, 세탁 또한 관련된 제휴사를 통해서 일어나기 때문에 회사의 직원들 중에는 일하면서 세탁물을 볼 일이 아예 없는 직원도 있을 수 있다. 이 모든 것이 가능한 이유는 고객에게 서비스를 제공하는 직접적인 주체는 사람이 아니라 '앱'이기 때문이다. 사람도 물론 일을 하긴 하지만 그건 프로세스일 뿐이다. 이 지점에서 고객은 '사용자'가 된다. 사용자는 앱을 통해 서비스를 이용하는 것이다. 이것을 실제로 웹으로 만들었는지 네이티브 앱으로 만들었는지는 그저 기술적인 용어일 뿐 사용자에게는 전혀 중요한 내용이 아니다. 사용자가 서비스를 받기 위해서 이용하는 대상, 우리는 그것을 '프로덕트'라고 부른다.

그렇다면 이커머스의 본질을 왜 프로덕트라고 하는 것일까? 이커머스는 말 그대로 온라인 비즈니스다. 이 서비스가 제공하려는 가치와 목적은 이 프로덕트에서 만들어진다. 사용자가 이 앱과 서로 관계를 맺기 시작하는 '회원가입'이란 절차도 프로덕트고, 서비스에서 거래가 일어나는 '주문'이나 '결제'도 프로덕트다. 심지어 서비스에 항의하기 위해서 '고객센터'에 글을 올리는 것도 프로덕트 내에서 일어난다. 결국 회사는 회사가 만들어낸 프로덕트 그 자체로 인식된다. 따라서 우리는 '세탁특공대'라는 앱' 자체를 '세탁특공대'로 인식하는 것과 같다.

프로덕트는 국내에서는 요즘에야 정착되기 시작한 개념이다. '본질이 프로덕트'라는 생각을 완전히 체화한 회사들이 바로 우리가 'IT 기업'이라고 부르는 곳들이다. 나는 이 사상을 가지고 있느냐가 'IT 기업'인지 아닌지를 나누는 기준이 된다고 생각한다. 개발하는 조직을 가지고 있다고 해서 모두 IT 기업이 아니라는 것을 이커머스의 생태계를 겪으면서 뼈저리게 느껴왔다.

앞서 얘기했던 것처럼 오프라인 유통 회사들도 '전산실'이라고 부르는 IT 조직을 아주 오래전부터 가지고 있었다. 전산실은 실제 중요한 업무를 하는 다른 팀들을 보좌하는 지원 부서의 하나다. 예를 들어서 오프라인 백화점에서는 각 매장에서 결제를 하기 위한 POS 시스템을 설계하거나, 정산을 빠르게 하기 위해서 ERP 시스템을 구축하고, 이에 대한 유지·보수 업무를 한다. 대기업의 경우에는 각 계열사에 이러한 전산실을 상시로 가지고 있는 것이 비효율적이라고 생각해서 전산실들을 통합 관리하며 필요시에는 업무를 대신해주는 특정 계열사를 보유하고 있는 경우가 많았다. 삼성SDS, SK C&C, LG CNS, 롯데정보통신과 같은 회사들이 그러한 목적으로 시작되었다.

지금은 IT 기술력을 기반으로 자체적인 경쟁력을 가진 IT 회사로 성장하려고 하고 있지만, 여전히 계열사의 전산실 업무를 지원한다. '전산 인력'을 이렇게 용병처럼 필요시에만 쓸 수 있는 이유는 그 기업에서 IT 조직의 업무가 상시적으로 필요하거나 지속적으로 발전시켜야 하는 업무가 아니라 일시적으로 필요한 업무라고 생각하기에 가능한 일이다. 여기서 말하는 과거의 '전산'이란 똑같이 온라인으로 연결된 웹·앱 서비스를 제공하는 소프트웨어로 만들어졌다고 해도 '프로덕트'의 개념이라고 할 수 없다. 그저 서비스를 보조하는 '전산 시스템'이다. 지금도 오래된 대기업의 연세 지긋하신 분들은 IT 직군을 사업을 보조하는 전산 개념으로 이해하시는 분들이 있다.

프로덕트의 개념을 명확히 가진 IT 회사는 '프로덕트가 본질'이라는 개념을 모두가 암묵적으로 이해하고 있다. 프로덕트는 그 자체로 우리 사업의 매장이자, 사업의 형태이자, 접객 방식이자, 서비스를 제공하는 접점이자 사실상 우리 회사의 그 자체다. 그래서 IT 기업인 이커머스에서 일한다는 것은 전 직원들이 프로덕트를 잘 만들기 위해서 일한다고 해도 과언이 아니다. 이 가치를 잘 안다면, 우리의 사업을 최종적으로 만들어내는 소중한 개발자들을 외부 인원으로만 쓰는 모험은 감히 할 수가 없다.

여기서 또 하나 주목해야 할 부분은 '사용자'라는 개념 자체에 있다. 기존의 오프라인 유통에서 '고객'은 항상 '왕'이었다. 실제로 오프라인 유통을 오래 하신 분들의 서비스 마인드는 존경스러운 점이 많다. 하지만 온라인 이커머스의 '사용자'는 왕이라기보다는 '연구 대상'에 가깝다. 넷플릭스 오리지널 다큐멘터리 영화 〈소셜 딜레마〉에는 나오는 문장이 바로 이 차이를 정확하게 지적한다.

"고객Customer을 사용자User라고 부르는 산업은 플랫폼 산업과 마약 산업 밖에 없다."

우리는 사용자를 연구하고 그들이 프로덕트를 통해서 우리가 제공하는 가치를 이용하도록 만들지만, 사용자가 원하는 모든 것을 들어주진 않는다. 현대 IT 산업의 선구자인 스티브 잡스는 "사람들은 대다수의 경우, 직접 보여주기 전까지는 자신이 무엇을 원하는지 모른다."라고 말했다. 과거 오프라인의 친절한 서비스는 이른바 '고객 중심 경영'이라는 이름으로 고객들이 요구하는 것을 잘 들어주는 것이었다면, 이커머스의 프로덕트는 거버넌스Governance 정책을 중심으로 사용자들이 생각조차 못 했던 방법으로 사용자들의 문제를 해결할 수 있도록 도와준다. 그래서 프로덕트에서는 UI를 통해서 사용자들의 다음 행동을 자연스럽게 불러오는 '넛지Nudge'와 미리 다음 프로세스를 예측할 수 있게 하는 '어포던스Affordance'를 제공하여 사용자들이 프로덕트를 자연스럽고 편리하게 이용하게 해준다. 이것이 가장 기초적인 UXUser eXperience 의 개념이다. 그리고 이러한 개념들은 이커머스와 IT 회사에서 일하는 모든 직군에게 필수 지식이 되고 있다.

직장을 선택하는 입장이라면 회사가 프로덕트에 어떤 관점을 가지고 있는지를 보는 것도 굉장히 중요한 포인트가 된다. 프로덕트에 대한 이해와 사용자에 대한 정의가 부족하면 이커머스 사업을 진행하는 과정에서 중심을 잡기 어렵다. 이 부분은 단적으로 사내에서 IT 조직을 어떻게 대우하는가만 봐도 얼추 판단할 수 있다.

과거 오프라인 유통에서 오프라인 매장을 만드는 것은 '감가상각'의 대상이었다. 하지만 이커머스의 프로덕트는 유기체처럼 계속 변화하면서 발전시켜야 하는 투자의 대상이다. 오프라인 매장에서 접객의 방식을 여러 가지로 바꿔가며 좋은 장사의 방법을 찾아가듯, 이커머스는 프로덕트를 여러 가지로 바꿔가며 가장 좋은 프로덕트를 만들어야 한다. 최근 IT 기업들이 천문학적인 비용을 들이면서 개발 인재를 채용하려는 것은 바로 이런 이유 때문이다. 이런 부분에 대한 이해도가 낮은 회사는 IT 회사의 가치관을 가진 이커머스 회사를 이길 수가 없다.

프로덕트 사용자의 정의

프로덕트에 대해서 이제 직무와 연계해서 생각해보자. 앞서 오프라인 유통과 비교하다 보니 사용자를 프로덕트를 사용하는 사람으로만 이야기했지만, 이커머스 프로덕트에는 또 다른 사용자들도 있다. 일단 양면 플랫폼이기 때문에 판매자와 구매자가 각각 사용자가 된다. 그리고 이커머스 내부에서 일하는 직원들도 프로덕트 관점에서는 사용자가 된다.

이 책은 서비스 기획을 위한 책이 아니기 때문에 아주 깊이 있는 설

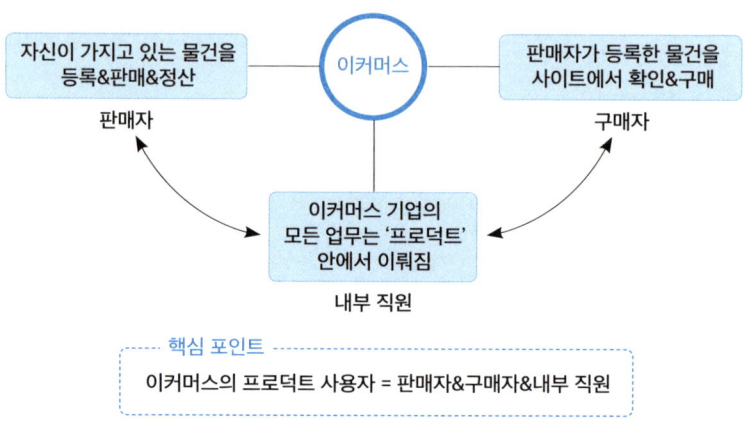

명은 하지 않겠지만 대부분의 온라인 시스템에는 '백오피스Backoffice' 또는 '어드민Admin'이라고 부르는 또 하나의 시스템이 있다. 우리가 보는 앱에서 일어나는 모든 일을 컨트롤하거나 모니터링하는 또 하나의 프로덕트다. 굳이 예를 들어보자면, 우리가 블로그를 운영할 때 다른 사람들이 보는 것은 내 블로그의 글이지만, 블로그의 운영자인 나만 볼 수 있는 글쓰기 화면을 어드민이라고 말할 수 있다. 어떤 온라인 서비스라도 이러한 어드민 시스템이 있고, 이 어드민의 사용자는 내부 직원들이다.

'구매자(고객), 판매자, 내부 직원' 세 종류의 사용자를 중심으로 이커머스의 프로덕트를 나눠보면 오른쪽 그림처럼 구조화해볼 수 있다. 이 그림은 이커머스의 모든 프로덕트를 다 그린 것은 아니지만, 가장 기본적으로 갖춰야 하는 프로덕트의 구성 요소들만 정리해본 것이다. 색깔별로 각각의 사용자들이 사용하는 프로덕트에 해당한다. 여기서 눈치

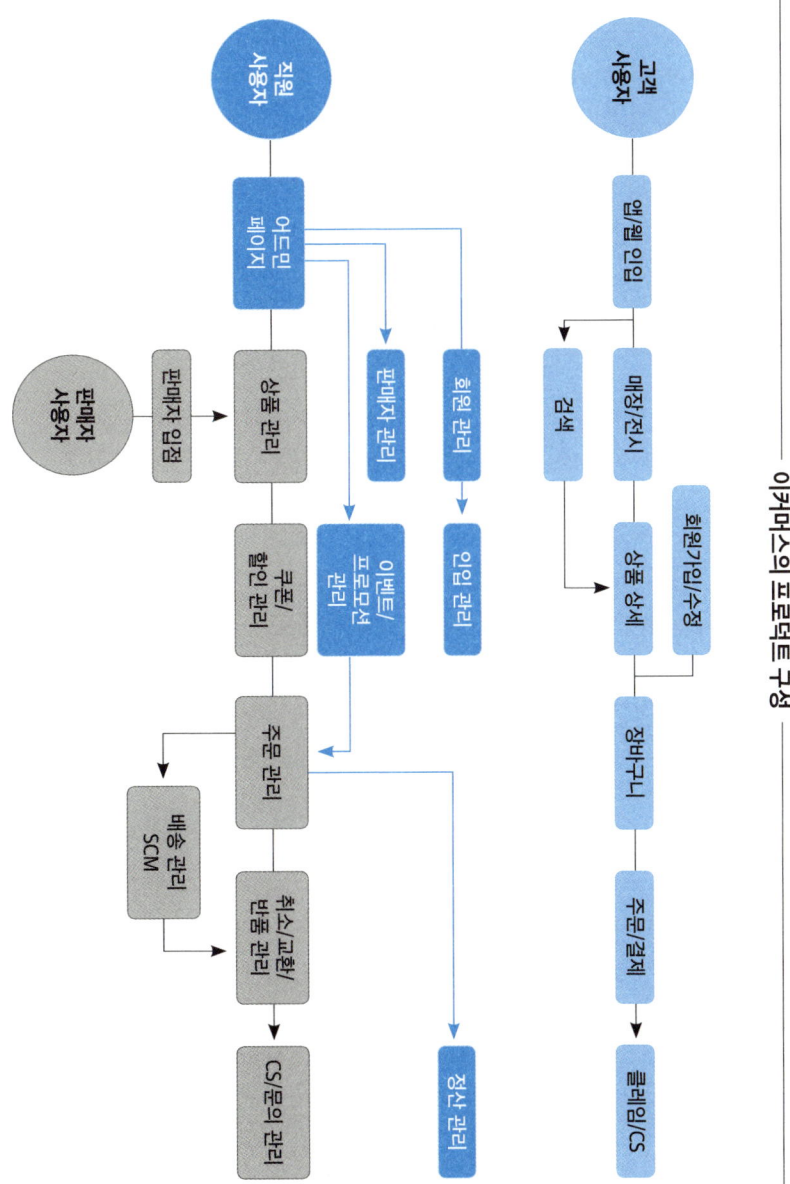

Chapter 4 이커머스의 개발하지 않는 문과 인재들

빠른 사람들은 느꼈겠지만 프로덕트는 하나의 서비스를 운영하기 위한 전체를 지칭하기도 하고 그 구성 요소를 작게 잘라서 말하기도 한다. 엄밀한 의미에서는 목표하는 하나의 기능을 수행하기 위한 단위라고 할 수 있는데, 복잡하게 느껴진다면 그냥 그림처럼 누군가가 업무를 수행하는 것이라고 생각해도 된다.

참고로 위의 그림에서 '판매자 사용자'가 사용하는 프로덕트들은 대체로 '직원 사용자'들이 사용하는 프로덕트 중에서 운영상의 편의를 위해 판매자가 직접 운영하도록 프로덕트를 오픈해준 것들에 해당한다. 물론 판매자가 우리 플랫폼을 더 잘 사용하게끔 하려면 프로덕트가 잘 만들어져야 하는 것은 '고객 사용자'를 대하는 태도와 마찬가지다.

이 프로덕트 구성을 잘 기억했으면 좋겠다. 이 도표에 포함된 프로덕트들이 이커머스의 어떤 직무자들에 의해 만들어지고 운영되는지를 기준으로 각 직무를 설명하려고 한다. 이 책의 마지막 장을 덮을 때, 이 흐름표와 직무명을 바로 연결시킬 수 있다면 이 책의 모든 목적을 달성한 것이라 생각한다.

더 공부해보고 싶다면, 이 책으로!

『IT 좀 아는 사람』, 닐 메타 외 2인, 윌북, 2021

실리콘밸리의 유명한 프로덕트 매니저 3명이 쓴 책이다. 이 책은 프로덕트를 구성하는 IT적인 부분과 비즈니스 전략을 동시에 다루고 있다. 프로덕트와 비즈니스는 떼려야 뗄 수 없는 관계라는 것을 이 책을 통해서 느낄 수 있다. 특히 저자들이 프로덕트에 대한 명확한 개념을 가진 '프로덕트 매니저'들이기 때문에 프로덕트에 대한 사고방식을 배울 수 있는 좋은 책이다.

고객을 해킹하는 이커머스의 '마케팅'

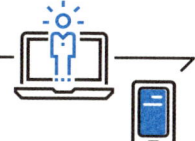

우리가 아는 예전의 마케팅 업무

마케팅은 단연코 문과생들이 가장 선호하는 직군이다. 내가 대학을 다닐 때도 마케팅 직무에 대한 이미지는 다른 직무에 비해서 '크리에이티브하고 트렌디하다'는 인식이 강했다. 그래서 다른 직무보다 훨씬 재밌는 직무라고 생각했던 적도 있다. 그런데 사실 마케터가 하는 일은 '마케팅 믹스Marketing mix'에 해당하는 모든 일이므로 판매를 촉진하기 위한 모든 일에 해당한다. 판매는 결국 매출이라는 숫자로 나오기 때문에 따지자면 무조건 재밌기만 한 직무는 아니다. 예전에 한 선배가 긴 시간 노력 끝에 대기업 구두 브랜드의 마케터로 입사했는데 예상과 다르게 매일 각 지점별 매출만 체크한다며 몹시 혼란스러워하다가 퇴사했던 기억이 있다.

과거의 마케팅 직무를 나눠보면 크게 네 가지 정도의 업무가 있다. '브랜딩', 'CRM Customer Relationship Management', '외부 광고 및 판촉', '홍보' 이렇게 나눠볼 수 있다. 회사마다 부르는 이름은 조금씩 다르지만 대략 '브랜딩' 업무와 '외부 광고'를 하는 경우는 그나마 우리가 상상하던 크리에이티브한 마케팅의 느낌을 주긴 했다. 브랜딩 업무는 각 기업의 이미지를 보여주는 기업 이미지 광고나 브랜드에 대해서 좋은 인상을 심어주는 스타를 기용한 광고를 포함한다. 그 외에도 기업 이미지를 좋게 하기 위해서 제휴나 후원을 하기도 하는데, 임직원들이 함께 봉사 활동을 가거나 소외 계층에 후원하는 활동 등이 그런 것이다. 뉴스에서 한 번쯤 봤을 '사랑의 김장 담그기' 행사나 '연탄 나르기 행사'에 참여하는 대기업들을 떠올려보면 된다.

외부 광고와 판촉 업무는 실질적으로 물건을 잘 판매하기 위한 방법들에 해당하는데, 전통적인 마케팅 깔때기 이론에 근거해 제품을 '인지'시키는 것을 주 목적으로 한다. TV, 신문과 같은 ATL Above The Line 미디어 매체를 통해서 불특정 다수를 대상으로 매스미디어 광고를 운영하는 것이 가장 대표적이었다. 그 외에는 직간접적인 체험 마케팅을 통한 참여형 이벤트나, 플래그십 스토어를 통한 전시 매장, 스폰서십이나 드라마 PPL을 통한 간접 광고 형태로 제품을 노출한다. 이 부분이 우리가 크리에이티브를 보여줄 수 있는 영역이라고 생각하겠지만, 사실 대부분은 광고대행사에 통째로 맡기고 컨펌과 금액 집행만 하는 경우가 많기 때문에 정말 크리에이티브한 일을 하고 싶다면 광고대행사로 들어가야 한다는 이야기를 많이 들었다. 실제로 '제일기획' 같은 광고대행사는 크리에이티브의 산실처럼 여겨지며 많은 대학생들의 선망의 대상이 되곤 했다. 오히려 대기업의 마케팅팀에서 일하는 사람들의 실제 판촉 업무는 대부분 매출 추이를 관찰하며 할인 행사를 기획하거나 1+1 번들 판매를 기획하거나 하는 식이었다. 아니면 실제 판매가 일어나는 곳에서 어떻게 판매를 더 촉진할 수 있을지 기획하는 것이었다.

'홍보' 업무는 이름이 광고와 비슷하지만 회사에 따라서 마케팅 업무로 구분하지 않는 경우도 있다. 이 직무는 언론사에 기업의 입장을 대표하여 홍보 자료를 내거나 리스크 관리 차원의 업무를 주로 한다. 사내 보도국에서 하는 일처럼 생각보다 딱딱한 업무라고 할 수 있다. 회사에서 일어나는 판촉 행사나 브랜드 마케팅을 위한 제휴 등을 알리는 홍보 자료로 내기도 하지만, 가장 중요한 부분은 부정 이슈에 대해서 다루는 일이다. 이 책에서는 지원 부서 쪽에 더 가깝다고 생각해서 그쪽에서 다뤄볼 생각이다.

'CRM' 업무는 말 그대로 고객과의 관계를 다루는 마케팅 업무다. 2000년대 초반에 '고객 만족 경영'에 대한 사회적 관심이 높아지면서, 각 회사에서 고객의 브랜드 로얄티를 관리하기 위한 마케팅 조직들을 만들며 생겨난 직무명이다. 이때 마케팅 교육 쪽에서도 'Love Mark'라고 해서 브랜드와 고객들 간의 소통을 통해서 브랜드에 대한 호감 그 이상의 로열티를 만들 수 있다는 이야기가 나오기 시작했고, 프로듀서와 컨슈머의 합성어인 '프로슈머Prosumer'라는 단어가 유행하면서 제품과 서비스 제작 과정에 고객들의 목소리를 더하는 프로그램을 운영하기도 했다. 내가 대학생이었던 때 이런 프로그램의 일환으로 '대학생 공모전'이나 '대학생 마케팅 블로그단'과 같은 대외 활동 프로그램이 생겨나기 시작했다. 그 외에 VIP를 선정하고 멤버십 프로그램을 운영하는 것도 CRM의 역할이었는데, 과거의 제조업이나 유통업에서는 '회원'의 개념이 분명하지 않았기 때문에 멤버십 카드를 가입하게 하는 것 자체가 주업무가 되기도 했다.

이커머스에서의 마케팅 업무

앞서 과거 제조업 중심의 회사에서 마케팅 부서가 진행하던 업무들을 간단히 살펴보았다. 아마도 현재 마케팅 분야에 종사하는 분들이라면 디지털 마케팅 부분이 왜 빠졌냐고 물을 수도 있다. 개인적으로 제조업과 기존 오프라인 유통에서의 디지털 마케팅은 다소 과도기적 모습이라고 생각한다. 고전적인 마케팅에서 IT 회사들을 중심으로 하는 디지털 환경으로 변화하는 과정에서 나오는 중복적인 모습이라, 과거 마케팅 부서의 조직 구성과 KPI를 기준으로 하되 채널만 디지털 매체를 이용하는 정도의 차이다.

최근 진행했던 몇몇 강의에 광고 회사 직원분들이 서비스 기획을 배우러 오는 경우가 있었다. 요즘 광고 회사는 과거 ATL, BTL_{Below The Line}을 넘어서서 프로모션을 위한 앱을 설계하고 만드는 것까지 다변화되면서 직원들도 변화의 폭풍을 맞고 있다는 이야기를 들었다. 그러다 보니 과거에 구호처럼 외치던 IMC Integrated Marketing Communication 전략 즉, 통합 마케팅이라고 불리던 광고 방식이 이제는 마케팅을 위한 별도의 앱을 만드는 형태로 변화하고 있다고 한다. 이런 변화는 사실 온라인 환경에서 성장한 IT 기업들의 마케팅 방식이 기존의 기업들에게 큰 영향을 주고 있기 때문이라고 생각한다. 다만 기업이 가진 사상에 근본적인 차이가 있으면 동일한 방식으로 마케팅을 진행한다고 해도 목적과 성과에 대한 평가는 분명 다를 수 있다.

이커머스 기업의 마케팅 활동이 과거와 가장 다른 점은 더 이상 매스 타겟으로 진행하지 않는다는 점이다. 사실 기존의 제조업이 매스를 대상으로 마케팅을 했던 이유는, 우리의 제품이나 서비스를 이용하려는 대상에게만 닿을 수 있는 방법이 없었기 때문이다. 서비스를 인지시켜야 하는 대상에게만 마케팅 메시지를 전달할 방법이 없었기 때문에, 그 효과도 정확하게 측정할 수 없었다. 일정 기간 동안 일어난 마케팅 활동의 성과를 측정하기 위해서는 그 기간의 매출 상승을 보며 원인을 추정하거나, 일부 평가 대상을 추출해서 브랜드 인식에 대한 차이가 생겼는지 알아내는 방식을 자주 사용했다.

하지만 온라인 디지털 매체의 가장 큰 특징은 '측정이 가능하다'는 점이다. 매체뿐 아니라 이커머스 기업의 프로덕트로 연결되어 들어온다면 더 디테일한 구분도 가능하다. 앞서 이야기했던 '석촌호수의 러버덕' 사례를 빗대어본다면, 트래픽이 높은 네이버 포털의 메인 광고 위치에 러버덕 사진을 붙여놓은 것이라고 할 수 있다. 석촌호수에 러버덕을 설치했을 때와는 달리 러버덕 사진을 클릭해서 우리 서비스로 넘어온 사람들의 수를 정확하게 집계할 수 있고, 더 나아가서 러버덕으로 만든 다양한 굿즈가 있다면 그 사람의 기존 구매 이력이나 취향 정보를 통해 러버덕 문구를 팔거나 러버덕 의류를 판매할 수도 있다. 이커머스 내부에서도 러버덕을 검색해서 우리 사이트에 들어온 사람이나, 러버덕을 좋아할 만한 사람들을 미리 선별하여 러버덕 굿즈를 판매하기 전에 SMS나 카카오톡으로 안내 메시지를 보내줄 수도 있다.

과거의 마케팅 성과는 매번 전년 대비 목표 성장률을 기준으로 환산한 예산을 사용해서 실제로 매출이 그만큼 성장했는지 결과를 보는 것이기에 사실상 정확한 효과 측정이 불가능했다. 매출 성장에 기여한 수많은 요소들을 구분해낼 수가 없었기 때문이다.

반면에 온라인에서의 마케팅은 실행한 활동에 정확한 목표가 있다면 매출 외에도 행동에 대한 데이터를 추적하여 마케팅이 의도대로 실행되었는지 판단할 수 있다. 그 판단 기준 중에서 가장 흔한 지표는 CTR_{Click Through Ratio}이다. 광고나 온라인상의 지면에서 마케팅 영역의 효과를 측정하는 방법으로, 광고가 노출된 수를 나타내는 임프레션 Impression의 수에서 실제 '클릭'이라는 액션이 일어난 비율을 측정하는 방법이다.

매출을 평가하는 방법도 바뀐다. 기간 내 전체 매출이 아니라 정확하게 이 광고를 클릭한 사람이 결제로 이어졌는지만 평가하고 그 비율도 조사할 수 있다. 이렇게 이커머스의 마케팅은 비용 대비 최고의 성과를 만들어내기 위해 효율적인 방법을 찾아가는 것을 중요시한다. 그래

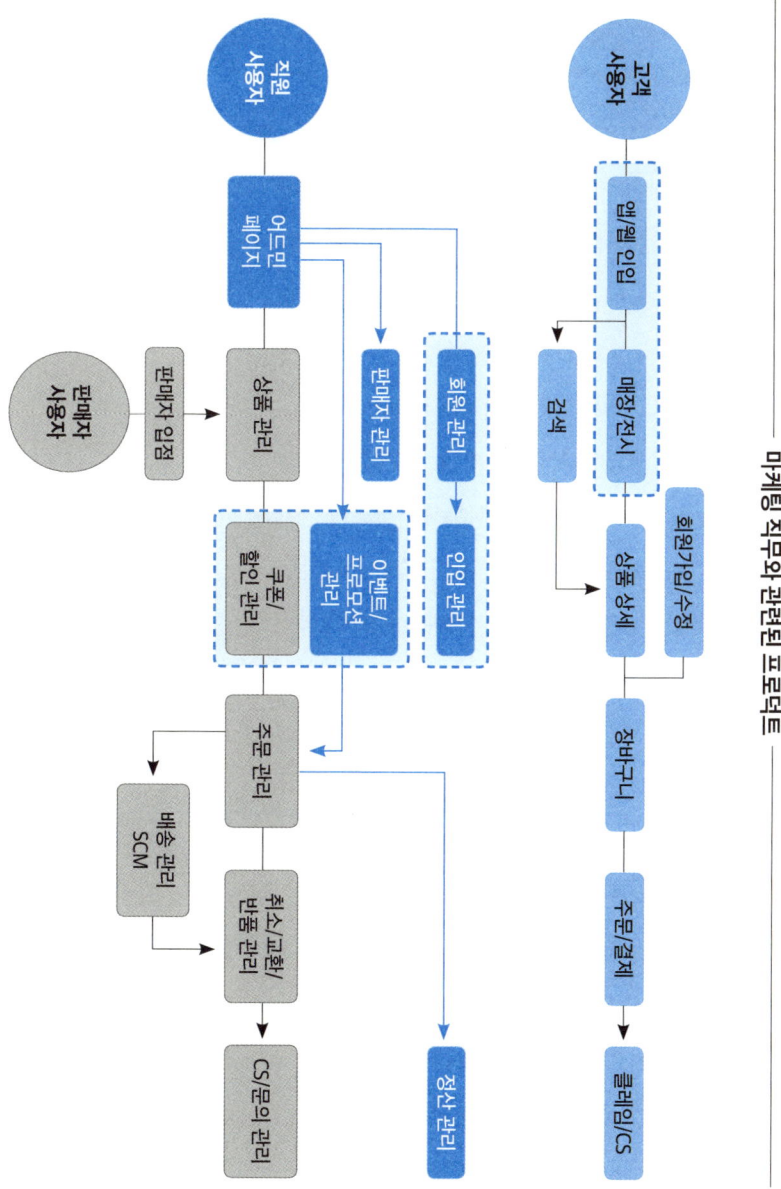

Chapter 4 이커머스의 개발하지 않는 문과 인재들 **167**

서 더 많은 분석을 필요로 하는데, 그 모든 것은 이러한 측정이 가능하기 때문에 시작될 수 있었다.

본격적으로 마케팅 직무에 해당하는 일들을 보기 전에 이커머스의 프로덕트 표에서 마케팅 업무가 관여하는 영역부터 살펴보겠다. 가장 큰 부분은 고객 사용자가 서비스에 인입되는 부분과 회원에 대한 관리, 그리고 서비스 이용에 연계되는 이벤트와 프로모션, 쿠폰 등의 관리 영역이다.

온라인 산업의 특징은 이커머스의 마케팅을 새로운 경지로 성장시켰는데, 여기서 알아야 하는 키워드가 '그로스 해킹Growth hacking'이다. 그로스 해킹이란 데이터 분석을 통해서 회사를 성장Growth시키는 모든 방법을 통칭한다. 특별한 기술이 정해져 있다기보다는 사용자를 연구할 수 있는 자료들을 바탕으로 실험해보면서 해볼 수 있는 모든 방법을 동원한다. 사용자 데이터를 해킹하듯 분석한다고 해서 해킹이라는 용어를 쓰는 것이지 실제로 시스템 해킹을 다루는 것은 아니다.

그로스 해킹에서는 이커머스의 성장 논리라고 언급했던 '문제 해결의 가치'와, 자연스러운 트래픽의 선순환을 만드는 'AARRR'이라는 5가지 단계로 이루어진 퍼널을 바탕으로 한다. 이 퍼널에 해당하는 목표를 하나하나 뜯어서 전체 퍼널을 튼튼하게 만들수록 성공하는 이커머스에 한 걸음 다가갈 수 있다. AARRR은 Acquisition(획득), Activation(활성화), Revenue(매출), Retention(유지, 재방문), Referral(친구 초대)를 의미한다. 이커머스 기업에서 이 퍼널에 맞춰서 하는 마케팅 활동들을 나눠보면 다음의 표와 같다(추구하는 가치에 따라 각 단계의 의미와 순서는 변경 가능하다).

---- **AARRR의 구분** ----

단계	구분
Acquisition(획득)	퍼포먼스 마케팅, 검색엔진 최적화(SEO), 브랜드 마케팅, 바이럴 마케팅, 제휴 마케팅(Affiliation)
Activation(활성화)	프로모션(이벤트, 행사)
Revenue(매출)	프로모션(할인)
Retention(유지, 재방문)	CRM, TMS, 콘텐츠 마케팅, 제휴 마케팅(Retargeting marketing)
Referral(친구 초대)	바이럴 마케팅(SNS 공유), 제휴 마케팅(Affiliate program)

이제부터 AARRR이 각각 어떤 목적을 가진 업무를 의미하는지 간단하게 설명하려고 한다. 다만 꼭 강조하고 싶은 것은, 이 책으로 업무 전체에 대한 큰 틀을 갖춘 뒤에는 각 키워드를 중심으로 스스로 더 많이 찾아보고 공부하기를 바란다. 이제는 각 직무의 전문가들을 온라인에서도 쉽게 만날 수 있다. 이 책에서는 '내가 앞으로 무엇을 더 배워야 하는지'만 정확히 알게 되어도 책의 제 역할은 다한 것이라고 생각한다.

첫 번째 A, 획득 Acquisition

'획득'이란 외부에서 사용자를 획득하여 우리 서비스로 데려오는 활동을 말한다. 획득이 과거 마케팅 개념에서 중요하게 여기는 '인지'와 다른 것은 사용자가 정말로 우리 프로덕트로 왔는지 측정이 가능하기 때문이다.

획득의 종류로는 1) 퍼포먼스 마케팅, 2) 검색엔진 최적화, 3) 브랜드 마케팅, 4) 바이럴 마케팅, 5) 제휴 마케팅이 있다. 이름이 낯설 수 있겠지만 막상 하나하나 설명을 들어보면 마케팅에 조금이라도 관심이 있었던 사람들은 어디선가 들어본 내용이라는 생각이 들 것이다.

1) 퍼포먼스 마케팅

퍼포먼스 마케팅은 기존의 외부 광고와 가장 유사한 개념이다. 디지털 마케팅 광고를 기반으로 가장 적절한 매체와 타겟에게 가장 효과적인 광고 소재와 문구 등을 연구해서 최고의 성과와 효율을 추구한다. 가장 많은 퍼포먼스 마케팅의 대상은 페이스북 광고, 인스타그램 광고인데 보통 광고 매체에서 제공하는 툴을 통해서 최적의 타겟과 키워드를 설정한다. 비용이나 노출에 대해서도 각 회사가 올린 광고 소재의 내용에 대해 실험해보면서 어떤 종류의 사람들에게 효과적인지를 찾아낸다. 이때 광고 매체를 통해서 우리의 프로덕트에 도달했을 때 도착하는 페이지를 '랜딩페이지'라고 하는데, 이 역시도 가장 효과적으로 운영될 수 있도록 하는 활동을 진행하며 이를 랜딩페이지 최적화LPO, Landing Page Optimization라고 한다.

2) 검색엔진 최적화

검색엔진 최적화SEO, Search Engine Optimization란 말 그대로 검색엔진에 최적화해서 검색될 수 있도록 하는 것을 의미한다. 우리 서비스를 필요로 하는 사람들이 특정한 키워드나 상황에서 검색엔진을 이용할 때, 검색 결과에 잘 노출되도록 하면 인위적으로 광고를 하지 않고도 타겟에 가장 적합한 고객들을 서비스로 들어오게 할 수 있다. 이렇게 자연적으로 인입되는 트래픽을 '오가닉Organic 트래픽'이라고 말한다. 개발을 통해서 검색엔진에 잘 걸리게 하는 방법도 있고, 외부 검색엔진에서 잘 검색될 만한 게시글의 형태를 만드는 방법도 있다. 이러한 부분을 잘 다루는 마케터들은 서비스에 대해 소개하거나 프로모션을 소개하는 페이지를 검색엔진에 최적화되게 만들어낸다. 이커머스 서비스는 아니지만 '나무위키'는 검색엔진 최적화를 굉장히 잘하는 서비스로 유명하다. 네이버나 구글과 같은 포털 검색엔진에서 키워드를 검색하면 항상 상위에 잘 노출되는 편이다. 검색엔진에서 적합도를 다루는 알고리즘에 대해서 잘 알고 있기에 구조적으로 잘 검색되도록 만들어놓은 것이라고 생각하면 된다.

3) 브랜드 마케팅

온·오프라인 유통이나 제조사의 브랜드 마케팅과 마찬가지로, 이커머스사의 브랜딩을 위한 마케팅 활동이다. 브랜드 마케팅은 외부의 광고 활동뿐 아니라 프로덕트에도 영향을 많이 준다. 따라서 회사를 대표할 수 있는 브랜드의 컬러나 로고, 캐릭터나 슬로건 등을 프로덕트 곳곳에서 일관성 있게 노출해야 한다. 기존의 방식대로 TV CF나 오프라인 이벤트를 열기도 하는데, 요즘은 SNS 채널을 직접 운영하면서 잠재적 사용자들과 소통하는 경우가 많다. 유튜브 채널을 운영하는 브랜드 마케팅팀도 많이 있다.

과거의 브랜드 마케팅은 업종과 무관하게 '사회적으로 긍정적인 이미지'를 갖추는 것에 목표를 두었다면, 이커머스의 브랜드 마케팅은 우리 서비스가 사용자들의 어떤 문제를 해결해줄 수 있는가에 대한 가치를 알리는 데 목표를 둔다. 똑같은 음식 배달 이커머스 회사라고 해도 쿠팡이츠와 배달의민족의 방식은 굉장히 다르다. 최근에 나온 광고를 바탕으로 보면 배달의민족은 '선물하기' 서비스를 통해 음식으로 서로 정을 나누는 부분에 초점을 두었다면, 쿠팡이츠는 기존 배달 업체들이 여러 음식을 한꺼번에 배달하는 데서 생기는 문제를 개선하고자 '단건 배달을 통해 빠른 배송을 한다'는 점을 강조했다. 재밌는 것은 이러한 서비스가 제공하는 가치가 바로 브랜드의 이미지가 된다는 점이다.

내가 근무하는 지그재그에서는 최근 윤여정 선생님을 모델로 기용해서 '니 마음대로 사'라는 가치를 전파하고 있다. 세상의 눈치를 보지 않고 자신의 멋을 만들어오면서 주목받고 있는 배우의 이미지와 패션 이커머스에서 주는 가치를 접목시켜서 브랜드 이미지를 만들어낸 것이다. 이 경우에도 핵심은 '서비스가 제공해줄 가치'에 집중된다. 그리고 이러한 브랜드 마케팅도 거기에서 그치지 않고 내부의 다른 마케팅 활동과 연결시키면서 목표하고 있는 수치와 지표를 측정하여 성과를 확인한다.

4) 바이럴 마케팅

입소문과 같은 바이럴Viral이 일어나게 하는 마케팅 활동을 이야기한다. 바이럴 마케팅은 획득에만 포함되진 않는데, 어떤 면에서는 AARRR의 마지막 활동인 '친구 초대Referral'의 활동에도 포함된다. 획득의 측면에서만 일어나는 바이럴 마케팅은 비자발적인 바이럴이라고 할 수 있다. 인입 채널 분석 등을 통해서 타겟이 많이 모여 있는 커뮤니티를 찾아내고 그 안에서 입소문이 더 강력하고 자연스럽게 생겨날 수 있도록 지원하는 식이다. 주요 빅마우스들에게 제품을 제공하는 고전적인 방법부터 유튜브 스타 같은 인플루언서와 협업하는 방법도 있고, 소셜커머스 빅데이터 등을 통해서 고객들이 사용하는 '밈'을 재빠르게 발견하고 이를 재미있는 활동들로 만들어 마케팅이 더욱 활성화되도록 하는 역할을 한다. 과거에는 마케터 개인의 트렌디함이나 센스에 의존하는 영역이었다면, 이제는 좀 더 데이터를 기반으로 하는 방법에 대해 고민하고 있다.

5) 제휴 마케팅

제휴 마케팅Affiliation이란 제휴 판매 채널을 늘리는 업무다. 판매 채널을 늘린다는 관점에서는 '영업'에 가까운 업무처럼 보이지만, 온라인에서의 제휴를 통한 판매는 오히려 '트래픽을 빌려오는 활동'이라는 해석이 더 적절하다. 제조업에서는 오프라인의 유통처가 늘어나면 그만큼 물건의 이동이 많이 발생하지만, 이커머스에서는 사실상 데이터의 흐름만 늘어난다.

제휴 마케팅에는 두 가지 종류의 방식이 있는데, 네이버 가격비교 같은 메타 정보 사이트에 전달하는 방식과 또 다른 이커머스사에 이커머스사가 다시 입점해서 판매하는 방식이 있다. 예를 들어 G마켓에는 홈플러스나 롯데백화점, 10×10(텐바이텐)과 같은 대형 커머스를 운영하는 회사가 입점되어 있는데, 이 경우 결제는 G마켓에서 일어나지만 데이터적으로는 입점한 이커머스사에 연결되어 그쪽의 제휴 판매 매출로도 집계된다.

전자는 포털의 높은 트래픽을 가져오는 방식이라면, 후자는 아예 트래픽이 높은 다른 회사의 프로덕트를 활용하여 매출을 높이는 방법이다. 제휴한 곳에는 당연히 일정 수수료를 제공한다. 트래픽을 직접 우리의 프로덕트로 연결해주는 방식일 경우에는 보통 광고처럼 수수료를 매겨서 클릭당 비용을 받고, 후자처럼 실제 입점한 경우에는 보통의 입점 판매자들과 마찬가지로 플랫폼 이용 수수료를 낸다.

전자와 같은 제휴 마케팅을 어필리에이트Affiliate라고도 말한다. 국내 이커머스들은 보수적인 어필리에이트를 운영한다면 아마존의 경우 훨씬 오픈된 어필리에이트 프로그램을 운영한다. 자체적으로 오픈 API를 제공하여 전혀 다른 제3자 서비스가 아마존의 상품 리스트를 끌어와서 새로운 이커머스 앱을 만들어 수익을 낼 수 있도록 하고 있다. 예를 들어서 카메라 앱인 '유캠메이크업'은 AR을 통해서 마치 진짜로 화장을 하는 것처럼 시뮬레이션해볼 수 있으며, 해당 화장품을 아마존의 어필리에이트를 이용하여 바로 구매할 수 있도록 연결해준다. 거기서 일어난 구매에 대해서는 본인들이 수수료를 받을 수 있도록 만들었다. 여기서 만약에 '쿠팡파트너스'가 떠오른다면 굉장히 센스 있는 사람일 것 같은데, 쿠팡파트너스는 개인의 영역으로 내려가기 때문에 AARRR의 마지막인 친구 초대Referral 부분에서 다루려고 한다.

두 번째 A와 첫 번째 R, 활성화Activation와 매출Revenue

활성화란 획득 활동을 통해서 인입된 사용자를 우리가 목표한 활동으로 전환시키는 것을 말한다. 이커머스가 목표하는 활동은 궁극적으로는 구매 활동인 경우가 많은데, 그래서 AARRR의 첫 번째 R인 매출 활동과도 연결된다. 이 두 가지에 해당하는 활동으로는 대표적으로 '프로모션 마케팅'이 있다.

프로모션 마케팅

프로모션 마케팅은 마케팅 업무를 하는 분들이 가장 애증하는 대상이지 않을까 생각한다. '가을 맞이 정기 세일'이나 '카카오 플러스친구 등록자에게만 쿠폰 발행'과 같은 타이틀로 만들어지는 판촉 행사를 프로모션이라고 한다. 대체로 구매로 이어지도록 액션을 유도하는데, 꼭 구매만 목표가 되는 것은 아니다. 휴면 고객을 활성 고객으로 전환시키는 프로모션을 하기도 하고, 위의 예처럼 카카오톡에서 플러스친구를 추가하도록 하는 것 자체가 목표가 되기도 한다. 고객들의 입장에서는 너무나 익숙하고 가장 매력적인 이커머스의 모습이다. 프로모션 행사는 비용도 가장 많이 들고, 그 효과에 대해서도 중요시하는 경우가 많다.

프로모션을 굉장히 잘 만드는 마케터들은 '명분'을 중요하게 생각한다. 프로모션의 명분이 명확해야 고객들에게 지속적으로 의미 있는 자극과 지금 당장 액션해야 할 이유를 마련해줄 수 있기 때문이다. 이커머스에서는 대상과 경로를 더 세분화하는 것이 가능해졌기 때문에, 명분도 훨씬 세분화할 수 있게 되었다. 매출을 극대화하기 위해서 쿠폰과 할인 행사도 많이 사용하게 되는데, 이 부분은 예산과 비용에 대한 설계가 제대로 되어야 손실을 최소화하고 효과를 극대화할 수 있기에 많은 준비가 필요한 과정이다.

두 번째 R, 유지와 재방문 Retention

리텐션은 요즘 가장 많이 주목받는 마케팅 활동 중 하나다. 앞선 챕터에서 선순환을 통해서 서비스를 자생적으로 성장시키기 위해서는 리텐션이 중요하다고 이야기했었는데, 이 부분이 바로 리텐션의 중요한 활동들을 다루고 있다. 리텐션을 위한 마케팅 활동으로는 CRM, TMS, 콘텐츠 마케팅, 그리고 제휴 마케팅의 또 다른 방법인 리타겟팅 마케팅이 있다.

CRM

앞서 설명했던 것처럼 CRM은 제조업의 마케팅과 마찬가지로 고객과의 관계를 만드는 활동이라고 할 수 있다. 하지만 이커머스는 '고객'이라기보다는 '사용자'와의 관계를 만드는 것이므로, 마케팅에서는 '구매자 회원'을 대상으로 구체적인 활동을 한다. 회원들의 멤버십 등급을 관리하거나 유료 멤버십 프로그램을 설계하고 운영한다. 최근에는 유료 멤버십 프로그램과 연계된 간편결제 그리고 혜택 등을 잘 설계함으로써 사용자들을 락인시켜 장기적으로 기업의 이익을 가져올 수 있도록 하는 것이 중요해졌다. 혜택이 너무 적으면 고객들은 유료 멤버십을 가입하지 않을 테지만, 그렇다고 해서 무분별하게 혜택을 설계할 수도 없기 때문이다. 예를 들어 무료배송 혜택도 몇 회 정도가 좋을지에 대해서 사용자 분석을 시뮬레이션해 적절한 혜택을 정하는 역할을 한다.

TMS

TMS_{Total Message Service}는 이메일, 앱 푸시, SMS, 카카오알림톡과 같이 회원이 가진 개인 채널로 타겟팅 광고나 알림을 보내는 방식의 마케팅 업무에 해당한다. 어떤 회사에서는 CRM의 영역으로 보기도 한다. 최근에는 '뉴스레터'와 같은 방식을 사용해 더 상시적이면서도 특정한 목적을 가진 마케팅 수단으로 활용하고 있다. 뉴스레터 덕분에 다시 한번 주목받고 있는 마케팅 영역이기도 하다.

콘텐츠 마케팅

사용자들로 하여금 서비스를 이용하는 체류 시간을 늘리거나 다시 돌아오게 하는 콘텐츠를 만드는 마케팅 방식이다. 최근에 유행하고 있는 커뮤니티형 커머스도 큰 범주에서는 여기에 속한다고 할 수 있다. 콘텐츠를 생산하는 것은 생산 주체에 따라 나눠볼 수 있다. 회사가 콘텐츠를 생산해서 노출하는 방식인 CGC_{Company Generated Content}가 있다면 사용자들이 프로덕트 내에서 생성하고 만들어내는 콘텐츠인 UGC_{User Generated Content}도 있다. UGC도 이상적인 관리를 해야 하기 때문에 누군가는 여기에 대한 기준을 관리해서 UGC의 질적 수준과 활용을 정의해야 한다. 무신사의 매거진이나 오늘의집에 등록되는 인테리어 사진 등이 더 활발히 업로드되도록 유도하고 참여를 돕는 것도 마케팅 관리자의 역할일 수 있다. 이런 활동은 콘텐츠의 특성상 'OSMU One Source Multi Use'가 가능하기 때문에 다른 마케팅 활동에서도 활용할 수 있어서 요즘 가장 주목받는 형태의 마케팅 방식이라고 할 수 있다.

리타겟팅 마케팅

제휴 마케팅 중에서 리텐션을 위한 형태에는 리타겟팅Retargeting 마케팅이 있다. 이커머스에서 한 번 구경했던 상품을 다른 사이트의 구석진 배너 광고에서 발견했던 적이 있을 것이다. 놀라운 개인화에 감탄할 일은 아니다. 보통 리타겟팅 광고를 운영하는 광고사와 계약을 하고, 이커머스사는 쿠키 정보를 통해서 고객이 보았던 상품 정보를 광고사에 공유하면 광고사가 보유하고 있는 여러 광고 영역에서 노출하는 방식이다. 여기서 쿠키 정보란 웹 브라우저상에서 활동한 정보를 기록해놓은 기록물 같은 것이다. 따라서 다른 컴퓨터나 다른 스마트폰으로 접속하면 디바이스에 남아 있는 쿠키 정보가 없기 때문에 이런 광고를 못하게 된다.

이는 단순히 계약만 하면 되는 일 같지만, 좀 더 현명한 마케팅 담당자는 리타겟팅 마케팅을 좀 더 전략적으로 운영할 방향을 고민한다. 한 번 본 상품과 동일한 상품을 보게 하지 않고, 보았던 상품을 기준으로 어떤 상품을 통해서 리타겟팅할지 고민한다. 사용자가 이미 구매한 상품은 리타겟팅 광고에 나오지 않도록 하는 방법을 고안할 수도 있다. 그런데 이 분야는 최근 애플과 구글에서 디바이스를 통한 쿠키 정보 수집을 제한하는 정책이 나오면서 개인정보에 대한 민감성과 마케팅 방식 측면에서 방향성을 재고하고 있는 영역이다.

마지막 R, 친구 초대 Referral

그로스 해킹 퍼널을 설명하는 여정의 마지막 활동인 '친구 초대'는 다소 복합적이다. 앞의 퍼널 단계에서 우리의 사용자로 힘들게 정착시킨 사람들로 하여금 선순환을 만들어서 자연스럽게 다시 돌아오게 하는 활동에 해당한다. 이 활동은 담당자가 CRM이나 TMS를 통해서 유도하기도 하지만 전체 사용자를 대상으로 프로덕트에서 구조적으로 일어나게 유도하는 경우가 많다. 대표적인 케이스는 자발적인 SNS 공유를 통한 바이럴 마케팅, 제휴 마케팅 중 어필리에이트 프로그램에 해당하는 부분이다.

자발적인 SNS 공유

자발적인 SNS 공유를 위해서는 시스템적으로 서비스 내의 프로세스를 자연스럽게 공유할 수 있도록 프로덕트를 설계할 필요가 있다. 예를 들어 상품 리뷰를 작성하고 이를 자연스럽게 다른 SNS에 공유하게 유도하는 부분을 만들어놓는 식이다. 특히 특정 SNS를 통해서 바이럴을 만들고 싶다면 의도적으로 이를 설계할 수도 있다.

어필리에이트 프로그램

어필리에이트 프로그램Affiliate Program은 앞서 제휴 마케팅의 외부 제휴가 기업 간 제휴로 일어나는 것과 다르게, 사용자 개인 간P2P 발생하는 제휴 트래픽을 이야기한다. '쿠팡파트너스'는 개인이 쿠팡의 상품을 외부로 퍼트리고 그 링크를 통해서 누군가 구매를 하게 되면 개인에게 리워드가 돌아가는 방식이다. 이와 관련해서 국내에서 쿠팡파트너스 이전에 가장 유명했던 곳은 '아이허브'였다. 아이허브는 구매 대행 사이트인데 특히나 해외 영양제를 구입하려는 사람들이 많이 찾는 사이트다. 아이허브에서 구매한 후 블로그에 자신의 구매 후기와 어필리에이트 프로그램을 통해서 상품 링크를 공유하면, 다른 사람들이 그 링크를 통해서 구매할 때 리워드로 포인트를 제공했다. 그럼 그 포인트로 또 새로운 제품을 구매할 수 있는 방식으로 선순환을 만들어냈다. 추천인 제도를 통해서 가입하는 구조도 다단계와 같은 방식으로 사람들 사이의 관계를 만들어내며 리텐션과 선순환을 만들어낼 수 있었다.

이렇게 다섯 가지 단계의 AARRR을 기본으로 한 마케팅 직무 활동들을 알아봤다. 나는 마케터가 아니지만, 이 업무들을 수행하기 위해서 협업을 요청했던 다양한 마케팅 담당자들과 이 일들을 진행했다. 이커머스의 마케팅 담당자들은 자신이 원하는 방향으로 업무를 하기 위해서 프로덕트에 대해서 나에게 질문하고, 프로덕트를 수정하기 위해서 업무를 요청했다. 즉, 모든 마케팅 활동이 프로덕트를 기반으로 하고 있는 뜻이다. 디지털 환경의 특성상 데이터를 모으고 측정하고 판단하기 위해서는 우리 프로덕트에서 어떤 데이터가 모아질 수 있는지 알아야 하고, 마케팅을 위해 필요한 기능이 있으면 요청해서라도 만들어야 한다. 물론 당장 기능이 없으면 타겟팅을 하는 것이나 메시지를 보내는 것은 수동으로라도 할 수 있다. 하지만 마케터가 프로덕트를 잘 알고 있어야 선순환 구조를 설계하고 만들어낼 수 있다. 그래서 요즘 이커머스 마케터 중에서는 프로덕트에 대한 관심이 높아지면서 서비스 기획자나 프로덕트 매니저로 직무 전환을 고민하는 경우도 많다.

최근에는 제품주도 성장Product-led growth이라는 개념까지도 유행하고 있다. 프로덕트 자체가 AARRR을 잘 소화하면서 성장을 가지고 오는 것이 잘 설계되어 있는 경우를 의미한다. 이와 관련해 업계에서 가장 유명한 건 '드롭박스'의 사례다. 드롭박스는 처음 가입하면 2GB의 개인 클라우드 저장 공간을 제공하는데, 다른 사람에게 공유하면 추가 저장 공간을 받을 수 있도록 프로모션이 되어 있다. 또 드롭박스의 공유 기능을 통해서 다른 사람에게 자료를 공유하면, 기본적으로 공유 받은 사람이 자신의 드롭박스 계정을 만들어서 파일을 저장하도록 세팅되어 있다. 이런 방식으로 작은 서비스의 혜택을 제공하면서 개인 간의 교류를 통해 자연스럽게 바이럴이 일어남과 동시에 리텐션도 가져올 수 있는 구조를 만들었다. 그리고 이를 바탕으로 빠른 시간 내에 많은 사용자를 늘린 것으로 유명하다. 이 흐름 내에서는 사용자 인입부터 활성화, 초대의 개념까지 모든 단계를 아우른다. 이렇게 프로덕트와 마케팅 활동은 더 이상 영역을 구분하기가 어려워졌다.

중요한 점은 이커머스의 마케터는 아티스트처럼 크리에이티브한 일을 하지 않는다는 것이다. 퍼널을 구성하는 항목들의 지표를 바꿀 수 있는 방법을 연구해서 실험하고 개선해나가는 직무다. 그리고 그것을 잘하기 위해서는 근본이 되는 프로덕트에 관심을 가져야 한다. 마케터가 될지 고민하고 있다면, 일의 방향성을 정확하게 설정하고 프로덕트에 반영할 세세한 정책을 정할 수 있도록 고민을 많이 해야 하는 직무라는 점을 기억했으면 좋겠다.

 더 공부해보고 싶다면, 이 책으로!

『그로스 해킹』, 양승화, 위키북스, 2021

국내에서 그로스 해킹이 유행한 지가 2~3년 정도 지났다. 저자는 현장에서 데이터와 그로스 해킹을 제대로 다루고 있는 몇 안 되는 실무자로서, 개념적인 내용보다 실무에서 중요한 핵심적인 내용을 다루고 있어서 추천한다.

『요즘 마케팅』, 김용훈 외 4명, 그로스쿨, 2021

퍼포먼스 마케팅, 프로모션 마케팅, 콘텐츠 마케팅 등 '요즘 마케팅'을 직접 하는 실무자들이 쓴 책이다. 펀딩을 통해 판매된 책이라 구하기는 쉽지 않겠지만 요즘 마케팅의 이해를 돕기에 좋은 책이다.

이커머스의 근간을 만드는 '영업'

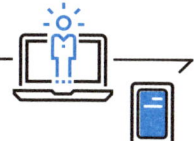

영업직에 대한 오래된 편견

영업직에 대한 편견은 어릴 적 보던 드라마에서부터 시작되었다. 드라마 주인공이 각종 위기와 무시 속에서 열정을 다한 끝에 판매처를 따와서 "저희 상품 3천 세트 주문해주신대요!" 같은 멘트와 함께 사람들의 인정을 받게 되는 모습이나, 매일 술자리 접대와 갑질에 힘들어하면서도 버티는 중년 남성의 모습을 그린다. 흔하디흔한 영업직 클리셰는 정작 그 직무를 겪어보지 않은 사람들에게 더 크게 다가온다. 그러다 보니 많은 문과생들이 영업 직군에 대해 진입 장벽을 높게 생각한다. 스스로 성격이 정말 밝고 사교적이라고 생각하지 않는 이상 처음부터 이 직무를 생각조차 하지 않는 경우도 많다. 혼자 중동에 나가서 석유 사업이라도 수주해올 수 있는 배짱과 수완이 있는지를 고민한다.

재미있는 것은 똑같은 영업 직군임에도 'MD'라는 이름으로 일하는 직군에는 또 다른 편견이 있다는 점이다. MD는 머천다이저Merchandiser의 약자로 흔히 '유통의 꽃'이라고 불리는 직무다. '상품 기획자'로도 불리며 잘 팔릴 만한 상품을 소싱하여 구입해오고, 그것들을 진열하고 판매하는 모든 과정의 책임자라고도 할 수 있다.

보통 MD를 꿈꾸는 사람들은 대부분 패션업을 떠올리며 유행을 발굴하고 창조하는 직무라고 생각한다. 마치 영화 〈악마는 프라다를 입는다〉에 나오는 패션 에디터의 모습을 덧씌우기도 한다. 그래서 패션 MD가 되기 위해선 의상학과를 복수전공 하거나 '컬러리스트'와 같은 전문 자격증을 취득해야 한다고 생각하는 경우도 종종 보았다. 요즘은 그래도 현업자들의 이야기가 많이 전해지면서 '유통관리자 자격증'을 준비하고 있다는 대학생들도 많지만, 여전히 '트렌디한 상품 기획'이라는 것에만 집중하는 경우가 많다.

하지만 재미있는 것은 기존 오프라인의 유통업에서도 '뭐M든지 다D한다'고 해서 'MD'라고 부른다는 업계 농담이 있을 정도로, 업무 영역을 무 자르듯 정의하는 것이 쉽지 않다. 어떤 회사에서는 우리가 알고 있는 이 모든 조각조각을 다 합친 일을 MD가 수행하는 경우도 있고, '스토어 매니저'라고 부르는 경우는 대형 오프라인 쇼핑몰에 입점한 매장들의 매출 관리만 하는 경우도 있다.

이커머스에서의 영업 직군의 업무

이커머스에서 영업 직군의 역할이 얼마나 달라졌는지 알기 위해서는 프로덕트부터 볼 필요가 있다. 이커머스에서 영업 직군이 관여하는 가장 핵심적인 프로덕트는 판매자를 입점시켜 상품을 등록하게 하고, 상품을 노출하는 것이다. 이 프로덕트의 중요한 사용자이자 이 프로덕트를 잘 발전시키기 위해서 가장 중요한 목소리를 내는 입장이다.

이커머스에서 영업 직군이 하는 업무들을 그 종류에 따라서 한번 정리해보았다. 영업 직군이 일하면서 자주 보고 듣게 되는 용어나, 최근 많이 사용되는 용어들을 중심으로 모아보았다. 아마 들어본 직무명도 있고 들어본 적이 없는 직무명도 있을 것이다. 요즘 이커머스에서는 채용 공고에 각 직무명을 명시해두고 있기 때문에 각 회사에서 하는 일을 알아보고 입사하는 것도 좋다.

이커머스의 영업 직군의 업무

업무 구분	직무명
입점 판매자 관리	MD, AMD(Assistant MD), AM(Account Manager)
카테고리별 핵심 상품 제안 및 관리	CM(Category Manager)
MD와 매출액에 대한 관리	영업총괄
직매입 상품 소싱	Sourcing MD
B2B 서비스 영업(Sales)	제휴 영업, B2B 영업, Sales Manager
PB 제작	PB MD

앞쪽의 업무 표는 1) 입점 판매자 관리, 2) 카테고리별 핵심 상품 제안 및 관리, 3) MD와 매출액에 대한 관리, 이렇게 세 가지 관점으로도 나눠볼 수 있다. 이는 유통업에서 이어져온 업무 내용에 해당한다. 이커머스 역시 유통의 기능이 가장 기본이 되기 때문에 이러한 업무가 없지는 않다. 다만 환경이 많이 달라졌다. 이 책에서 여러 번 강조했던 것처럼, 입점 판매자와 이커머스 플랫폼과의 관계는 과거 '매입처와 유통사'와의 관계와 많은 부분에서 달라졌다. 유통 판매의 성과를 만들어내는 방식이 온라인으로 바뀌면서 상품의 진열을 결정하는 MD로서의 업무도 온라인상으로 이동했다.

이커머스에서 MD와 AMD_{Assistant MD}는 입점 판매자들을 관리하면서 좋은 상품을 우리 플랫폼에 유치하는 역할을 한다. 때로는 이커머스의 대형 행사를 사전에 전달하고, 판매자들이 그 행사에서 굉장히 낮은 가격으로 상품을 판매한다고 하면 그것을 지원하기도 한다. 이커머스사가 좀 더 관리형 플랫폼_{Managed platform}을 지향한다면 판매자들이 등록한 상품의 품질을 관리하는 역할을 하기도 한다. 그러다 보니 실제 현업에 있는 사람들이 정말 많은 시간을 들여서 하는 업무들 중에는 판매자가 등록한 상품들 중에서 의미 있고 중요한 상품을 알아내는 것이나, 특정 시점에 잘 팔릴 상품들을 분석하는 일 등이 있다. 상품을 직접 개발하는 경우가 생각보다 적을 수 있다. 이 중에서도 AMD는 MD를 보조해서 이미 등록된 상품 정보를 검수하고 관리하는 역할을 더 많이 한다. 보조자이다 보니 비정규직인 경우도 많다.

CM_{Category Manager}은 다양한 카테고리를 다루는 종합몰 형태의 이

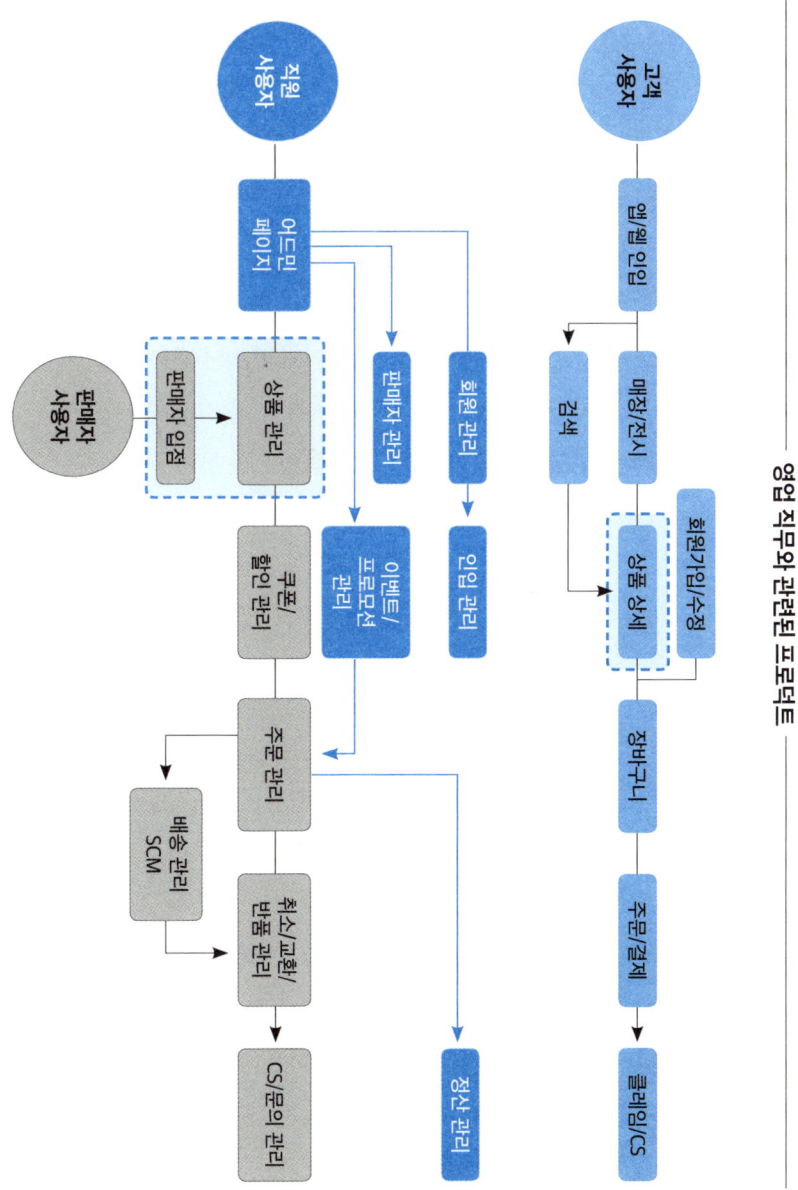

Chapter 4 이커머스의 개발하지 않는 문과 인재들 **187**

커머스에서 각 카테고리를 담당하는 MD를 지칭한다. CMD(Chief MD)라고 부르는 회사도 있다. CM은 오프라인 쇼핑몰의 '플로어 매니저(Floor Manager)'와 비슷하다. 대형 종합몰은 뷰티, 의류, 가전과 같이 큰 카테고리로 구분한 대표 전시 매장을 가지고 있다. 그리고 그 매장은 마치 쇼핑몰의 특정 층처럼 1명의 CM이 관리한다. 지금 시기에는 어떤 상품을 전략적으로 노출시킬 것인지, 또 어떤 판매자를 이번 프로모션 행사의 주역으로 만들어줄 것인지 등을 관리하는 사람이 바로 CM이다. 특히 '딜 매장'이라고 해서 단기간 특정한 혜택을 제공하는 상품을 판매하는 형태의 경우 이러한 CM의 역할이 많이 두드러진다.

그런데 요즘 IT 기술을 기반으로 등장한 이른바 '스타트업 출신의 이커머스사'에서는 명시적으로 'MD'라는 단어를 쓰지 않는 경우도 있다. 대신에 등장한 단어는 'AM(Account Manager)'이다. 역할의 차이라기보다는 개념상의 차이로 다른 명칭을 사용하고 있다. 양면 플랫폼으로서의 이커머스는 기존의 오프라인 유통과 비교했을 때 입점 판매사와의 관계가 비교적 수평적이다. 과거 유통업에서는 굉장히 유명한 브랜드 제조사를 제외한 판매자들은 '납품사' 또는 '매입처'로서 상대적으로 낮은 파워를 가졌었던 것에 비해서, 이커머스에서는 입점 판매자도 또 하나의 '사용자'가 되면서 관리의 대상으로 여겨지고 있다. 물론 강력한 이커머스의 경우에는 여전히 파워가 있겠지만, 판매자가 선택할 수 있는 이커머스가 많아지면서 과거보다는 훨씬 수평적 관계가 되었다. 플라이휠의 선순환을 만들기 위해서 이커머스는 계속해서 새로운 판매자를 발굴하고 성장시키려고 한다.

AM은 기존의 MD와 마찬가지로 판매자의 입점을 유도하기도 하고, 좋은 상품을 우리 이커머스에 등록해서 팔 수 있게끔 돕는 역할을 한다. 그러면서 각 판매자들의 좋은 파트너 역할을 한다. 실제로 쿠팡에 입점 신청을 하고 나서 아무런 상품도 올리지 않고 활동도 하지 않으면 지정된 담당 AM에게서 연락이 온다. 프로덕트를 통해 상품을 올리는 과정에서 무엇이 어려운지 물어봐주고, 이커머스 내에서 성장한 사례를 알려주기도 한다. AM은 입점 판매사들의 입장을 대변해서 사내에 판매자의 목소리를 전하는 역할도 한다. 우리 회사가 성장할 수 있도록 판매자 사용자들의 생생한 이야기를 전달하고, 프로덕트 내에 있는 수수료 조정부터 상품 등록 방식, 할인 방식, 판매자들이 좋아할 만한 전시 방법 등을 제안하고 발전시키는 역할을 한다.

'영업 총괄' 또는 '영업 관리' 업무는 일반적으로 MD들의 성과와 목표를 관리하는 직무에 해당한다. 일반적으로 조금 더 고전적인 MD 조직에 해당하는 경우가 많다. 카테고리의 성장세에 따라서 목표를 배분하고 시장 트렌드를 통해 결정한 영업 전략을 내부의 MD들에게 공유하는 역할을 주로 한다. 이런 조직은 어디에나 있지만 '영업 총괄'이라는 용어는 스타트업보다는 오래된 이커머스 회사에서 사용되는 경우가 많다.

이커머스가 성장하면서 업무의 범위가 늘어나고 그에 따라 영업의 역할도 늘기도 한다. 이커머스의 유통은 기본적으로 '거래 중개' 방식이었으나 최근에는 물건을 직접 매입하여 창고에 쌓아두고 판매하는 '직매입'을 하기도 하는데, 이 경우 상품을 구매해오는 '소싱 MD'도 필요해진다. 또한 'PB Private Brand'라고 해서 유통 업체가 만든 자체 브랜드 상품을 제작해서 판매한다면 그 제품을 기획하는 MD도 필요해진다. 예를 들어서 작년에 '샤인머스캣'이 인기 있었다면, 올해는 아예 샤인머스캣 농장과 계약해서 독점 소싱 형태로 공급받기로 한다거나, 매년 꾸준히 인기 있는 패딩 제품을 아예 PB 상품으로 만들어서 내부적으로 제작해 판매할 수도 있다. 이 두 직무는 좀 더 고전적인 MD의 직무에 가깝다.

이커머스 플랫폼이 성장하면서 입점 판매자들에게 부가 서비스를 판매하기도 한다. 회사가 물류창고를 만들어서 물류창고 사용에 대한 임대업 즉, 풀필먼트 사업을 시작했다면 판매자들에게 물류창고 사용을 독려하는 역할의 B2B 영업직도 필요해진다. 이커머스 메인에 새로운 광고 영역을 만들게 되면 판매자들에게 그 광고를 사용하라고 설명하는 광고 영업직도 있다. 이런 직무를 회사에서 MD라고 이야기하는 경우도 있는데, 개념적으로는 '세일즈'라는 단어가 더 적합하고, 이런 경우 정말로 판매를 통해서 실적을 올리는 영업직의 형태인 경우가 많다.

이커머스에서 영업 직군의 의미

영업 직군은 회사의 비즈니스모델과 직결되어 있다. 이커머스가 처음 만들어지면 대체로 유통업에 해당하는 비즈니스모델만 존재하게 되고 MD 또는 AM이 필요해진다. 이커머스가 성장하면서 카테고리가 하나에서 여러 개로 늘어나면 CM과 같은 직군도 필요해지고, 판매자와 관계를 맺는 담당자가 많아지면 총괄 관리 직책도 생긴다. 플랫폼으로서 좀 더 다양한 비즈니스모델을 도입하면 직매입 소싱이나 PB 제품 생산을 하는 MD가 생겨나고, 더 나아가서 회사의 서비스를 판매하는 세일즈를 하는 사람도 생긴다.

비즈니스모델을 통해서 회사의 이익을 가져오려면 그 '재료'가 있어야 하는데, 대표적인 재료는 '판매자와의 관계'와 '상품'이다. 겉에서 봤을 때 구매자 고객에게 물건을 판매하는 마케팅의 역할이 훨씬 중요해 보이지만 이 역시도 상품이 없으면 불가능하다. 이커머스의 영업 직군은 판매자들에게는 우리 이커머스를 대표하는 얼굴이자, 양면 시장의 한쪽 면을 책임지는 직군이라고 할 수 있다.

그렇다면 영업 직무를 잘하기 위해서는 어떤 역량이 필요할까? 영업적인 스킬도 물론 중요하겠지만, 가장 좋은 방법은 이커머스 플랫폼을 통해서 '셀러가 성장할 수 있는 방법'을 잘 아는 것이 중요하다. 그러기 위해서는 프로덕트의 정책과 구조에 대해서 잘 알아야 한다. 영업직이라고 해도 이커머스에서 일한다면 프로덕트의 개선과 발전에 대한 관심을 놓아서는 안 된다.

 더 공부해보고 싶다면, 이 책으로!

『이커머스 바이블』, 배은지, 라온북, 2019
오랜 기간 국내 이커머스 회사에서 일하며 기획부터 영업까지 여러 직무를 두루 경험해본 베테랑 작가의 책이다. 자전적인 이야기를 많이 담고 있는데, 온라인 MD의 입장에서 프로덕트를 어떻게 이해하고 활용해야 하는가에 대해서 배울 수 있다.

『헤르만 지몬 프라이싱』, 헤르만 지몬, 쌤앤파커스, 2017

MD의 핵심적인 업무 중 하나는 상품 소싱과 상품의 가격에 영향을 주는 것이다. 그중 '가격 설정'에 대해 이야기하는 책으로 영업인으로서 굉장히 중요한 고민점을 가져다준다.

『나 코치의 파는 기술』, 나유엽, 북스톤, 2021

이커머스 MD의 관점에서 '어떻게 파는가'에 대한 이야기를 담고 있는 흔치 않은 책이라서 추천한다. 특정 이커머스 플랫폼에서 매출을 내는 이야기가 아니라, 창업자를 포함한 판매자들이 어떻게 프로덕트를 이해하고 상품을 판매하는지 16년 차 이커머스 전략 컨설턴트가 설명해주는 책이다.

회사를 존속시키는 '오퍼레이션'

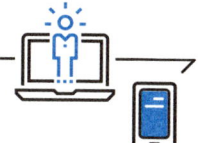

 이커머스에서 프로덕트를 만드는 것에는 두 가지 방향성이 있다. 새로운 것을 만들어서 비즈니스를 만들어내는 일과, 기존에 있는 것을 더 정교하고 의미 있게 개선하는 일이다. 그리고 전자의 영역을 보통 신사업과 마케팅에서 많이 요청한다면, 후자의 요청은 바로 오퍼레이션을 담당하는 사람들에게서 온다. 흔히 각 업무의 '담당자들'이라는 이름으로 이 직무를 특별히 지칭하지 않고 넘어가기도 하는데, 이는 아마도 오퍼레이션이라는 단어 자체가 익숙하지 않아서일 것이다.

 '오퍼레이션Operation'이라는 단어를 한국어로 직역하면 '운영' 정도가 되는데, 이 단어의 어감이 이 직무를 완벽히 표현하지 못한다는 생각이 든 적이 많다. 회사가 크지 않은 경우에는 회사의 모든 구성원들이 본인 직무를 하면서 이 일을 조금씩 나눠 처리하기도 하고, 큰 회사에서는 기능 부서들이 세분화되어 있어서 '오퍼레이션'이라는 단어를 쓸 일이 없기도 하다. 하지만 이 일은 분명히 존재한다. 오퍼레이션 없이 프로덕트만 덜렁 두고서는 회사의 비즈니스가 잘 작동하는 것은 사실상 불가능하다. 예를 들어 '무인 매장'도 하루에 한 번 키오스크의 영수증 종이를 갈아주거나, 판매하는 상품을 채워놓을 사람은 있어야 한다. 마찬가지로 온라인에서도 모든 것이 다 온라인에서 알아서 처리될 것 같지만, 문제가 생기는 부분을 해결하거나 프로덕트가 더 잘 운영되기 위해서 필요한 일은 생각보다 굉장히 많다.

오퍼레이션에 어떤 종류의 업무가 있는지 상상이 안 간다면 이커머스의 프로덕트 구성을 먼저 보면서 추정해보자. 오퍼레이션과 관련된 프로덕트들을 한마디로 설명하면 '사용자들과의 접점을 관리하는 프로덕트'라고 할 수 있다. 여기에 약간의 수식을 더한다면 '사용 과정에서 대화가 필요한'을 앞에 붙여볼 수 있을 것 같다. '매장과 전시' 부분에서는 서비스에 대한 질의에 대응해주는 업무도 있지만, 요즘에는 사용자들이 직접 참여할 수 있는 커뮤니티 형태의 서비스가 늘어나면서 이에 대한 관리 업무까지를 포함한다. 그리고 이커머스의 경우 주문 이후에 배송과 클레임 과정에서 일어나는 CS에 대한 처리를 담당한다. 배송에 대한 퀄리티 관리도 포함된다. 마치 집안일처럼 열심히 하고도 티가 나지 않는 부수적인 일이라고 생각되는가? 만약 이런 생각이 든다면 우리는 오퍼레이션 업무를 왜 이렇게 오해하고 있는지 생각해보고, 이커머스에서 오퍼레이션의 역할에 대해서 찬찬히 소개하도록 하겠다.

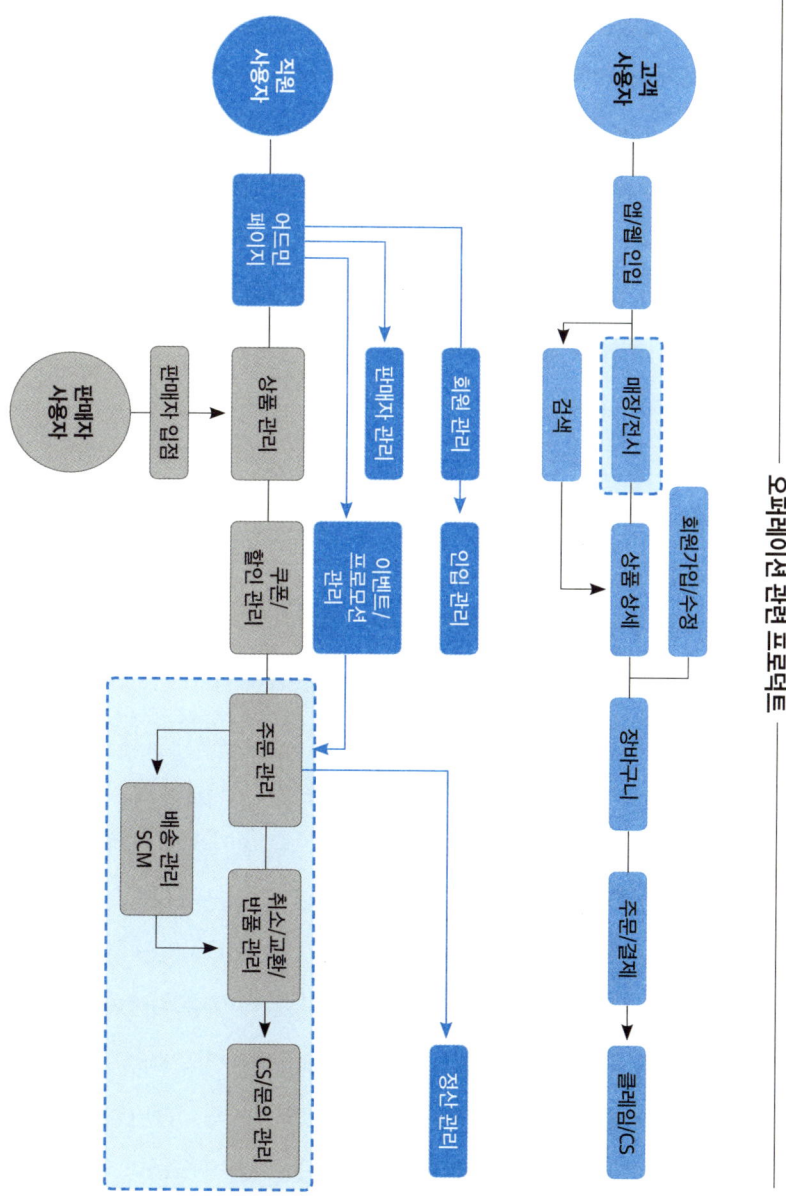

Chapter 4 이커머스의 개발하지 않는 문과 인재들 **195**

오프라인 유통의 오퍼레이션

오프라인 유통에서 오퍼레이션 업무에 해당하는 것은 무엇이 있을까? 오프라인 유통업 중에서 편의점을 기준으로 생각해보면, 대표적인 오퍼레이터는 '편의점 알바생'이다. 가장 많은 오퍼레이션 업무는 매대에 상품들을 가져다 놓고, 물건이 부족하지 않도록 관리하는 업무와 결제를 돕는 일이다. 매대 진열 위치를 정하는 업무가 오프라인 MD의 업무라면, 이미 정해진 진열 장소에 물건을 잘 채우는 역할은 오퍼레이션 업무에 해당한다. 물건이 부족하지 않도록 한다는 것은 여러 가지 내용을 포함하는데 이미 정해진 상품 종류 내에서 발주를 하는 것, 편의점으로 배송된 상품을 창고에 넣어두는 것도 해당한다. 그리고 필요에 따라서 편의점 바닥을 청소하거나 쓰레기를 치우면서 매장을 더 쾌적하게 만드는 일도 포함된다. 고객들이 물어보면 상품의 위치를 알려주거나 상품을 추천해주기도 한다. 담배 같은 경우는 물건을 찾아서 전달해주기도 한다. 또한 구매한 상품에 하자가 있어서 반품을 하거나 항의하는 고객에게 응대를 하는 것도 편의점 알바생이다. 이 모든 일이 이미 정해진 규칙 내에서 편의점의 서비스의 컨디션을 유지할 수 있도록 하고 고객의 불만을 줄이는 오퍼레이션 업무에 해당한다.

'오퍼레이션 업무'라는 타이틀 없이 이 업무들에 대한 이야기를 들으면 '재미없는 반복 업무' 또는 '시키는 대로 수행하는 업무'라는 오해를 하기 쉽다. 하지만 편의점 알바를 한 번이라도 해본 사람이라면 이 업무도 '잘하는 사람'과 '못하는 사람'이 있고, 잘하는 사람이 일하면 편의점의 매출이나 상황이 바뀔 수 있다는 것을 알 것이다. 일을 잘하는 사람은 박스를 정리하는 방법부터 다르다고 한다. 오퍼레이션 업무는 생각하는 것보다 더 가치 있는 서비스를 만드는 역할을 한다. 아무나 할 수 있다고 생각하지만, 아무나 잘하진 못한다.

이커머스의 오퍼레이션

그렇다면 이커머스의 오퍼레이션 업무는 어떤 점이 다를까? 본질적인 면에서는 오프라인 유통의 오퍼레이션 업무와 비슷하다. 다만 가장 큰 차이는 시간과 공간의 제약이 없어지면서 업무의 중요성이 더 높아졌다는 점이다. 오퍼레이션의 수준이 낮으면 오프라인 유통은 그 지점만의 문제가 되겠지만, 이커머스의 오퍼레이션 대상은 오로지 하나의 프로덕트다. 모든 사용자가 오퍼레이션 수준을 체감하고 우리 서비스의 품질을 평가하게 된다. 시공간의 제약이 없어져 전국 혹은 전 세계의 사용자들이 우리의 프로덕트를 이용하면 오퍼레이션은 그만큼 더 체계적이고 효율적으로 움직일 수 있어야 한다.

이커머스 오퍼레이션의 가장 대표적인 업무는 'CS 대응'이다. 비대면 서비스의 특성상 CS의 중요도는 더 높아지고, 우리나라 이커머스 사용자들의 비용 민감성도 훨씬 더 높아졌다. 오프라인 유통 매장에서 오퍼레이션 직원에게 갑질하는 고객에 대한 이야기는 여기저기 뉴스로 퍼지지만, 이커머스의 CS센터로 오는 수많은 '갑질 전화'에 대해서는 그만큼 주목하지 않는다. CS센터에서 소위 '진상 고객'에게 응대하지 않고 전화를 먼저 끊을 수 있는 것도 2017년이 되어서야 가능해졌다. 그전까지는 이커머스 오퍼레이션의 어려움과 중요성에 대해서 사회적인 공감을 얻을 수 없는 상황이었다.

이렇게 어려운 점만 많다면 피하고 싶은 업무처럼 보이겠지만, CS센터는 사실 이커머스 서비스의 마지막 조각이자 사용자 입장에서는 이 회사의 '진짜 얼굴'이라고 할 수 있는 부분이다. 서비스가 늘어날수록 이러한 CS 관리는 단지 센터 운영을 하는 것이 아니라 피해 보상이나 회사의 고객 응대 정책을 만드는 '브랜딩'의 영역으로 볼 수 있다. 최근에는 'CX Customer eXperience'라고 칭하며 전문적인 영역으로 중요하게 다뤄지고 있다.

또한 이커머스에서 오퍼레이션의 업무 영역은 점차 확대되고 있다. 그중에서 가장 주목받는 부분은 '배송'이다. 과거에도 이커머스의 SCM Supply Chain Management 이 존재했으나 2014년 '쿠팡맨'의 등장 이후 국내에서도 자체 물류창고와 빠른 배송이 중요시되며 다양한 배송 형태와 물류창고 운영이 이커머스 회사의 명운을 좌우하고 있다. 이커머스에서 상품을 구매한 후 고객에게 전달되는 마지막 구간을 '라스트마일'이라고 하는데, 이 라스트마일의 퀄리티와 속도가 경쟁 요소가 되고 있다. 특히 장보기를 중심으로 하는 배달 서비스는 자체배송망을 확대하면서 물류창고에서의 오퍼레이션 활동이 곧 회사의 경쟁력으로 이어지고 있는 상황이다. 그런데 이 부분은 막대한 비용이 들어가는 구조로 이루어지고 있기 때문에 비용 손실을 최소화하는 오퍼레이션 최적화가 몹시 중요하다.

이 외에 또 하나의 중요한 업무는 '모니터링'이다. 이커머스는 양면 플랫폼이기 때문에 판매자와 구매자라는 양쪽의 사용자가 플랫폼 내에서 여러 가지 상호작용을 한다. 그러다 보면 종종 내부 기준에 적합하지 않은 활동이나 문제될 만한 행동들이 나타날 수도 있다. 예를 들어, 법적으로 판매하면 안 되는 상품을 판매한다거나 리뷰에 욕을 쓴다거나 하는 경우다. 과격한 예로는 매일 하루에 물건을 수십 개를 주문했다가 반품하는 행위를 지속적으로 반복하는 블랙 고객도 있다. 플랫폼은 이러한 관계에서 일어나는 문제들을 관리함으로써 플랫폼이 주는 가치를 유지해야 한다. 그러려면 어떤 부분에서는 규제를 하고, 어떤 부분에서는 독려해야 할 수 있다. 상품 리뷰를 잘 쓴 사용자에게 포인트를 더 주거나, 상품 데이터를 꼼꼼하게 등록한 판매자에게 가점을 주는 것도 필요하다. 이러한 역할의 주체를 '거버넌스'라고 한다. 이커머스 내에서 거버넌스로서 역할을 수행하는 사람들도 오퍼레이션을 담당하는 사람들이다.

이커머스의 오퍼레이션 업무를 정리해보면 다음과 같다.

―― 이커머스의 오퍼레이션 업무 ――

업무 구분	직무명
CS 운영 정책 마련, CS센터 운영	CS/CX팀
SCM, 물류 관리, 배송 서비스 기획·관리	SCM팀, 풀필먼트팀
거버넌스 관리	상품 속성 관리, 커뮤니티 모니터링, 가격 모니터링

오퍼레이션 업무의 핵심은 '효율'

오퍼레이션 업무들은 대부분 비용이 많이 든다. 물류나 배송 관련해 비용이 많이 드는 것은 말할 것도 없고, 불만이 가득한 화가 난 사용자들을 상대하는 고객센터에선 판매자와 구매자 사용자를 모두 상대하다 보면 보상비도 상당히 많이 지출된다. 그렇다고 센터 운영에서 가장 큰 부분인 인건비를 낮추게 되면 사용자가 원하는 시기에 맞춰서 서비스를 제공하지 못하게 되므로 균형이 굉장히 중요하다. 이 균형을 잡는 것도 역시나 데이터를 통한 실험과 평가를 거쳐 이뤄진다. 따라서 사용자들의 문의 내용이나 불만 사항을 데이터로 남겨두는 것은 굉장히 중요한 첫걸음이 된다. 결국 이런 부분은 오퍼레이션을 하는 사람들이 프로덕트를 정확하게 이해하고 관심을 가짐으로써 필요한 부분에 대해서 같이 논의할 수 있어야 한다는 이야기다.

최근 실리콘밸리에서는 이런 논의가 '프로덕트옵스Product-ops'라는 단어로 확장되고 있다. 프로덕트옵스란 프로덕트와 오퍼레이션을 합친 단어인데, 아직까지 새로운 개념이라서 명확하게 무엇을 지칭하는 것도 아니며 실리콘밸리 모든 기업에서 통용되는 단어도 아니다. 하지만 이러한 단어가 생겨났다는 것 자체가 프로덕트를 더 잘 만들기 위해서는 오퍼레이션 전문가가 있어야 한다는 것에 대한 공감대가 조금씩 생겨나고 있다는 것을 방증하고 있다. 요즘 스타트업에서 'COO Chief Operating Officer'가 많이 생겨나고 있는 것도 이런 이유다.

오퍼레이션 업무는 잘 모르고 보면 단순한 '수행자'라고만 착각하기 쉽지만, 실제로 일하는 사람들의 목소리를 들어보면 반복되는 업무 속에서도 하루도 지루할 틈 없이 다이나믹한 일들이 굉장히 많이 벌어진다고 한다. 그만큼 어떤 직무보다도 내공이 필요한 업무다. 매출을 발생시키는 쪽이 마케팅과 영업 직군이라면, 오퍼레이션은 비즈니스에 들어가는 비용을 줄이고 서비스의 가치를 적극적으로 유지하는 쪽이다. 내가 겪은 오퍼레이션 담당자들은 다양한 경험을 바탕으로 누구보다도 주도적으로 프로덕트의 변화와 발전을 요청해왔다.

 더 공부해보고 싶다면, 이 책으로!

『네카쿠배 경제학』, 김철민, 페이지2북스, 2021

국내 플랫폼들을 물류 플랫폼의 관점에서 조명한 책이다. 오퍼레이션의 핵심이 되고 있는 물류와 배송의 특징들과 비즈니스 기회에 대해서 배울 수 있다.

천세희 대표 관련 인터뷰 및 아티클

천세희 대표는 국내에서 고객센터 오퍼레이션에 대한 부분을 전문 영역으로 성장시키고 있는 분이다. 이분에 대한 인터뷰 및 아티클을 찾아보는 것을 추천한다.

'회계/재무, 법무, 총무'도 프로덕트를 만든다

지원 조직에 있는 부서들에 대한 가장 큰 착각은 '어느 회사에 가도 하는 일이 똑같다'고 생각한다는 점이다. 대학생 시절엔 나 역시 법무를 제외한 회계나 총무, HR에 대해서 그런 생각을 한 적이 있다. 하지만 막상 이커머스 회사에 다니면서 깨닫게 된 건, 회사의 목표와 방식이 다르면 이러한 지원 조직도 특수성을 가지고 있다는 것이다. 가장 흥미로운 부분은 이 직무들과 프로덕트와의 연관성이었다.

'회계/재무'가 정산 관리와 관련된 프로덕트와 연결되어 있다는 것은 상상하기 쉽지만, 사실 정산은 주문 정보나 배송과 할인 등의 데이터 구조에도 영향을 주기에 전체적인 영향을 항상 체크해야 한다고 해도 과언이 아니다. '법무'는 모든 프로덕트의 정책 설계에 참여하고 있기 때문

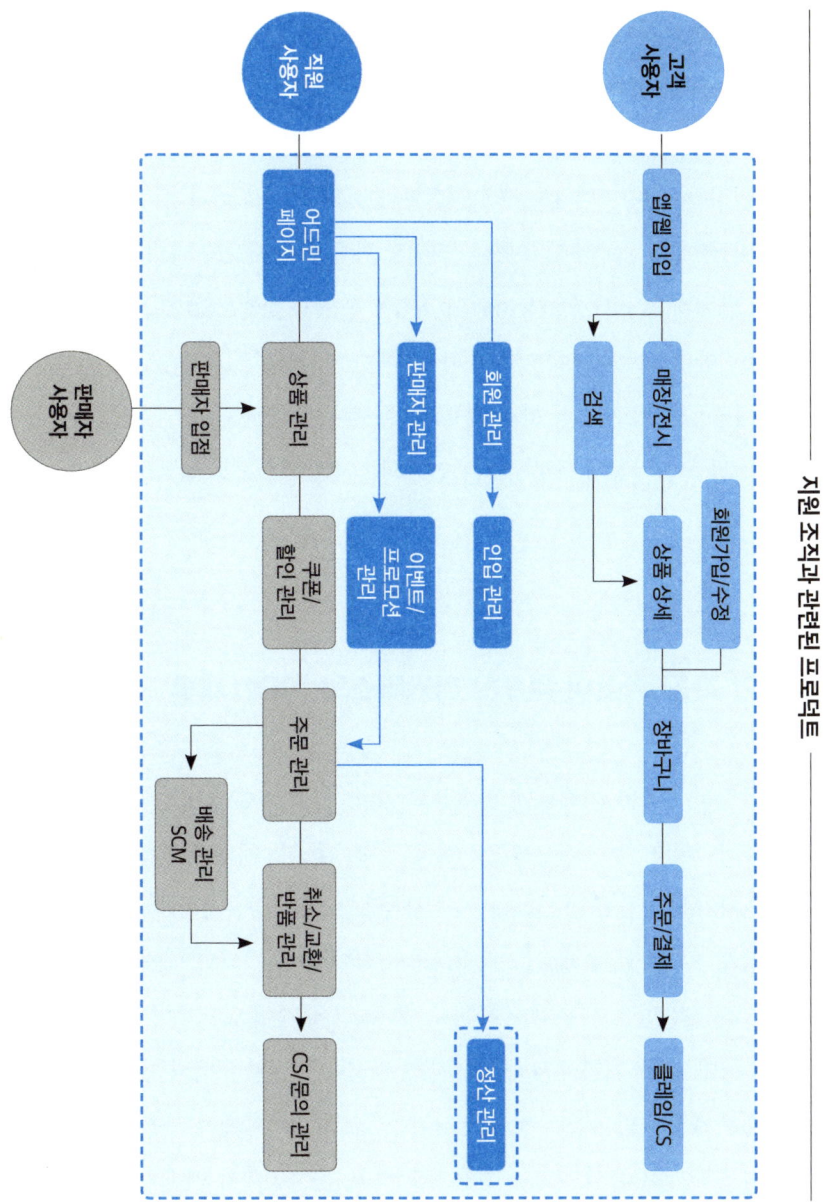

Chapter 4 이커머스의 개발하지 않는 문과 인재들 **203**

에 전체 영역에 해당한다. '총무'는 프로덕트를 만드는 모든 환경적인 요인에 영향을 주기 때문에 결국 프로덕트의 퀄리티에 영향을 주는 직군이라고 할 수 있다. 대학 시절의 내가 가장 상상하기 어려웠던 부분이 바로, 이러한 지원 조직들도 프로덕트와 연관되는 일을 한다는 점이었다. 정말 꿈에도 상상하지 못했다. 기획도 개발도 디자인도 아니고, 그렇다고 판매자나 구매자 사용자와의 직접적인 연관 관계도 없어 보이는 이런 조직들이 프로덕트에 어떤 영향을 주는 것일까?

지원팀 중에서도 먼저 회계/재무, 법무, 총무 직군에 대해 알아보면서 개별 업무가 어떻게 프로덕트와 연관되는지를 중심으로 설명하려고 한다.

정확한 자동 정산이 필요한 이커머스의 '회계/재무'

나의 남편은 제조업 회계팀에 재직하고 있다. 제조업 중에서도 장치산업의 특징이 있는 특수 철강을 만드는 회사다. 남편은 매 분기에 공장에 실사를 나가서 제품을 생산하기 위해 사둔 재료들의 양을 심사하고, 정산 시점에는 미완료된 재공품에 대해서도 확인한다. 그리고 매월 이런 정산을 하느라 밤을 새우기도 하는데, 종종 그 금액이 맞지 않을 때도 있다고 했다. 과거 대학에서 배웠던 생산 관리에 관련한 수업과 이를 통해서 재무제표를 만들었던 것이 생각나는 업무다. 이렇게 실사를 바탕으로 외부에 대한 공시 자료를 만들기도 하고, 주주총회와 연관된 업무를 하기도 한다.

　남편과 결혼하고 난 뒤에 내가 이커머스를 새로 만드는 프로젝트를 진행하면서, 정산을 담당하는 회계팀과 매일매일 머리를 싸매고 고민하고 있을 때였다. 회사에서 논의하던 내용들을 집에 가서 남편과 이야기하면서 이커머스의 회계팀과 제조업의 회계팀 사이에 있는 큰 차이점 두 가지를 깨닫게 되었다.

　<u>첫째, 정산의 주기가 다르다는 점</u>이다. 원자재를 수급하는 쪽을 기준으로 비교해보면 제조업은 생산을 위한 원자재가 필요하고, 이커머스는 판매자의 상품이 원자재에 해당한다. 제조업의 경우는 월 마감, 분기 마감, 연간 마감 단위로 이어지는 정산 주기를 가지고 있다. 반면 이커머스는 월 정산에서 주 정산, 일 정산을 넘어서 최근에는 선(先) 정산까지 가고 있다. 이렇게 변하는 이유는 간단하다. 제조업의 원자재는 일정 기간 동안 지속적으로 거래하는 형태라서 합의하에 대금을 주기적으로 지불해도 되는 구조라면, 이커머스는 판매자의 규모가 너무 다양해서 이러한 구조를 합의하기 어렵기 때문이다.

　요즘 주변에 스마트스토어를 부업으로 하는 사람들이 굉장히 많은데, 이런 사람들은 사실상 '영세소상공인'에 포함된다. 이들은 이커머스에서 판매에 성공했어도 그에 대해서 정산받는 기간이 한 달 이상 걸려버리면, 당장 다음에 팔아야 하는 상품을 도매에서 사올 수 있는 방법이 없어진다. 즉, 이커머스의 정산 주기가 길어질수록 영세소상공인 판매자들의 생계는 위험해진다는 뜻이다. 반대로 말하면 경쟁이 심한 이커머스 플랫폼은 판매자들을 많이 끌어들이기 위해서 정산 주기를 짧게

가져가려고 노력하고 있다는 뜻이 된다.

법적으로 전자상거래에서는 에스크로를 통해서 구매자가 상품에 대해서 문제가 없다고 확인해주는 '구매 확정'을 하면 그 후에 판매자에게 판매 대금이 전달되도록 지정되어 있다. '일 정산'이란 구매자가 구매 확정을 하면 바로 다음 날 정산을 해준다는 의미다. 그런데 영세소상공인들은 이것마저도 어려움을 느꼈다. 주문 후 배송에 2일, 자동 구매 확정까지 8일만 해도 일단 10일은 소요되기 때문이다. 그래서 2019년부터 쿠팡, 배달의민족, 네이버 등에서는 영세소상공인에게 더 빨리 정산해주고, 정산액을 더 높게 산정해주기 위한 정책들이 생겨나기 시작했다. 그러다 나온 것이 '선 정산'이다. 주문이 들어오고 배송이 나갔다는 것만 확인되면 바로 익일에 정산해주는 방식이다. 물론 실제 정산을 해주는 것은 아니고, 전자상거래법을 어기지 않는 선에서 '판매자 채권'이라는 것을 통해 판매자에게 먼저 돈을 대출하듯이 선지급하는 형태다. 이 개념이 어렵게 느껴진다면 굳이 이해하려고 하지 않아도 좋다. 기억해야 할 건, 정산의 주기가 점점 빨라지고 있다는 점이다.

이렇게 정산의 주기가 빨라지면 그에 따라 '정산의 자동화'가 중요해진다. 정산을 해야 하는 판매자가 무수히 많고 정산의 주기도 몹시 빨라졌기 때문에, 월 단위 정산처럼 중간에 안 맞는 돈은 채우고 맞춰가면서 '수기 처리'로 정리할 여력과 시간이 없어진다. 따라서 이커머스는 클릭 한 번으로 정산될 수 있도록 모든 금액들이 케이스별로 명확하게 정리되어 있어야 한다. 이 부분에서 회계를 담당하는 부서도 이커머스의 프로덕트에 깊게 관여하게 된다. 판매자가 보는 화면에서 금전적 흐름과 정산액에 대해서 서로 확인할 수 있도록 해야 한다. 그러려면 회계를 담당하는 직원은 이커머스 내의 주문 금액, 쿠폰 금액, 포인트 사용액, 판매자와의 분담률 등을 아주 디테일하게 이해하고 있어야 하고, 부족한 부분은 개선을 요청할 수 있어야 한다.

<u>둘째, 이커머스는 제조업에 비해서 차액이나 비용에 대해서 훨씬 민감하다는 점</u>이다. 이커머스 기업들 중에서 스케일업을 중요시하는 기업들은 구매자와 판매자들에게 혜택을 많이 주는 이미지를 가지고 있어서 비용 정산에 민감하지 않다고 오해하기 쉽다. 하지만 사실 이커머스는 적자가 되지 않기 위해서 끊임없이 애를 쓰고 있다. 오픈마켓 형태인 이커머스 플랫폼의 실질적인 매출은 '수수료'이기 때문에 기존 제조업에 비해서 단위당 이익이 높지 않다. 원가 절감의 개념은 앞서 살펴보았던 물류나 CS 등 내부 기능들에 집중되고, 상품에 대해서는 입점한 판매자들이 주도권을 잡기 때문에 비용의 손실을 최소화하는 것은 굉장히 중요한 부분이다. 앞서 말한 대로 모든 금액적 데이터가 연결되므로 어디에서 손실이 발생했는지 명확하게 찾아내고, 이 손실을 줄일 수 있는 방법을 고민하는 역할이 중요하다. 실제로 나도 마케팅 쿠폰을 발행한 후 사용 처리되는 과정에서 몇백 원의 차이가 발생해 회계팀과 마케팅팀이 IT 부서에 요청해가며 그 원인을 찾기 위해서 굉장히 애를 썼던 적이 있다. 얼마 안 되는 작은 액수라고 해도, 이유를 규명하지 못하면 플랫폼의 특성상 부지불식간에 손실액이 늘어날 수도 있기 때문이다.

이렇게 회계는 더 이상 뒷감당을 하는 부서가 아니라, 이커머스의 프로덕트를 구성하는 과정에서 함께 협력해야 하는 부서가 되었다. 자

사의 프로덕트의 구성을 잘 모른다면 회계 업무를 제대로 하기 어려울 수 있다는 말도 된다.

프로덕트에 직접적으로 관여하는 '법무'

이커머스 환경에서 법무는 정말 특별해졌다. 제조업이나 오프라인 유통에서도 모든 사업을 하는 데 있어 법적 검토는 필수였지만, 법무가 상시적으로 함께해야만 했던 것은 아니고 신사업을 실행할 때 정도만 필요했다. 인원이 적어도 경험적으로 처리할 수 있는 일이 많았고, 대기업의 경우는 총수들 간의 싸움이나 기업 간 분쟁, 대규모 시위나 소송 등에 휘말렸을 때만 활약하는 '리스크 관리' 부서에 가까웠다. 공정거래위원회나 소비자보호원에서 문제를 지적하면 이에 대한 대응을 하거나, 법 관련 기관들에 출입하면서 대응해야 하는 과정에서는 상당 부분 인맥과 경험이 많이 필요했다. 사실상 법리적 해석이 필요할 때는 외부 로펌에 의뢰하여 건건이 의견을 받아내는 식으로 일해왔다. '사내 변호사' 채용이 활성화된 것도 2000년대 후반쯤 기업 내에서 법률에 대한 영향력이 커지면서부터였다.

그런데 현재 이커머스와 같은 온라인 환경에서는 법무에 대한 상시 전문 인력을 굉장히 필요로 하고 있다. 내가 2011년에 서비스 기획자로 이커머스 회사에 입사하고 나서 가장 놀랐던 점은 멀게만 느꼈던 법무팀을 일을 할 때마다 매번 만나야 된다는 점이었다. 법률적 리스크를 관리해야 하는 범위가 굉장히 넓어졌기 때문이다.

우리나라에서 온라인 비즈니스를 하기 위해서는 최소 세 가지 법에 대한 리스크를 파악할 수 있어야 한다. 전자상거래법, 개인정보보호법, 광고법이다. 이커머스 플랫폼은 이 세 가지 법의 테두리에서 자유롭기 어렵다. 그리고 대기업의 이커머스라면 '대규모유통업에서의 거래 공정화에 관한 법률(대규모유통업법)'이나, 간편결제를 만든다거나 충전식 포인트와 같은 것들을 확대해나가려면 '여신전문금융업법(여전법)'과 '전자금융거래법(전금법)'에 대해서도 리스크가 발생할 수 있다.

문제는 리스크를 판단하는 기준이 프로덕트의 UI까지도 함께 고려되어야 한다는 점이다. 예를 들어서 마케터가 새로운 마케팅 프로그램을 위해서 고객들에게 마케팅 활용에 대한 정보 제공 동의를 받으려고 한다면, 마케터는 최대한 동의를 많이 받고 싶기 때문에 기본 설정을 '동의'로 해두거나, 자세한 내용을 숨겨서 쉽게 동의를 받고 싶어할 수 있다. 그러나 이런 부분에 대해서 나중에 법적인 리스크가 있을 수 있는지를 법무팀과 상의하여 리스크를 최소화하면서도 효율을 최대로 높일 수 있는 방법에 대해 협의해야 한다. 이때 사내 법무팀은 회사의 방향성에 대해서 공감하면서도, 어떤 리스크를 감당할 것인가에 대해서 같이 고민하고 담당자가 제시하는 여러 가지 대안 중에서 가장 옳은 방향을 선택해줄 수 있어야 한다.

때로는 시스템적으로 편리한 길도 법적인 문제와 상충하곤 한다. 예를 들어서 고객이 주문한 정보는 통상 5년간 보관하도록 되어 있다. 시스템적으로는 비용이 많이 들고 속도 문제를 위해서도 데이터를 더 짧은 기간 보유하고 싶을 수 있지만, 그렇게 선택하지 않도록 챙겨주는 것도 필요하다.

이커머스는 사업의 영역이 자주 늘어나고 확장되고 있기 때문에 상시적으로 법무와 협의해야 할 부분이 많다. 따라서 이 분야에서 경험이 많은 분들이 전문성을 인정받는 영역으로 떠오르고 있다.

프로덕트 생산성을 책임지는 '총무'

이커머스의 총무팀은 어떻게 다를까? 일단 여러분의 머릿속에서 총무팀은 어떤 모습일지 모르겠다. 어린 시절〈TV 손자병법〉이라는 회사 소재의 드라마를 봤던 기억이 난다. 머리가 하얗게 센 부장님을 풍자하는 이를테면 시트콤 같은 드라마였는데, 사실 드라마 내용은 하나도 기억이 안 나지만 그 팀이 총무팀이었다는 것은 언뜻 생각난다. 정확히는 종합상사 자재과였지만 '구매 업무'를 한다는 점이 기억이 난다. 이 이야기를 하는 이유는, TV 드라마에서 나오는 부서들이 가지는 상징성 때문이다. 드라마에서는 보통 그 당시에 가장 주목받는 부서들이 나온다. 구매 업무를 하는 총무 부서에서 마케팅 부서, 영업 부서, 기획 부서, 회장 비서실 그리고 최근에는 IT 기업의 개발팀으로 변하는 모습은 그 시대상을 잘 보여준다. 그런 점에서 총무팀은 굉장히 초창기부터 주목을 많이 받은 팀이었다고 할 수 있다. 과거 무역업에서는 수출입이 중요했기에 더욱 그러했을 것이라고 생각한다.

총무팀의 가장 중요한 업무는 단연코 '구매 업무'다. 여기서 구매란 회사를 유지하기 위해서 필요한 모든 것의 구매를 의미한다. 공장이 있는 경우에는 공장의 기계, 설비, 원자재 등을 구매하고 관리한다. 사무실이 위치하는 건물도 관리의 대상이다. 오프라인 유통 회사라면 오프라인 매장이 가장 중요한 대상이다. 총무팀의 또 다른 역할은 프로젝트를 진행할 때 외주사를 채용하는 프로세스를 관리하는 것이다. 공정하지 않은 외주 발주를 막기 위해서 절차를 도입하는 조직이 총무팀이다.

이렇게 '구매'의 시각으로만 보면 이커머스에서의 총무팀의 역할은 굉장히 협소해 보인다. 왜냐하면 이커머스는 일단 관리해야 할 유형 자산이나 설비가 없을 가능성이 높다. 과거에는 온라인 서비스를 제공하기 위해서 최소 '서버'는 구매해야 했지만, 요즘은 이런 인프라 시설도 AWS 같이 클라우드를 이용한 SaaS(서비스형 소프트웨어) 형태로 임대해서 쓰기 때문에 총무팀에서 딱히 관리할 수 있는 영역이 아니다. 물류창고가 있는 경우에는 조금 다를 수 있지만 이조차 없다면 관리해야 할 기자재나 시설은 정말 많이 줄어들었다.

하지만 이커머스 환경에서 총무팀에게는 또 다른 관리 요소가 생겼는데, 그것은 바로 개인의 생산성을 높이는 사무기기에 대한 투자다. 기존의 오래된 조직에서는 '업무용 컴퓨터'라고 해서 딱 문서 작성에 최적화된 낮은 사양의 컴퓨터 기기를 대량으로 구매하고 감가상각 기간을 길게 잡는 경우가 있었다. 직원들은 새 컴퓨터를 받기 어렵고 근속 기간이 매우 길거나 컴퓨터에 문제가 생겼을 경우에도 회사 내의 남는 컴퓨터를 받을 확률이 높았다. 그러나 이커머스 환경에서 개발자를 비롯한 개인의 생산성은 회사의 성장과 직결되는 문제다. 맥북이나 최신 사양 컴퓨터와 편안한 의자, 32인치 개인 모니터를 제공하는 것이 트렌드가 되고 있다. 이런 부분은 단순히 '복지'의 개념으로 운영되는 것이 아니라, 개인의 생산성이 회사의 생산성으로 이어지는 IT 기업의 특징을 보여준다고 할 수 있다.

이와 함께 자유로운 분위기나 열린 소통을 할 수 있는 환경을 조성하는 것도 중요한 미션이 되고 있다. 라운지나 다양한 회의 장소, 그리고 온라인 생산성 도구를 통해서 협업의 방식을 마련하는 것도 총무팀의 중요한 역할이 되었다. 따라서 슬랙, 잔디, 메타모스트, Jira 등 다양한 생산성 협업 도구를 파악하고 구매를 주도하는 역할을 하는 경우도 많다. 또한 모바일 서비스를 확인하기 위한 위한 와이파이 환경이나 정보 보안에 대한 부분도 의사결정이 필요하다. 생산성을 해치지 않으면서도 내부 자료를 보호할 수 있는 안전 조치를 만드는 부분들에 대해서도 총무팀이 연관되어 있을 수 있다.

결론적으로 제조업의 총무 부서가 감가상각의 대상으로서 설비, 기자재를 관리하고 비용을 절감하는 것이 중요했다면, 이커머스의 총무 부서는 생산성을 최대한 높일 수 있는 방법을 찾아냄으로써 적합한 근무 환경을 조성하고 투자하는 것이 주요 업무가 되었다. 특히 코로나 확산으로 화상 채팅이나 원격 환경이 필요해지면서, 협업을 원활하게 진행할 수 있는 회사 환경을 만들어내는 것이 더욱 중요해지고 있다. 그러기 위해서는 회사의 각 구성원들이 하는 업무들에 대해서 속속들이 알고, 회사가 어떤 비즈니스를 하고 있는지에 대한 관심도 놓아서는 안 된다.

지금까지 지원 부서 중 '회계/재무', '법무', '총무'의 업무가 이커머스 환경에서 어떻게 변화했는지 살펴보았다. 어느 회사에서나 똑같아 보이는 직무도 산업의 특징이 변화하면 하는 일의 핵심이 변할 수 있다. 입사를 준비하는 입장에서는 이런 차이를 놓치지 않는 것이 중요하다.

 더 공부해보고 싶다면, 이 책으로!

『핀테크 규제와 실무』, 예자선, 삼일인포마인, 2021

카카오페이의 법무를 담당하고 있는 예자선 변호사가 쓴 책으로 이커머스와 핀테크를 관통하는 온라인 사업에서 금융에 관련된 대부분의 법규가 들어 있는 책이다. 이커머스 업계에 발을 들이자마자 읽는다면 너무 어렵게 느껴지겠지만, 실제로 이커머스에서 일하면서 하나하나 만나볼 수 있는 중요한 내용들이다.

『스타트업은 어떻게 유니콘이 되는가』, 최정우, 쌤앤파커스, 2020

유니콘이었던 '옐로모바일'이 무너져가는 과정을 그린 책으로, 스타트업의 투자와 부채라는 전략, 재무, 회계에 걸쳐 다양한 이야기를 담고 있다. 이 책을 통해서 지원 부문들이 얼마나 중요한가에 대해서 또 생각하게 된다.

인력 전쟁의 주역 'HR', 회사의 대변인 '홍보'

IT 인력 전쟁에는 HR의 변화가 숨어 있다

최근 IT 기업의 인력 전쟁은 심각한 수준이다. 기존 대기업의 IT 인재 유출이 엄청나고, 듣기만 해도 엄청난 액수의 연봉도 난무한다. 이 책을 쓰게 된 배경에도 이런 전쟁 속에서 위축되는 문과생들에게 이커머스에서 우리가 중요한 이유에 대해서 알리고 싶었던 것도 있다. 그런데 이런 상황에서 많은 사람들이 간과하는 부분이 있는데, 이러한 피말리는 인력 전쟁의 중심에 있는 건 바로 'HR팀'이라는 점이다.

HR이라고 불리는 팀에서는 '인적자원 관리, 노무, 교육, 조직문화'와 같은 업무들을 담당한다. '인적자원 관리'에는 채용과 퇴사, 평가와 보상, 인사 배치와 같은 세부적인 업무가 있다. '노무'의 경우 노동조합과의 협의나 임금 협상, 사내 고충 처리, 주52시간 근무제 적용이나 출퇴근 시간과 같은 근태 관리가 포함된다. '교육'은 직원들의 역량을 키우기 위해서 사내 교육 프로그램을 운영하거나 외부 교육에 대해서 비용을 지원해주는 것, 그리고 애사심을 키울 수 있는 활동도 포함된다. '조직문화'는 교육과 인사 배치와 결을 같이 하면서 회사에서 직원들이 가졌으면 하는 분위기나 태도 같은 것들을 이끄는 업무다. 이커머스라고 해서 이 업무의 기본이 달라지진 않았다. 그런데 어쩌다 인력 전쟁이 HR에까지 번지게 된 것일까?

최근 모 기사에서 HR 팀원조차도 컴퓨터 공학과 출신의 지원자를 뽑으려 한다는 이야기가 등장했다. 원래부터 채용 TO가 많지 않은 HR 팀의 자리까지도 이공계에 빼앗기는 것처럼 보이며 화제가 되었다. 하지만 기업의 입장에서도 HR을 잘 모르는 이공계 직원을 궁여지책으로 뽑는 것은 그만큼 다른 것이 중요해졌기 때문이다. 이 책을 처음부터 잘 따라온 사람이라면 분명히 예상할 수 있을 것이다. 바로 '프로덕트' 때문이다. 회사 내의 모든 직군이 회사를 빠르게 성장시키기 위해서는 프로덕트에 대한 이해도가 높아야 하고, 그렇게 만들어야 하는 막중한 업무를 위해서 프로덕트를 잘 이해할 수 있는 HR 팀원을 채용하게 되는 것이다.

특히나 요즘 IT 인력 전쟁의 핵심은 '역량'에 달려 있다. 주변 개발자들에게 요즘 들려오는 고연봉 현상에 대해서 물어보면, 개발자들도 하나같이 '일부 능력 있는 개발자'들만의 이야기라고 말한다. 그만큼 회사는 정말로 일을 잘하고 경험이 많은 사람을 뽑기 위해서 혈안이 되어 있다. 당장 우리 회사에 입사하자마자 성과를 낼 수 있는 사람을 뽑기 위해서다.

이런 기조로 요즘은 채용 담당자를 '리쿠르터Recruiter'나 '탤런트 액퀴지션 매니저Talent acquisition manager'라는 이름으로 부르는 경우가 많다. 실제로 이런 직군으로 직무를 변경한 사람들 중에는 원래 개발 직군이나 서비스 기획 직군이었던 사람들이 많다. 프로덕트를 잘 아는 사람을 통해서 프로덕트를 잘 만들 사람을 검증해서 뽑으려고 한다. 이 글을 읽으면서 '그럼 나는 HR 쪽으로는 못 가겠구나.' 하며 지레 겁먹을 필요는 없다. 무엇이 그 사람들의 경쟁력인지 안다면 부족한 점을 채울 수 있는 기회를 얻었다고 할 수 있다. 목적 없이 개발 언어를 배우는 것과 HR 팀원이 되기 위해서 IT와 개발을 배우는 것은 굉장히 다른 일이다.

이러한 인력 전쟁은 'HR팀이 만드는 프로덕트'도 생겨나게 하고 있다. 국내에는 아직 잘 알려지지 않았지만 'HRISHR Information System'를 관리하는 직무도 생겨났다. 이 프로덕트는 인적자원의 평가와 보상, 그리고 승진 등을 시스템화하는 것에 해당한다. 그리고 회사의 다양한 복지 제도를 쉽게 알리거나 신청할 수 있게 하고, 회사의 인력 풀을 확보할 수 있는 정보 시스템을 만드는 것도 이러한 프로덕트에 포함된다. 최근에는 이러한 시스템의 초기적인 형태로 HR 팀원들이 직접 노션Notion과 같은 '노코딩' 툴로 채용 페이지를 만드는 것이 유행처럼 번지고 있다. 이러한 부분이 앞으로 더욱 발전된다면 개인의 성과와 회사의 성장을 체크하고, 성과가 뛰어난 직원들에게는 스톡옵션이나 보상을 주는 것까지 발전해나갈 수 있을 것이다.

교육 쪽 영역 또한 과거의 전체 교육이나 키워드 중심의 외부 교육에서 벗어나기 시작했다. 개개인이 스스로 자기계발을 할 수 있도록 비용과 환경을 제공하거나 나중에 채용할 인재를 미리 확보하는 차원의 교육이 대세가 되고 있다. 예를 들어 삼성의 '삼성디자인멤버십'처럼 신입 인재를 미리 확보해서 성장시키는 교육 프로그램을 만들기도 한다. 토스에서도 프로덕트 매니저를 꿈꾸는 사람들을 위한 워크샵을 주최해 인재 풀을 확보하면서 동시에 회사를 홍보할 수 있는 교육 프로그램을 만들기도 했다.

조직문화는 전사적 차원의 '비전Vision, 미션Mission, 골Goal'을 공유함으로써 모든 직원들의 생각의 방향성을 단일화한다는 측면에서 중요하다. IT 기업의 자유로운 조직문화는 이러한 세 가지 목표를 달성하기 위한 것이다. 마치 마케팅을 하는 것처럼 회사 내에서 다양한 행사와 프로그램을 진행하며 조직문화를 일관성 있게 만들어가기 위한 노력을 한다. 하지만 무조건 직원에게 편리하고 좋은 문화를 제공해주는 것만이 목표는 아니다. 앞서 소개했던 총무 부서와 마찬가지로 회사와 개인의 성과를 높일 수 있는 방향을 고민해야 한다.

조직문화를 만드는 과정에서는 프로덕트를 만드는 팀들의 업무 분위기를 담아야 한다. 예를 들어서 실리콘밸리의 스타트업처럼 빠른 변화가 필요하고 평등한 문화를 만드는 것이 목표라면, 팀 간 협업을 위해서 '업무협조전'을 보내야 하는 방식을 고수하거나 지나치게 많은 결재선을 만들어서는 안 된다. 이런 작은 부분들을 잘 만들기 위해서는 조직문화를 다루는 직원들이 우리 회사의 프로덕트와 그것을 만드는 사람들이 일하는 방식을 잘 이해하고 있어야 한다.

이러한 조직문화는 사내의 여러 가지 구호로 나타내기도 한다. 마냥 자유로울 것만 같은 배달의민족에서는 "9시 1분은 9시가 아니다." 같은 구호로 시간 관리 문화를 강조한다거나, '규칙 없음'을 강조하는 넷플릭스도 다른 쪽에서는 굉장히 치열한 문화를 가지고 있다. 구글의 경우에는 휴식을 취하는 시간까지도 캘린더에 공유하도록 한다. 이런 노력들이 모여 회사의 조직문화를 잘 만들어나갈 수 있는 것이다.

회사의 비즈니스적 가치를 대변하는 '홍보'

앞서 마케팅 업무 쪽에서 잠시 언급했던 것처럼, 홍보는 회사마다 마케팅 부서로 보는 곳도 있고 지원 부서의 하나로 보는 곳도 있는 부서다. '홍보'라는 이름에서 느껴지는 분위기와 다르게 크리에이티브한 업무를 하기보다는, 외부에 보여지는 기업의 모습과 리스크를 관리하는 부서라고 할 수 있다. 또한 회사의 대외비와 공개 가능한 정보의 기준을 마련하기도 한다. 외부와 분쟁이 생겼을 때 리스크를 최소화할 수 있는 대응 방식을 지정해주는 역할을 하기도 한다.

이런 홍보 부서의 업무가 이커머스에서 달라진 것이 있다. 바로 서비스 자체보다는 회사가 나아가는 방향성이나 지향점에 대해서 외부에 알리는 일이다. 여기서 드러내는 회사의 방향성은 '가치'를 드러내는 방향으로 강조된다. 예를 들어서 당근마켓의 경우는 단순히 중고 거래 앱이 아니라 '하이퍼로컬 커뮤니티'를 지향하고 있는데, 이를 잘 드러내기 위해서 홍보 자료에 지속적으로 그런 사례들을 내보내고 있다. 강아지 산책을 대신해주는 사람을 찾는 글이나 옆집 지붕에 잘못 떨어진 빨래를 낚싯대로 건져줄 사람을 찾는 게시물 등은 아주 간단하면서도 회사의 비전을 보여줄 수 있는 좋은 사례로 홍보팀을 통해 공유된다.

그리고 이러한 자료들은 '투자'의 관점에서도 중요해지고 있다. 스타트업은 지속적으로 투자를 받는 것이 무척 중요한데, 이를 위해서 기업이 잘 성장하고 있다는 것을 주기적으로 드러내는 역할을 한다. 적절한 시점에 적절한 수준으로 노출될 수 있도록 하는 것은 투자의 주기가 있는 스타트업에서는 굉장히 중요한 일이다. 그리고 이런 업무를 잘 수행하기 위해서는 역시 프로덕트에 대한 이해가 있어야 한다.

 더 공부해보고 싶다면, 이 책으로!

『규칙 없음』, 리드 헤이스팅스 외 1인, 알에이치코리아, 2020
IT 기업에서 인재가 왜 중요한가에 대해서 알려면 이 책을 읽어보라고 말하고 싶다. 넷플릭스가 어떻게 인재를 채용하고 어떻게 일하는가에 대해서 설명한 유명한 책이다. 한국에서 인재 전쟁이 일어난 시점과 맞물려 큰 화제가 된 책이라고 할 수 있다.

『협업의 시대 COLLABORATION』, 테아 싱어 스피처, 보랏빛소, 2019
개인의 역량을 극대화할 수 있는 실리콘밸리의 협업 방식을 정리한 책이다. 왜 실리콘밸리의 협업 문화가 주목받고 있는지, 그리고 IT 기업들이 왜 협업이 잘 이루어지는 환경을 만들기 위해서 노력하고 있는지에 대해서도 이해할 수 있게 해준다.

프로덕트를 중심으로 하는 '전략 기획'과 '서비스 기획'

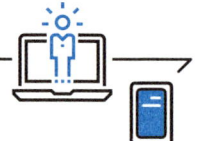

전략 기획자 vs. 서비스 기획자

기획이라는 타이틀을 달고 일하는 대표적인 두 가지 직무는 '전략 기획'과 '서비스 기획'이다. 하지만 기획이라는 일은 사실 어디에나 있는 일이다. 마케팅도 기획을 해야 하고 영업도 기획이 필요하다. 하지만 모든 직군에 기획이 필요함에도 굳이 기획 직무가 따로 있는 이유는 과연 무엇일까? 사실 '기획'이라는 직무명은 일본식 조직 구성이 우리나라로 들어왔다고 보는 것이 타당하다. 일본에서의 기획은 회사가 나아가야 하는 앞으로의 계획을 세우고 단기적으로 프로젝트를 수행하는 업무를 전문적으로 하는 부서였다. 그리고 우리나라의 전략 기획도 그런 방식으로 일을 했었다. 회사가 나아가야 할 방향을 정리해서 분기나 연간 단위로 전략을 총괄하거나, 내부적인 컨설팅 조직처럼 활동하면서 각 사업부의 방향성을 키워드로 정리하는 방향타 같은 역할을 한다. 사실상 이런 모든 일은 자원의 분배를 위한 일이면서 동시에 회사가 지속적으로 성장할 수 있도록 하는 것에 목표가 있었다. 그런 범주에 '투자'의 영역도 포함되어 있어서 장기적으로 회사에 이익이 되는 방향으로 다른 회사와 MOU를 맺거나 실제로 지분을 투자하기도 하고, M&A를 추진하는 것도 전략 기획에서 담당하는 경우가 많았다.

이커머스에서도 전략 기획의 역할은 크게 다르지 않다. 스타트업의 경우에는 외부에 투자하는 것뿐만 아니라 투자를 유치하는 역할이 더 중요해진 부분도 있다. 제조업이나 기존의 유통업과 비교했을 때 이커머스의 전략 기획이 가장 크게 다른 점은 '전략의 실행'에 있다. 과거 제조업에서 전략 기획팀을 승진의 교두보처럼 보는 경우가 있었는데, 그 이유는 과거에 실제로 그런 일이 많았기 때문이다. 경제 성장기에 새로운 라인의 제품이나 사업이 제안되면, 그 사업을 제시한 전략 기획 담당자가 현장에서 실무까지 이끌면서 본부장이나 리더로 등극하는 경우가 많았다. 그런데 이커머스를 포함한 온라인 산업에서는 상황이 조금 달라졌다.

이커머스에서 신규 산업을 이끌기 위해서는 '프로덕트'를 만드는 일도 직접 해야 한다. 문제는 이 부분에서 전략 기획자들의 전문성이 떨어진다는 점이다. 우리가 생각하는 사업 자체가 프로덕트에 포함되어 있기 때문이다. 프로덕트는 다양한 사용자의 행동을 기반으로 한 UX를 고려해서 비즈니스를 구현한 복잡한 개발 산출물이다. 따라서 개발과 디자인에 관련한 세부적인 상황을 알지 못한다면 기획자가 세운 전략이 프로덕트에서 제대로 구현되었는지 판단하기 어렵다.

그렇다면 '서비스 기획자'란 어떤 역할을 하는 직무일까? 나는 이커머스 기업에서 10년간 서비스 기획자로 일했고, 지금은 스타트업 형태의 이커머스 기업에서 프로덕트 오너로 일하고 있다. 서비스 기획자와 프로덕트 오너, 프로덕트 매니저의 차이도 분명 존재하지만 전략 기획자와 비교한다면 이 세 직무는 하나의 무리로 볼 수 있다. (이 셋의 세부적인 차이는 다음 챕터에서 다루겠다.) 공통적으로 서비스 기획자에 해당하는 직무들은 앞서 전략 기획자가 다루기 어려웠던 실무를 다룬다. 회사의 전략과 비즈니스에 도움이 되는 방향으로 사용자들의 UX를 고려하여 프로덕트를 기획 또는 수정하는 프로젝트를 제안하고 개발자, 디자이너와 협업하여 프로덕트를 직접 만들어나가는 역할을 한다. 전략 기획에서 만든 회사의 비즈니스모델이 실제로 작동하게 만들어나가는 사람이다. 이를 위해서 비즈니스에 연관된 모든 직군의 사람들을 두루두루 만나면서 프로덕트의 제약 사항과 개선 요청 사항에 대해서 듣고 일정 순서를 정해서 직접적으로 변화시켜나간다.

내가 이 책을 쓸 수 있었던 것도 서비스 기획자로서 여러 직무의 사람들과 많이 협업하고 대화하면서 그들의 역할을 이해할 수 있었기 때문이다. 많은 사람들과 협업하면서 그들의 역할과 목표, 방향성을 이해하고 서로 연관되는 프로덕트의 문제를 조율하는 역할을 했다. 프로덕트를 기획하는 과정에서 많은 것들을 고민하기 위해서는 많이 물어보고 많이 알아야 하기 때문이다.

서비스 기획자라도 모두 같지 않다

전략 기획자가 전략을 설정하고 실제 구현을 요청하는 과정에서 회사는 여러 가지 조직적 선택을 한다. 1) 과거처럼 프로젝트의 리더는 전략을 만든 내부 기획자가 담당하고 실무는 외주에게 맡기는 방식이 있고, 2) 아예 내부에 있는 서비스 기획자와 개발자, 디자이너가 함께 있는 IT 조직에 실무를 넘기는 방식이 있다. 3) 절충적으로 전략 기획에서 만들어진 전략을 중간 실무 담당자에게 전달하고, 그 실무자가 '서비스 기획자'라는 타이틀로 일하면서 실제로는 모든 실무를 외주에 맡기고 컨펌만 하는 경우도 생긴다.

첫 번째 방식은 외주사가 납품한 프로덕트를 검수할 수 있는 방법이 없기 때문에 많은 기업에서 선호하진 않는다. 그럼에도 아직도 이런 방식을 택하는 회사들이 더러 있는데, IT 기업보다는 공공기관에서 앱을 개발할 때 주로 이런 모습이 많이 보인다. 전략적인 방향성만 이야기하고 프로덕트의 구조나 실제 구현에 대해서는 관리할 방법이 없다. 결국 엄청난 방향성에 비해 딱 가격만큼의 프로덕트가 나오는 경우가 많다.

이런 구조에서 서비스 기획자는 회사 내부가 아니라 외주사에서 '을'로서 존재한다. 이런 경우가 우리가 흔히 말하는 '에이전시'에서 일하는 경우다. 이런 구조하에선 서비스 기획자가 '을'의 입장에서 프로젝트를 진행하므로 일하기 힘든 구조다. 방향성만 듣고 서비스 기획자의 역량대로 만들어나갈 수 있다면 좋겠지만, 요구 사항을 낸 '갑'이 프로덕트에 대한 이해가 부족한 경우 오히려 만들어가는 과정에서 더 큰 어려움이 생긴다. 그리고 전략을 설정한 배경에 대해 여러 가지 데이터에 접근이 되지 않는 경우에는 프로덕트 레벨에서의 여러 가지 정책적 의사결정을 하기가 더 어려워진다.

　두 번째 방법은 전형적인 IT 기업의 방식이다. 전략 기획자의 손을 떠난 전략안을 내부의 서비스 기획자와 개발자가 열심히 구현하는 방식이다. 이런 경우를 '인하우스'에서 일하는 서비스 기획자라고 한다. 이때는 참여하는 모두가 회사의 내부 직원이기 때문에 회사를 위해서 최대한 노력할 수 있는 구조다. 누가 봐도 가장 이상적인 구조이지만, 만약 회사가 IT 조직에 대한 투자가 없다면 이루어지기 어려운 구조다. 투자가 부족한 상태에서 이런 방식을 택한다면 요청되는 수많은 프로덕트 개선 사항을 소화하지 못해서 '무엇부터 해결해야 하는가' 하는 우선순위의 문제에 항상 시달릴 수 있다.

　문제는 세 번째의 형태에서 일하는 서비스 기획자들에게 많이 일어난다. 분명 '서비스 기획자'라는 타이틀로 일하고 있지만, 가장 불안감을 많이 느끼는 형태다. 이런 형태로 일하는 분들에게 물어보면 스스로 설계할 일 없이 컨펌만 하게 되면서, '내가 과연 컨펌할 자격이 있는가에 대한 고민이 생긴다'고 말하는 경우가 많다. 관련 부서에서 요청은 강력하게 들어오는데 스스로 해결할 수 있는 부분이 많지 않아서 중간에서 많은 어려움을 겪는다. 개인적인 차원에서는 직접 업무를 하지 않기에 자신의 역량을 성장시킬 기회가 없어지는 느낌을 받는다고 한다. 이런 생각이 커리어의 설계를 불안하게 만드는 가장 큰 요소다.

　전략 구현의 입장에서 보아도 이 형태는 가능하면 벗어나야 하는 구조이기도 하다. 세상의 모든 일이 그렇듯이 의도가 여러 사람을 타고 내려갈수록 변질되기 쉽고, 반대로 프로덕트에 대한 지식도 여러 사람을 통과하면서 제대로 전달되지 않기 마련이다. 여러 단계를 통해서 프로덕트를 구현하게 될 때 너무 단편적인 상황만 고려하거나 정작 중요한 것을 보지 못하는 경우도 생길 수 있다.

어떤 기획자가 될 것인가

전략 기획자와 서비스 기획자를 두고 고민하는 경우를 종종 본다. 세대적인 차이가 많이 벌어지고 있는 것 같다는 생각이 드는 부분이다. 2015년 정도를 기준으로 시중에 나오는 소위 '아이디어 공모전'의 양상이 많이 바뀌었다. 내가 대학을 다니던 시절 '아이디어 공모전'은 사실상 전략 기획이나 마케팅 기획에 집중되어 있었다. '공모전의 여왕'이라고 불리는 박신영 강사님의 책 『기획의 정석』에서 이 두 가지 형태의 기획안을 배울 수 있었다. 하지만 2015년 전후로 모바일이 단연코 가장 중요한 서비스 수단으로 여겨지면서 기업에서 주최하는 모든 공모전이 '모바일 앱' 위주로 바뀌기 시작했다. 모바일 앱 공모전은 단지 방향성만으로는 실제 앱이라는 프로덕트를 만들 수 없다는 것을 조금씩 체감하면서 '해커톤 방식의 앱'을 구현하는 공모전으로 상황이 변모해왔다.

이런 상황에서 이제 막 기획자로서 커리어를 펼쳐야 하는 졸업반 친구들의 고민은 많아졌다. 과거 컨설팅이나 광고 회사에 입사하려던 친구들이 지금은 프로덕트를 만드는 서비스 기획 직군을 고민하고 있다. 그리고 이런 고민은 기존의 전략 기획자들 사이에서도 많이 일어나고 있다. 방향성을 지시하는 관점과 실제로 구현하는 관점에서의 역할이 모두 필요하다는 것에 대한 방증이다. 생각한 것이 제대로 반영되지 않는 것에 대한 전략 기획자들의 답답함을 보여주는 모습일 수도 있다.

그러나 이미 서비스 기획자로 일하고 있는 입장에서, 현재 실무적 관점에서 서비스 기획자가 더 주목받고 있다고 해서 이 직업이 더 좋다고는 말할 수 없다. 서비스 기획은 전략 기획이 탄탄하게 있는 상태에서 더 빛을 발하는 직업이다. 프로덕트의 상세한 부분을 기획할 때는 회사의 비전과 목표를 알려주는 전략을 명확히 이해하고 있어야 한다. 큰 전략을 보지 못한 상태에서 부분적으로 아름다운 프로덕트, 좋은 프로덕트를 만든다고 이 서비스가 전체적으로 의미 있게 구성되지는 않는다. 회사 내에서 '서비스 기획자'와 '전략 기획자'를 엄격하게 구분하고 있다면, 두 가지 롤 모두가 굉장히 중요한 업무에 해당한고 생각하면 된다.

그렇다고 서비스 기획자가 전략 기획의 수행자로만 역할하는 것은 아니다. 우리가 자주 혼동하는 것은 '비즈니스 전략'과 '프로덕트 전략'은 다르다는 점이다. 비즈니스 전략이 회사의 방향성에 해당한다면, 프로덕트 전략이란 실제 서비스를 개발할 수 있는 순서에 해당한다. 비즈니스적 우선순위가 더 높아도 프로덕트 순서를 바꿀 수 없는 경우도 있다. 예를 들어서 간편결제를 만드는 일이 회사 차원에서 우선순위가 높아도, 기존 결제 프로세스가 없으면 간편결제를 붙일 수 없는 것처럼 말이다. 이럴 때 프로덕트 개발은 주문·결제 프로세스를 만들고 난 뒤에 간편결제를 만드는 순서가 되어야 한다. 만약 비즈니스 전략이 간편결제를 만드는 것에만 우선순위를 둔다면, 프로덕트를 만드는 프로젝트는 주문·결제 프로젝트와 간편결제 프로젝트를 합친 거대한 프로젝트가 된다. 여기서 프로덕트의 순서를 전략적으로 짜는 것이 바로 서비스 기획자의 역할이다. 이런 전략을 '프로덕트 로드맵'이라고 부른다.

둘 중 하나의 직업을 선택해야 한다면 직업 자체의 특징보다도 스스로 어떤 쪽에 더 관심이 있는지를 보는 것이 중요하다. 비즈니스 측면에서 가야 할 방향성을 조망하는 것과 그 비즈니스를 프로덕트 측면에서 실제 모습으로 구현하는 것까지 고민하는 것은 둘 다 중요한 일이기 때문이다. 따라서 두 역할이 무 잘리듯 딱 나뉘지는 않는다. 다만 어떤 쪽에 더 무게중심을 두느냐의 차이다. 전략 기획자와 서비스 기획자의 구분보다 조금 더 혼합된 형태는 다음에 다룰 프로덕트 매니저, 프로덕트 오너에 해당한다.

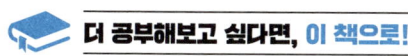 **더 공부해보고 싶다면, 이 책으로!**

『경영전략의 역사』, 고토사카 마사히로, 센시오, 2020
우리나라와 같은 방식의 '경영전략 기획자'가 존재하는 일본의 책이다. 탑다운(Top-down) 방향의 의사결정을 하기 위한 최적의 프로세스인 '경영전략'에 대해 생각해볼 수 있다.

『현업 기획자 도그냥이 알려주는 서비스 기획 스쿨』, 이미준, 초록비책공방, 2020
이 책은 나의 전작으로, 10년간의 경험을 바탕으로 '서비스 기획자로서의 업무 방식'을 정리한 입문서다. 서비스 기획자의 일이 전략 기획자와 어떻게 다른가에 대해서 다루고 있다. 네이버나 카카오 등 아직까지 이 방식으로 일하는 곳들이 많기 때문에 국내 환경에서는 여전히 유효한 책이라고 생각한다.

잡부도 IT팀이 될 수 있는 '프로덕트팀'

문과생들이 이커머스에서 하는 일을 우스갯소리로 '잡부'라고 하는 사람들이 있다. 소규모의 회사에서는 내가 앞서 설명했던 모든 일들을 한 사람이 하기도 하는데, 개발이나 디자인 외 모든 일을 구분 없이 닥치는 대로 하다 보면 실제로도 '잡부'라는 생각을 하게 된다고들 한다.

이커머스 기업에서 피할 수 없는 IT 조직과의 협업에 대해 대해서 이야기를 해볼 필요가 있다. 서비스 기획자가 코딩이나 개발을 배우지 않아도 되는지 많이 물어온다. 사실 서비스 기획자가 알아야 하는 내용은 코딩 언어가 아니라 '개발하는 사람들의 생각 구조'에 해당하고, 그러한 논리를 이해하고 문제 상황을 함께 해결할 수 있는 수준이면 된다. 개발자는 코딩을 하면서 기획자에게 함수를 정해달라고 상의하지 않는다. 개발에서 이야기하는 것은 정책적이나 구조적으로 문제가 있는 부분에 대해서 이야기하는 것이고, 이는 논리의 영역이다. 우리가 수능을 볼 때 국어 영역의 비문학 지문을 읽고 해석하는 것과 비슷하다. 기존에 알고 있는 내용이 아니더라도, 지문 속의 논리만 잘 따라가다 보면 주어진 문제를 풀 수 있는 것처럼 말이다.

요즘은 '프로덕트 매니저' 또는 '프로덕트 오너'라는 직무가 인기다. 프로덕트 오너는 '미니 CEO'라는 별명으로도 불린다. 이러한 직무가 서비스 기획자와는 어떤 차이가 있는지에 대해서 묻는 사람들이 많은데, 사실 국내의 조직 구조는 과도기 상태이기 때문에 직무 명칭이 해당 직무와 딱 들어맞지 않는 경우도 많다. 그래서 모든 직무의 업무 범위는 개인의 역할이 아니라 조직이 어떤 역할을 주느냐가 더 중요한 문제라고 생각한다. 따라서 이 둘을 비교하기 위해서도 조직에 대해서 먼저 이야기하는 것이 중요하다.

서비스 기획자가 있는 조직의 환경

'서비스 기획자'가 있는 조직은 보통 실리콘밸리의 스타트업을 표방하는 곳이 아니다. 이런 명칭을 사용하는 곳에서는 보통 '기능 조직으로서의 IT 조직'을 가지고 있다. 기능 조직이란 특정한 기능만을 위해 조직이 구분되어 있는 형태를 말하며 '서비스 기획팀, 디자인팀, 개발팀'과 같은 방식으로 나뉜 형태다. 이 경우 회사 내의 모든 직무에서 프로덕트 개선이 필요하면 IT 조직에 요청을 하는 등 수행에 가까운 일을 하게 된다. 물론 앞서 프로덕트 전략에 대해서 잠시 소개하면서 무조건 수행만 하는 것이 아니라고 설명하기는 했다. 프로덕트의 개발 로드맵도 필요하고 다른 조직들 간 충돌되는 정책에 대해서 교통 정리를 하기도 한다.

예를 들면, 고객센터 효율화를 통해서 비용을 아껴야 하는 CS팀에서는 고객센터 대신에 '마이페이지'에서 반품이나 교환 접수를 사용자가 직접 할 수 있도록 해서 센터 운영 비용을 줄일 수 있다. 하지만 반대로 물류센터를 운영하는 조직의 입장에서는 거름 장치 없이 반품, 교환 접수가 많아지면 업무가 늘어나게 된다. 물동량이 예상보다 늘어나게 되면 이에 대해서 분명 예상치 못한 고민이 생기기 때문이다. 한 회사임에도 두 조직의 성격 차이로 인해서 전략 방향이 서로 달라질 수 있다. 이러한 업무적 방향성의 차이에 대해서 프로덕트를 관리하는 서비스 기획자는 이를 조율할 수 있도록 요청한다. 서비스 기획자는 이러한 문제에 대해서 판단을 내리긴 한다. 하지만 의사결정을 조율하는 것에서 그칠 뿐, 프로덕트가 나아갈 방향에 대해서는 결정하기 어렵다. 왜냐하면 그 의사결정은 서비스 기획팀의 역할이 아니기 때문이다.

이런 이유로 서비스 기획자로 오래 일할수록 각 조직의 논리를 잘 알게 되고, 프로덕트를 개선하고 싶어도 막상 각 조직의 이익이 충돌하는 지점에서 무언가 하나만 선택하기 어렵다는 사실을 알게 된다. 수많은 서비스 기획자들이 자신이 '수행자'인지 고민할 수밖에 없는 이유다. 요청하는 부서의 힘이 강력할수록 고민 없이 정해진 요청 사항만 단순하게 전달하는 식의 기계적인 일 처리를 하게 되기 때문이다.

하지만 이 역시도 물론 명칭이 업무를 정의 내리진 않는다. 어떤 환경에서도 더 적극적으로 일하는 사람은 있기 마련이고, 룰 브레이커Rule breaker로 일하는 서비스 기획자들도 많이 있다. 문제는 회사의 조직이 그런 그들을 수용하느냐에 달려 있을 뿐이다.

전략과 의사결정, 프로덕트 개발이 합쳐진 '프로덕트팀'

그렇다면 프로덕트 매니저 또는 프로덕트 오너는 서비스 기획자와 무엇이 다른 걸까? 이것을 이해하기 위해서는 '프로덕트팀'이라는 개념에 대해서 먼저 이해해야 한다. 프로덕트팀Product Team이란 실리콘밸리의 IT 기업들이 소프트웨어를 만들기 위해서 구성하고 있는 조직 구조로, '목적 조직' 형태의 크로스펑셔널팀Cross-functional Team이다. 말이 어려워 보이는데 '목적 조직'이란 특정한 목적을 위해서 만들어진 팀으로, 기존 조직 구조에서는 'TFTTask-Force Team'와 비슷하다고 볼 수 있다. 그리고 이런 팀의 핵심은 크로스펑셔널 조직으로서 다양한 직능을 가진 사람들이 모여서 한 팀을 이루고 있다. 예를 들어서 앞서 이야기한 CS 클레임 접수에 대한 프로덕트를 관리하는 프로덕트팀이라면 이 프로덕트를 개선해나갈 개발자, 디자이너뿐 아니라 CS 전문가가 포함되어 있고, 이 팀을 전체적으로 리드하는 담당자가 '프로덕트 매니저'가 된다.

하지만 프로덕트 매니저는 TFT의 팀장과는 상당히 다른데, 많은 책에서 이를 '권한 없는 리더십'이라고 표현한다. 수평적인 관계에서 어떤 목적을 위해 더 좋은 결과를 만들어내고자 노력하기 때문에 '지시적'이라기보다는 '협력적'이다. 또한 굉장히 중요한 포인트는 모두가 의견을 내면서 더 좋은 대안을 만들어내기 위해서는 프로덕트팀이 지향하는 방향성인 '비전'과 '골'이 명확하고, 이에 따른 '프로덕트 로드맵'이 있어야 한다. 그런 부분에 대해서 오너십을 가지고 팀원들에게 많은 정보를 제공하고 정리하는 역할을 주로 하는 것이 바로 프로덕트 매니저다. 그런 의미에서 '미니CEO'라는 별명도 붙여졌다고 볼 수 있다. 권한 없이 리딩하기 위해서는 설득의 근거가 굉장히 중요하다. 그래서 프로덕트 오너는 서비스 기획자에 비해서 전략과 고객의 행동과 경험, 그리고 개발 구조에 대해서도 잘 알고 있어야 하고, 가능하면 데이터 지표를 통해서 팀원들을 설득할 수 있어야 한다. 또한 목적에 맞게 기능을 개발하고 나서도 그 기능이 지속적으로 쓰여 원했던 비즈니스적 임팩트를 만들어낼 수 있도록 노력한다. 왜냐하면 프로덕트팀은 성과에 대한 책임까지 가지고 있기 때문이다.

해외 자료를 찾아보면 프로덕트 오너를 애자일 개발 방법론과 연계해서 설명하는 경우가 많다. 그 내용까지 다루게 되면 내용이 너무 광범위해질 수 있어서 그 부분은 개인의 공부 영역으로 남겨두고, 국내에서 사용되는 용도에만 집중해보려고 한다. 현재 스타트업 업계에서는 '프로덕트 매니저'와 '프로덕트 오너', '서비스 기획자'를 상당히 혼용해서 사용하고 있다. 우리나라에서만 유독 프로덕트 오너가 프로덕트 매니저보다 높은 사람으로 평가되고 있어서, 프로덕트 오너 밑에 여러 명의 프로덕트 매니저를 두는 경우도 간혹 있다. 하지만 해외에서는 보통 한 회사에 이 두 직무가 모두 존재하는 경우는 흔하지 않으며, 있다고 해도 전략 기획에 가까운 프로덕트 매니저 밑에 실제 개발팀과 소통하는 프로덕트 오너가 존재한다고 한다. 국내에서도 한 회사 내에 두 가지 역할이 모두 존재하는 경우는 흔하지 않다. 프로덕트 오너가 유명해진 것은 쿠팡에서 이 이름을 사용하면서부터다. 프로덕트 오너는 비즈니스적 이해를 바탕으로 고객 UX 설계, 개발팀과의 소통 등을 하는 형태로 알려지고 있다. 아직은 과도기인 한국에서 이 둘 사이의 차이를 보기보다는 공통점에 해당하는 '프로덕트팀'에 집중할 필요가 있다.

기존의 기능 조직과 비교해본다면 외부의 요청을 받는 것은 비슷하지만 프로덕트팀에서 모든 연관된 부분을 전략과 사용자, 성과까지 고민하면서 프로덕트를 개선하기 때문에 수행자라기보다는 좀 더 적극적인 주체로서 일할 수 있다.

메이커가 아니어도 프로덕트팀에 포함될 수 있다

눈치가 빠른 사람들이라면 이미 알 수 있겠지만, 프로덕트팀에는 기획, 개발, 디자이너의 역할을 하는 사람만 포함되지 않는다. 각 도메인의 전문가도 프로덕트팀에 포함된다. 프로덕트팀은 외부에서 보기에는 IT 개발팀처럼 보이지만 말 그대로 크로스펑셔널팀으로 작동한다. 다르게 말하면 그 누구라도 자신이 잘하는 분야가 있다면 프로덕트팀에 참여할 수 있다는 뜻이 된다. 우리는 오랫동안 기능 조직에 대해서만 익숙하게 생각해왔기 때문에 하나의 조직이 하나의 역할을 하는 것에만 익숙하다. 하지만 목적 조직에서는 어떤 직무에 있더라도 프로덕트팀에 들어가서 일하게 될 수 있다. 개발을 하지 못하는 사람이라도 말이다.

이제 채용 공고들을 다시 한번 살펴보자. 예를 들어 '클레임 프로덕트팀'이라고 되어 있는 팀에서 신입사원을 뽑는다고 하면, 대부분 팀 이름만 보고 IT팀이라고 생각해서 애초에 서류를 넣을 생각조차 하지 않는다. 심지어 채용 사이트의 구분에도 IT쪽으로 되어 있기도 하다. 하지만 찬찬히 찾아보다 보면 분명 도메인 전문가를 찾는 공고들이 있다. IT 기업에서 자신만의 도메인 전문성이 커지면 프로덕트를 직접 만드는 부서에서도 일할 기회가 생기는 것이다. 이것이 우리 모두가 프로덕트를 이해해야 하는 이유가 된다.

이커머스의 직무의 공통적인 특징은 이 프로덕트팀에서 일하는 방식으로 수렴된다. 기존 제조업에서의 직무가 제조면 제조, 판매면 판매 이렇게 프로세스가 완전히 단절되어 있었다면, 이커머스의 모든 직무는 프로덕트를 중심으로 모두가 촘촘하게 연결되어 있다. 그리고 이 프로덕트는 디지털화된 온라인 서비스로서 데이터 측정이 가능하기 때문에 모든 직무에서 데이터적인 판단과 최고의 효과를 가져오려고 노력한다. 이렇게 모든 직무가 각자 다른 조직에서 다른 업무를 하면서도 회사의 방향성을 바탕으로 회사를 성장시키기 위해서 노력하고 있다.

이런 관점으로 이커머스에서 일을 잘하는 사람에 대해서도 충분히 이해할 수 있을 것이라고 생각한다. 단순히 주어진 일만 처리하는 것이 아니라, 일을 똑바로 분석하고 목적에 맞는지 평가하고 논리적으로 개선하도록 제안할 수 있는 사람이어야 한다. 그리고 그런 일을 잘하려면 적어도 우리가 가지고 있는 데이터와 가지고 있지 않은 데이터를 구분하고, 우리가 필요한 기능과 필요 없는 기능을 구분할 수 있어야 한다. 개발에 의해서 만들어진 프로덕트는 소위 '0과 1로 만들어진 것'이기 때문에 '있다, 없다'의 개념이 굉장히 중요하다는 것을 그동안 일해오며 느꼈다.

그래서 실제로 협업을 하면서 만난 최고의 '일잘러'들은 '아이디어를 잘 내는 사람'이 아니라, '현재의 제약 조건과 상황을 정확하게 판단하고 대안을 협상할 수 있는 사람'이었다. 그리고 이런 논리적인 판단은 문과생들이 특히 잘할 수 있는 영역이라고 생각한다. 논리적인 사고와 판단은 우리가 그동안 글쓰기와 논쟁을 통해서 함양해온 기술이다. 그래서 이커머스 기업에서 문과생은 여전히 경쟁력이 있다.

 더 공부해보고 싶다면, 이 책으로!

『인스파이어드』, 마티 케이건, 제이펍, 2018
스타트업에서 프로덕트 관리와 관련해 바이블로 통하는 유명한 책이다. 실리콘밸리의 프로덕트 관련 가장 유명한 저자가 크로스펑셔널 조직인 '프로덕트팀'의 운영 방식에 대한 원론을 설명하는 책이다. 프로덕트팀에 대한 이해가 전혀 없는 상태로 이 책을 읽으면 이해가 잘 되지 않을 수도 있다. 크로스펑셔널 조직에 대해 이해한 후에 이 책을 읽어보는 것을 추천한다.

『프로덕트 오너』, 김성한, 세종서적, 2020
위의 책이 원론서에 가깝다면, 이 책은 국내에서 유일하게 프로덕트팀의 실무를 다룬 책이다. 쿠팡의 프로덕트 오너인 저자가 자신의 경험을 바탕으로 쓴 책이다.

Chapter 5

이커머스에서 모셔가는 인재들의 공통점

프로덕트를 이해하는 눈을 키우는 역기획

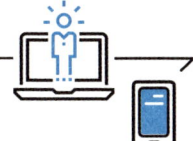

역기획 연습의 의미

마음속에 하고 싶은 직무와 이커머스에 대한 이해가 충분히 갖춰졌다면, 이제 여러분은 이커머스의 인재가 될 수 있는 기본기를 갖췄다고 생각한다. 하지만 절대 착각하면 안 될 것은 이 책에 나온 내용이 전부가 아니라 '시작'이라는 점이다. 이제부터는 꾸준한 연습을 통해서 감각을 키워야 한다.

내가 굉장히 영감을 받았던 『The Creative Curve』라는 책이 있다. 국내에서『생각이 돈이 되는 순간』이라는 제목으로 다소 아쉽게 번역되었지만, 책 자체는 두고두고 생각해볼 만한 가치가 있는 내용이다. 저

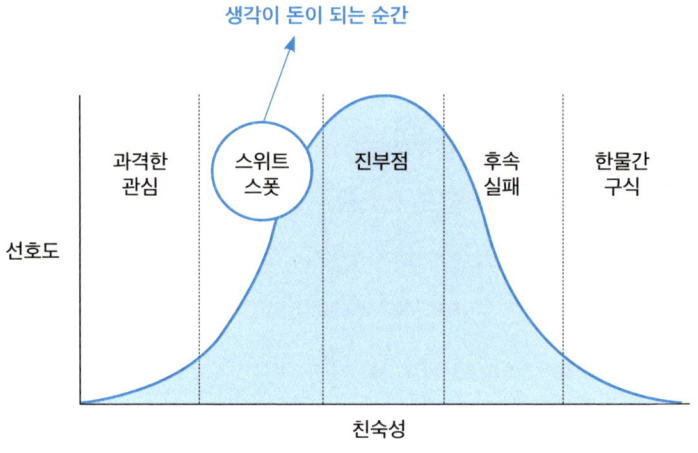

자인 앨런 가넷은 빅데이터 전문가이자 마케팅 분석 회사 '트랙메이번'의 CEO로 수많은 창작자들의 빅히트의 비밀을 분석했다. 그 결과물이 바로 책의 제목인 '크리에이티브 커브Creative curve'다. 크리에이티브 커브는 '선호도'와 '친숙성'을 기준으로 아주 낯설지는 않으면서 여전히 신선하여 호감도가 상승하는 지점인 '스위트스폿'이 존재하고, 서비스가 우연히 거기에 도달했을 때 빵 하고 터진다고 설명한다. 책의 내용은 대부분 음악이나 예술 쪽에 집중되어 있지만, 나는 서비스 분야에서도 스위트스폿이 충분히 의미가 있다고 생각한다. 이미 시장에서 자리 잡지 못하고 사라진 혁신적인 서비스가 있는 반면, 그와 비슷한 서비스가 우연히 빵 터지는 경우가 있다. 그 이유는 아주 작은 디테일의 차이지만 그 차이가 무엇인지 보통은 잘 설명하지 못한다. 하지만 나는 이 책을 읽은 뒤로 '그 서비스가 정확하게 스위트스폿을 건드렸기 때문'이라고 생각하게 되었다.

책에서는 스위트스폿을 정확하게 맞추기 위해서 몇 가지 역량과 조건이 필요하다고 하는데, 그중에서 가장 중요한 것은 '성공의 패턴'을 아는 것이라 말한다. 그리고 성공의 패턴을 알기 위해서는 많이 쓰고 겪어 보고 판단해봐야 한다고 덧붙인다.

처음으로 프로덕트를 고민하게 된 모든 사람들에게 내가 제안하는 것도 바로 '역기획'이다. 역기획Reverse planning이란 보통 게임을 만드는 사람들이 다른 게임들의 기획을 추정하기 위해서 산출물을 역으로 보며 게임의 설정과 정책들을 찾아가는 공부 방법이다. 『현업 기획자 도그냥이 알려주는 서비스 기획 스쿨』에서도 서비스 기획을 공부할 수 있는 방법 중 하나로 이 역기획에 대해서 자세히 설명했다. 이 책에서는 모두가 서비스 기획자가 될 것은 아니기에, 이커머스 프로덕트를 분석할 수 있는 수준으로만 간단하게 소개하려고 한다.

역기획에 대한 오해

먼저 역기획에 대한 오해부터 풀어야 한다. 가장 대표적인 오해는 두 가지다. 첫째, 베스트 프랙틱스를 '학습하는 것'이라고 오해한다. 최근에는 IT 시비스에 대해서 조금만 관심을 가져도 수많은 정보에 노출된다. 특히 성공한 서비스들의 이야기를 많이 보다 보면 소위 '베스트 프랙틱스'

에 집중하게 된다. 그러다 보니 다른 회사의 좋은 서비스를 복제하는 것을 마치 역기획이라고 잘못 생각하는 경우도 있다. 하지만 프로덕트를 만들 때는 항상 우리 회사의 전략과 우리 서비스의 사용자를 기준으로 생각해야 한다. 이 부분에서는 안타깝게도 정답이 없다. 나는 수많은 강의와 스터디에서 베스트 프랙틱스를 소개하면서 '각자의 환경에서 고민하라'는 말을 꼭 하고 있다. 그럼에도 자꾸 베스트 프랙틱스를 따라 하게 되는 것은 왜일까?

실무 현장에서 문제를 해결하기 위해서 답을 찾으려고 할 때, 해결책을 선택하기가 생각처럼 쉽지 않다. 너무 쉽게 선택한 해결책은 성과가 크지 않을 수 있고, 너무 어렵게 고민만 하다 보면 해결책을 확신하기가 어렵다. 이커머스와 같은 온라인 서비스에는 정해진 답이 없다. 계속 시도해보고 고민하면서 움직여야 한다. 그런데 그 과정이 어렵고 불안하기 때문에 자신만의 대답을 논리적으로 찾지 않고 다른 사람을 따라 하게 되는 것이다. 하지만 역기획 자체는 수학 공식을 외우듯이 하는 게 아니다. 다른 사람이 다른 서비스에서 했던 생각의 방식을 봐야지 그 결과를 외워서는 안 된다.

둘째, 좋은 UI나 UX만 분석하는 것이라고 오해한다. 어쩌면 첫 번째 오해와 연결되는 부분일 수 있다. 베스트 프랙틱스만 보다 보면 가장 눈에 띄는 것은 단연코 UI다. 사용자에게 편리해 보이는 UI나 기가 막히게 재구매로 이끄는 유려하고 훌륭한 UX는 두 눈을 사로잡는다. 하지만 좋은 UI를 보는 것만으로는 그 UI를 똑같이 구현할 수 없다. 좋은 UI의 뒤에는 복잡한 정책 설계와 일하는 방식이 숨어 있다. 그리고 그것을 개발할 수 있는 회사의 역량 차이도 존재한다. 무조건 좋은 UI나 UX를 보고 좋은 것만 외우게 된다면, 그에 비해 한참 부족한 나의 환경에서 제대로 된 해결책을 내는 것이 어려워진다. 매번 "네이버는 이런 것도 되던데…" 하면서 IT팀과 싸우고 돌아올 수는 없는 노릇이다. 일잘러들은 주어진 상황에서 최선의 방식을 찾아낸다. 나만의 해결책을 잘 찾아내려면, 최고의 상황에서 최고를 찾아내는 것이 아니라 내가 처한 상황에서 부족한 부분과 그 이유를 찾아낼 수 있어야 한다.

역기획의 네 가지 단계

- 1단계 : 분석 대상이 되는 회사의 전략적 방향성이나 앞으로의 목표를 확인한다.
- 2단계 : 그 회사의 수익 구조에 대해 분석한다.
- 3단계 : 현재 UI에서 수집하고 있거나, 노출되고 있는 데이터가 회사의 전략적 목표에 필요한지 확인한다.
- 4단계 : 사용자 입장에서 불편한 부분이 있다면, 페인포인트가 수익이나 전략적 방향성에 의해서 의도적으로 설정된 것이 아닌지 추측해본다.

역기획은 총 네 가지 단계로 이뤄진다. 역기획의 목표는 회사의 방향성에 맞게 설계된 서비스에 대해 분석하는 것이기에 분석도 이 순서에 맞게 진행해야 한다. 앱을 켜서 UI를 확인하기 전에 가장 먼저 해야 하는 것은 그 회사의 전략과 방향성을 확인하는 일이다. 제일 좋은 방법은 회사 CEO의 인터뷰나 연간 발표회 같은 자료들을 찾아서 보는 것이다. 회사가 나아가야 하는 방향에 대해서 잘 소개하고 있다.

그다음 2단계는 수익 구조를 확인하는 것이다. 수익 구조에 대해서 분석해놓은 글들을 읽으면서 주 수익원은 무엇인지 확인해야 한다. 아직까지 스케일업을 더 중요시하는 경우에는 수익 구조가 불분명할 수 있다. 따라서 앞에서 전략을 먼저 분석하고 오는 것이다. 1단계와 2단계를 거치고 나면 이 서비스가 나아가는 방향성과 핵심 타겟, 이 서비스가 사용자에게 제공하려는 가치 등에 대해서 알게 된다.

3단계는 이를 바탕으로 데이터적인 접근을 해보는 것이다. 눈에 보이는 UI의 형태가 아닌 이 화면에서 노출하거나 수집하고 있는 정보들이 전략과 어떻게 이어지는지를 확인해본다. 그런 확인 절차를 거치다 보면 눈앞에 있는 단지 몇 개의 화면이 아닌, 그 이면에 있는 전체적인 흐름에 대해서 이해할 수 있게 된다.

마지막으로 4단계는 이미 나보다 오랜 시간 고민한 메이커들의 선택에 대해서 추측해보는 것이다. 앞 단계에서 미리 분석한 회사 정보를 바탕으로 '누가 봐도 사용자로서 불편해 보이는 부분'을 찾아서 그렇게 설계한 이유를 추측해보는 단계다. 이 부분이 사실 가장 중요하다. 우리가 지금 당장 눈에 보일 정도로 불편한 무언가가 있다면, 서비스를 만드는 사람들도 그 사실을 모를 리가 없다. 하지만 그렇게 만들어진 데는 분명한 이유가 있을 가능성이 높다. 전략적 선택일 수도 있고, 시스템적

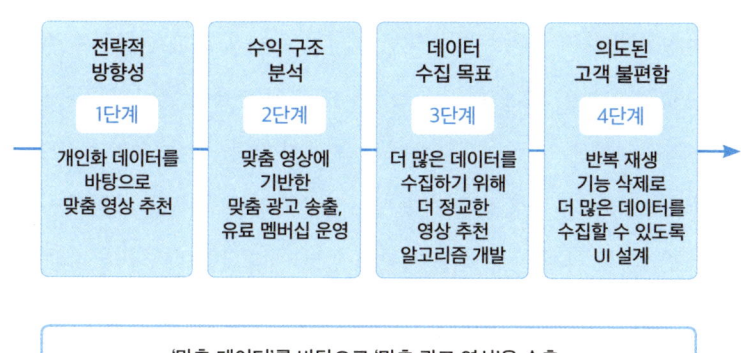

인 한계였을 수도 있다. 그것을 추정해보는 것은 프로덕트를 보는 눈을 크게 향상시킨다.

예시를 몇 가지 들어보겠다. 위의 그림은 유튜브를 역기획해본 것이다. 유튜브의 서비스의 전략은 '개인화 데이터를 바탕으로 맞춤 영상을 추천하는 것'이고, 수익 구조는 이 맞춤 영상에 기반한 맞춤 타겟팅 광고를 통해서 돈을 버는 것이다. 부수적으로는 이 광고를 보기 싫은 사람에겐 유료 멤버십을 가입하게끔 한다. 즉, 유튜브의 핵심 지표는 다양한 영상을 통해서 사용자의 취향 정보를 확보하는 것에 있다. 그래서 데이터 수집은 우리 눈에는 잘 보이지 않는 '정교한 알고리즘'으로 모든 화면 영역에서 진행된다. 일부 영상은 추천에서 제외하도록 사용자들이 직접 '다음에는 보여주지 않기'와 같은 설정도 할 수 있다.

만약에 유튜브에서 굉장히 불편한 부분을 찾는다면 어떤 것이 있을까? 생각해봤을지 모르겠지만 유튜브에는 반복 재생 기능이 없다. 대부분의 영상 플레이 서비스에는 해당 영상을 손쉽게 무한 반복하여 재생할 수 있는 버튼이 있다. 하지만 유튜브는 영상 끝에만 한번 제공해주고 대다수의 영상은 자동 재생을 통해 다음 추천 영상으로 넘어가버리도록 설계되어 있다. 유튜브 같은 거대 IT 서비스에서 그 버튼을 개발하지 못했을 리 없다. 이는 반복 재생 기능을 일부러 삭제함으로써 더 많은 영상에 노출시키기 위한 의도적인 설계라고 할 수 있다.

다음으로 당근마켓의 예시도 한번 살펴보자. 당근마켓은 미국의 중고 거래 사이트 '크레이그스리스트Craigslist' 같은 '하이퍼로컬 커뮤니티' 서비스를 비전으로 삼아 표방하고 있다. 그리고 현재 수익 구조는 맞춤 지역 광고가 유일하며, 앞으로는 개인 간 거래를 대행해줄 배송 대행 서비스와 '당근페이'라고 하는 개인 간 결제 대행 서비스를 준비하고 있다.

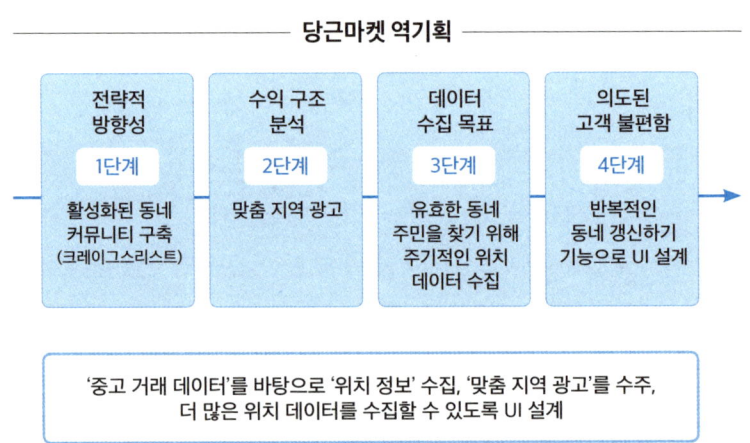

그런데 당근마켓을 설치하고서 매일매일 앱에 들어가지 않을 경우에 '동네 인증이 만료되었다'는 안내 앱 푸시가 날아온다. 그것을 보고 앱에 들어가면 다시 한번 위치 정보를 추적하여 동네 인증을 갱신해준다. 사실 이 부분은 사용자의 입장에서 무척 귀찮은 일이다. 한번 설정한 동네 정보를 그대로 두면 될 텐데 왜 자꾸 갱신하게 하는 걸까? 당근마켓이 지향하고 있는 바로는, 현 시점에 의미 있는 동네 주민들을 알 수 있어야 커뮤니티로서의 유효성이 지속된다. 그렇기 때문에 단순히 리텐션의 의미뿐만 아니라 그런 절차를 통해서 계속해서 고객들의 현재 위치를 수집하는 것이다.

예시를 통해서 살펴보니 서비스에 대한 이해가 좀 더 깊어진다는 걸 느꼈을 것이다. 하지만 이 모든 역기획은 추측일 뿐이다. 이 추측이 맞는지 아닌지는 오로지 해당 회사의 직원들만이 안다. 때론 메이커들이 의도하지 않은 내용을 거창하게 해석할 때도 있다. 그럼에도 이러한 해석이 의미 있는 이유는 회사의 전략 측면에서 UI라는 해결책을 선택한 근거를 고민해볼 수 있고, 그것을 통해서 우리가 하지 말아야 할 기능도 고민할 수 있기 때문이다. 무엇을 넣을지 아이디어를 내는 것보다 무엇을 하지 않아야 할지 정하는 것이 훨씬 어렵다. 이 부분을 볼 수 있는 시각을 키우는 것이 바로 역기획의 진정한 의미다. 이를 위해서는 처음 두 단계에 대해서 평소에 잘 이해하고 있어야 한다. 아름답고 보기에는 좋으나 우리의 비즈니스모델에 적합하지 않은 프로덕트 개발을 경계해야 한다.

현직자들의 생각을 훔치고, 나만의 생각을 기록하자

 이커머스 입사에 대한 마음이 뜨거워지고 있다면, 여기서 한번 식히고 가자. 지금 취업 시장에는 문과생과 문과생 직무까지 노리는 이과생들, 그리고 수많은 중고신입들, 거기다가 코로나19로 어쩔 수 없이 재취업을 해야 하는 경력직까지 수많은 경쟁자가 있다. 그리고 그들이 모두 우리와 같은 직무를 노리고 있다면 간담이 서늘해질 것이다. 여러분 스스로에게 어떤 경쟁력이 있다고 생각하는가?

 우리는 모두 자신만의 장점이 있다. 문제는 그것을 어떻게 표현해야 효과적인지 모를 뿐이다. 그런데 요즘 이커머스뿐 아니라 스타트업 업계에는 20대 초반의 인재들이 많이 보인다. 아직 대학교도 졸업하기 전인 그들이 여러 스타트업을 돌아다니면서 누구보다도 많은 경험을 빠르게 얻고 있다. 나이는 어리지만 대화를 해보면 이미 경험치가 높고, 아직 군대도 가지 않았는데 연봉도 이미 여러 번 점프한 경우도 있다. 하지만 이들도 처음부터 이렇게 경쟁력을 갖고 있었던 것은 아니었다. 대신에 그들은 기회를 얻을 수 있는 방법들을 잘 알고 활용했다. 이처럼 이커머스의 인재가 되기 위한 방법을 이야기해볼까 한다.

현직자들의 생각을 훔치자

현직자들의 생각을 읽고, 기업이 찾는 사고관을 이해해야 한다. '자만추'라는 단어가 있다. '자연스러운 만남을 추구한다'는 말의 줄임말인데, 이 단어는 연애 상대를 찾을 때만 쓰이는 것이 아니다. 훌륭한 인재들은 자연스러운 방법으로 현직자들을 미리 만나고 그들이 생각하는 방식을 미리 익힐 수 있는 기회를 찾는다. 현직자들이 많은 커뮤니티나 스터디 그룹에 가보면 대학생들이 꼭 한두 명쯤 있다. 현직자들이 하는 대화를 듣는 것만으로도 상상 속의 직무가 아니라 그들의 실제 삶을 엿볼 수 있고, 자신이 더 알아야 하는 지식이나 역량도 생각해볼 수 있다.

현직자에게서만 얻을 수 있는 회사 정보도 굉장히 유용하다. 회사에서 일하는 방식이나 회사가 바라는 인재상에 대해서도 들어볼 수 있고, 이러한 것들을 체화해두면 훗날 면접에서 좋은 답변을 하게 될 수도 있다. 물론 가장 좋은 상황은 현직자들로부터 아르바이트나 인턴 기회까지 얻을 수 있을 때다. 작은 스타트업은 항상 인력이 부족하기 때문에 똑똑하고 믿을 만한 어린 친구가 보인다면 당연히 함께 일을 해보자고 제안할 수 있다.

물론 주변에서 이런 기회를 찾지 못할 수도 있다. 그럴 때는 간접적인 관계를 만들어봐도 좋다. 그때 이용할 수 있는 여러 가지 매체가 있다. 대표적인 글쓰기 플랫폼인 '미디엄'과 '브런치'에는 IT 기업에서 일하는 수많은 현직자들의 업무 이야기가 많다. 몇십 년의 경력을 쌓아온 사람부터 작년에 갓 입사한 선배들까지 있다. 그들은 업무에 대한 생각과 에피소드를 공유하며 마치 옆자리의 사수처럼 친절하게 정보를 나눈다. 나에게 '랜선 사수'라는 별명이 붙고 지금 이렇게 책을 쓸 수 있게 된 것도 브런치에 썼던 글의 역할이 컸다. 반대로 여러분은 이러한 매체를 통해 일면식도 없는 나 같은 사람을 랜선 사수로 이용할 수 있다.

긴 글이 부담스럽다면 '커리어리'와 '뉴스레터', '트위터' 등도 좋은 수단이다. 커리어리와 같은 뉴스 클립핑 플랫폼이나 '메일리', '스티비' 등의 이메일 서비스에는 현직자들이 뉴스에 대해 자신의 생각을 짧게 남겨놓은 글이 굉장히 많다. 이런 뉴스레터를 구독해서 자주 읽는 것만으로도 실제로는 만나볼 수 없는 현직자들의 생각을 간접적으로 들어볼 수 있다. 트위터에서는 유명한 해외 스타트업 인사들의 인사이트를 구독할 수 있다.

이런 글에 접근하는 것은 자연스럽게 친분으로도 이어질 수 있는 기반이 된다. 블로그에 댓글을 달면서 조금씩 가까워지다가 페이스북 친구도 맺고 교류가 많아지면 콜드 메시지도 보내볼 수 있다. 당장 무언가를 알려달라는 것이 아니라 "올려주신 글 잘 보고 있어요. 팬입니다."라는 멘토로 접근하는 예의 바른 후배들을 거부할 사람은 많지 않다. 바쁘지 않다면 짧은 인사라도 건넬 것이다. 다만 꼭 피했으면 하는 것은, 무턱대고 질문 리스트를 잔뜩 적어서 보내는 실례는 범하지 않았으면 좋겠다. 질문하는 후배는 아름답지만, 친분과 교류가 없는 상태에서 그러한 질문 리스트를 보내오는 것은 현직자의 시간을 빼앗는 꼴이 된다. 게다가 답변을 받고도 감사의 답장조차 없는 사람들도 굉장히 많다. 우리 모두의 미래를 위해서 좀 더 예의 바른 접근이 필요하다.

이런 방법들이 모두 어렵게 느껴진다면, 아예 커뮤니티에 뛰어드는 방법도 있다. '트레바리'나 '프립'처럼 스타트업 사람들이 많이 참여하는 온·오프라인 모임 서비스를 통해서 교류하는 것도 좋다. 사이드 프로젝트를 하려는 사람들을 이어주는 플랫폼인 '비사이드'를 통해서 현직자와 사이드 프로젝트를 진행하며 옆에서 직접 보고 배울 수도 있다. 실제 서비스 오픈까지 이어진다면 이보다 더 좋은 경험은 없을 것이다. 페이스북 그룹인 '힙서비'(힙한 서비스들의 비밀) 같은 스터디 그룹 모임을 통해서 많은 현직자들과 주니어들을 만나는 것도 도움이 된다. 프로덕트에 대한 조금 더 깊이 있는 이해를 원한다면 스터디 클럽 중에서는 '프로덕트 세계'를 추천한다. 힙서비가 마케팅과 UI적인 요소에 집중한다면, 프로덕트 세계는 전략을 중심으로 전체 프로덕트의 연결성을 해석하고 그 고민의 과정에 집중하는 활동이다.

이런 다양한 활동을 통해서 회사와 직무가 원하는 인재상에 한 걸음 더 다가가보자.

배움에서 그치지 말고 기록을 남기자

이커머스의 인재가 되는 두 번째 방법은 '배운 것을 기록으로 남기는 것'이다. 직접 조사한 것과 현직자에게 들은 내용, 공부한 내용들을 자신의 것으로 만드는 가장 쉬운 방법은 글로 다시 쓰면서 기록을 재생산하는 것이다. 이력서를 쓸 때 가장 중요한 것은 자신이 평소에 얼마나 노력하고 있고, 직무에 대한 관심과 이해도가 얼마나 높은지를 보여주는 데 있다. 백문이 불여일견이듯 이럴 때 긴 시간 쌓아둔 자신의 글들을 보여줄 수 있다면 그보다 더 효과적인 방법은 없다. 마치 디자이너들이 포트폴리오를 만드는 것과 같다. 사실 요즘은 디자인 직무가 아니어도 포트폴리오를 요구하고, 지원자들도 자연스럽게 이를 준비하는 분위기가 되었다. 신입도 예외는 아니다. '경력 같은 신입'을 뽑아서 빠르게 성과를 창출하고 싶은 기업의 입장에서는 이러한 기록물이 좋은 평가 수단이 되기 때문이다.

가장 좋은 방법은 블로그 같은 매체에 기록을 남기는 것이다. 100만 팔로워를 모으라는 뜻은 아니다. 스스로 얼마나 깊게 고민하고 논리적으로 사고하는지를 보여줄 수 있는 글이 필요하다. 내 주변에도 이런 글들을 통해서 새로운 기회를 만난 사람들도 꽤 있다. 한 친구는 화장품 관련 커뮤니티 앱의 프로덕트를 분석해서 자신의 생각을 정리했는데, 그 글을 회사의 대표가 보고 직접 스카우트해 입사까지 이어졌다. 또 다른 친구는 간편결제의 종류를 분석한 글을 올렸는데, 이 글을 보고 함께 일해보자며 스카우트된 경우도 있었다. 물론 모든 글이 이렇게 좋은 결과를 가져오진 않겠지만, 글을 정리하는 과정에서 분명히 역량이 성장한다는 것을 느낄 수 있을 것이다. 특히 요즘 HR 채용의 트렌드는 상시 채용이며, 인력 풀을 넓히기 위해서 다양한 교육 프로그램을 만드는 방향으로 확장되고 있다. 중요한 건 이런 교육조차도 선발의 대상이라는 점이다. 나를 표현할 수 있는 자료들을 미리 준비해둔다면 이러한 상시 선발에 잘 대응할 수 있을 것이다.

이 책을 읽고 나서 배우게 된 것, 알게 된 것부터 자신의 글로 정리해서 오늘 당장 외부에 노출시켜보자. 그리고 자신이 하려고 하는 일에 대한 이해도가 얼마나 높아졌는지 논리적으로 스스로를 분석하고 파악하는 글을 써보자. 지금 당장 시작하는 그 글이 또 다른 소중한 시작이 될 수 있다.

내가 가고 싶은 회사와
내가 기여할 수 있는 회사

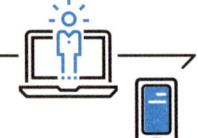

 이렇게 치열한 입사 경쟁 상황에서 회사를 고른다는 것이 어떻게 보면 무의미해 보일 수도 있다. 어디든 나의 가치를 인정해준다면 정말 큰절이라도 하며 가고 싶을 것이다. 그런데 여기서 중요한 것을 잊으면 안 된다. 내가 회사에 기여할 수 있는 부분이 없다면 그 회사도 나를 가치 있게 바라봐주지 않는다는 점이다.

 우리는 이 책을 통해서 국내의 이커머스 역사부터 이커머스 회사의 비즈니스모델과 수익 구조, 성공 공식 등을 이해하고, 그 안에서 일하는 사람들의 역할과 목표에 대해서 찬찬히 알아보며 '이커머스에서 일할 때 필요한 메타인지'를 넓혀왔다. 그러는 동안 분명 하고 싶은 일이 생겼을 것이다. 어느 정도 기본기가 잡혔다면 이제는 회사를 정하고 제대로 준비해야 할 타이밍이다.

나는 이직을 많이 해온 '프로 이직러'는 아니다. 전작의 책에서 10년이나 다녔던 회사를 떠나는 것이 망설여진다고 쓴 적도 있다. 긴 시간 한 회사를 다녔지만 그 안에서 여러 가지 프로덕트와 상황을 다루며 많은 것을 배웠고, 조직과 개인의 한계를 볼 수 있는 눈도 키웠다. 첫 이직을 선택하면서는 여러 가지 생각을 했다. 대기업에서 스타트업으로 간다는 것, IT 기업다운 사고방식이 있는 회사로 가는 것 모두 내겐 새로움과 도전이었다. 그럼에도 이직하는 과정에서 확신을 가질 수 있었던 것은 그 회사가 '내가 기여할 수 있는 곳'이라는 확신이 있었기 때문이다.

여러분은 어떤 회사에서 무엇을 기여할 수 있을까? 신입 주니어라고 해서 기여할 수 있는 바가 없다고 생각해서는 안 된다. 물론 들어가자마자 회사를 획기적으로 바꾸고 성장시키겠다는 포부는 자칫하면 너무 과도해 보일 수는 있다. 그것은 이직자라고 해도 마찬가지다. 드라마로도 나온 유명한 만화인 〈미생〉에서 신입사원인 주인공 '장그래'가 비합리적으로 보이는 공통 폴더의 이름을 고치고 혼나는 장면이 나온다. 우리도 마찬가지다. 회사를 처음 들어가자마자 기존의 모든 시스템을 다 뜯어놓을 권한은 없다. 만화 속 대사처럼 "니가 뭔데?"라는 질문을 듣게 될 수도 있다. 물론 그렇다고 무조건 기존 시스템에 적응하거나 자신을 숨기라는 뜻이 아니다.

어떤 기여를 할 수 있는지 물었을 때, 플랫폼의 핵심을 성장시키겠다는 전략적인 이야기나 신사업의 포부를 밝히라는 뜻도 아니다. 물론 이런 입사 전략이 잘 먹히는 회사도 있겠지만, 대부분의 회사라면 지원자가 주어진 일을 얼마나 논리적으로 잘 해결할 수 있고 디지털적으로 판단할 수 있는가를 중요하게 여길 것이다. 오래된 회사라면 오히려 MZ세대의 타겟층이 되는 우리의 판단을 중요시 여길 수도 있다. 그것도 일종의 기여다.

입사를 원하는 회사가 있다면 자신이 기여할 수 있는 부분에 대한 고민을 해야 한다. 기여할 수 있는 부분을 찾으려면 회사에 대해서도 잘 분석하고, 자신에 대한 분석도 면밀히 해야 한다. 이 책을 보는 많은 사람들이 아예 아무런 경험도 없을 것이라고 생각하지 않는다. 대학생 시절에 속했던 동아리 활동이 될 수도 있고, 직무와 업종은 전혀 다르지만 분명히 자신의 생각과 행동으로 해냈던 일들도 있을 것이다. 그 경험 속에서 나는 어떻게 생각했고, 어떤 과정을 겪었고, 얼마나 합리적인 결정을 내렸는지 그런 내용들에 대해서 정리가 되어 있어야 한다. 그리고 면접을 보러 가기 전에 회사가 나에게 기대하는 부분에 대해서 내가 기여할 수 있는 일들을 고민해둘 필요가 있다.

다음은 내가 실제로 사용했던 체크리스트다. 여러분들이 가고자 하는 회사에 대해서 아래의 항목들을 순서대로 고민해보면 좋겠다.

- 지금 가려고 하는 회사의 주요한 비즈니스모델은 무엇인가?
- 지금 가려고 하는 회사는 성장 단계에서 어느 정도 위치에 존재하는가?
- 경쟁사와 비교했을 때 이 회사가 가지는 장점은 무엇이며, 어떻게 더 성장할 수 있을 것인가?

- 지금 이 회사가 직원을 뽑는 이유는 무엇인가?
- 이 회사가 지금 단계에서 이 직무의 직원을 뽑았을 때 기대하는 것은 무엇일까?
- 나는 그 기대하는 것에 대해서 어떤 강점을 가지고 있나?
- 회사가 예상하지 못하는, 내가 기여할 수 있는 부분은 무엇이 있을까?
- 그 기대에 부합하기 위해서 혹시 더 준비해야 하는 것은 없을까?
- 나에게 기회가 주어진다면 이 회사의 성장을 위해서 어떤 것들이 필요하다고 말할 수 있을까?
- 이 회사에 대해서 더 알고 싶은 것은 없는가?

 가고 싶은 회사에 이력서와 포트폴리오를 쓰기 전, 그리고 면접에 앞서서 한번쯤 고민해둬야 하는 질문들이다. 가끔 이력서나 면접을 보다 보면 회사의 관심사와 무관한 자신의 경험을 내세우는 경우가 더러 있다. 회사의 관점에서 자신을 평가하는 것이 선행되지 않으면 자신이 하고 싶은 이야기만 늘어놓게 되기 쉽다. 이런 채용 과정도 결국 관계를 형성하는 일이기 때문에 상대에게 관심을 가질 필요가 있다. 채용 준비부터 잘 정리해 기획력을 보여주는 사람이라면, 이커머스의 어떤 직무에서도 잘 해낼 수 있을 것이라고 생각한다.

최고의 사용자 또는
최고의 메이커

꼭 취업을 하는 것만이 정답은 아니란 생각도 있다. 요즘은 전보다 훨씬 많은 대졸자들이 창업을 고민한다고 한다. 갑갑한 기업이 자신과 맞지 않다고 생각하는 경우도 많고, 평생 직장이 없는 시대라 직장에 대한 기대가 많이 낮아진 것도 그 이유 중 하나다. 하지만 취업이냐 창업이냐 하는 선택에 앞서서 꼭 고민해야 할 것이 있다. 그것은 사용자User가 될 것이냐 메이커Maker가 될 것이냐에 대한 선택이다.

서울대에서 연구한 2090년 사회 계급도는 충격적인 양상을 보여준다. 최상단에 위치하는 계급은 플랫폼을 소유한 기업인(0.001%), 두 번째는 인기 연예인과 정치인(0.002%), 세 번째는 사람이 아니라 AI가 차지하고 있다. 그리고 그 외에 절대 다수의 사람들은 노동자(프레카리아트) 계급

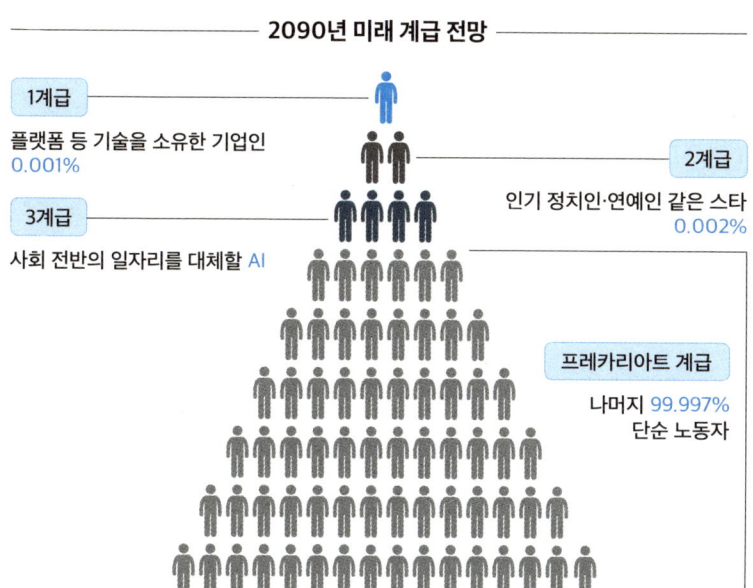

자료 : 서울대 유기윤 교수팀

이 될 것이라고 말한다. 이 모습이 지금과 크게 다르지 않다고 생각한다면 딱 20년 전과 비교해보자. 20년 전 세계 최고의 부자 순위에는 제조업이나 제조업에 투자한 사람들이 많이 포함되어 있었다. 유튜브 채널 '그래프로 보는 세상'에서 포브스의 세계 부자 랭킹을 1998년부터 2019년까지 비교한 영상을 보면 부동의 상위권이던 빌 게이츠와 워런 버핏은 2018년 급격하게 성장해서 올라온 아마존의 제프 베이조스에게 1위 자리를 내준다. 2020년에는 테슬라의 일론 머스크가 2위, 페이스북의 마크 저커버그가 5위에 오른다. 7위에는 오라클의 창업자 래리 엘리슨이, 8위와 9위에는 구글의 공동 창업주인 래리 페이지와 세르게 이 브랜이 나란히 순위에 오른다. 거대한 IT 기업들 중에서도 이커머스(앱스토어 포함), 금융, 커뮤니티를 모두 확장하며 성장하고 있는 플랫폼 기업들의 총수들에게 갑자기 엄청난 부가 몰려온 것이라고 할 수 있다.

이는 서서히 일어나지 않고 몇 년간 빠르게 변해왔다. 그리고 변화의 속도도 걷잡을 수 없이 빠르다. 여기서 중요한 것은 1계급의 사람들은 'IT 서비스의 메이커'라는 점이다. 방금 거론했던 아마존, 구글, 페이스북, 테슬라 총수들의 공통적인 특징은 애초에 엄청난 부를 물려받은 상속인이 아니라 자신이 만든 서비스로 부를 만들어냈다는 점이다. 즉 서비스의 '메이커'에 해당한다. 우리가 가장 큰 꿈을 꾼다면 가야 할 길은 메이커가 되는 것이다.

2계급도 살펴보자. 인기 정치인이나 연예인 같은 스타가 두 번째 계급이다. 여기서 '스타'는 다행스럽게도 과거보다 그 범위가 넓어지고 있다. 프로게이머 '페이커'나 만화가 '이말년', 유튜버 '신사임당' 등의 인기는 기존 연예인들과는 결이 다르다. 유튜버와 틱톡커, 인스타그램 인플루언서들의 인기도 엄청나다. 미국에서 틱톡으로 가장 유명한 16세 소녀 찰리 디밀리오는 독보적인 인기를 구가하며 TV 토크쇼에 출연할 정도다. 이런 이유로 모든 초등학생들의 꿈은 '유튜버'가 되고 있고, 직장인들의 거짓말 1위도 '퇴사 후 유튜브 한다'라는 농담이 떠돌 정도다. 유튜버들은 특별함과 동시에 평범함을 무기로 무시무시하게 성장하고 있다.

그런데 이러한 스타들에게는 공통적인 특징이 하나 있다. 바로 특정한 플랫폼 서비스의 굉장히 뛰어난 사용자User라는 점이다. 유튜브, 틱톡, 트위치, 인스타그램 등을 활발하게 사용해 많은 사람들과 소통하면서 그 기반을 마련한다. 게임조차도 어떤 면에서는 온라인 서비스이기 때문에 프로게이머는 가장 훌륭한 사용자라고 표현할 수 있다. 즉, 최고의 사용자는 어떤 방식으로든 스타가 될 수 있고, 제2계급이 될 수 있다. 개인의 노력만으로 스타가 되기 어렵다는 것은 모두가 알고 있을 것이다. 하지만 최고의 사용자들은 플랫폼의 정책과 구조를 자신에게 유리하게 사용하기 위해서 굉장히 많은 실험과 공부를 한다.

이번엔 마지막으로 노동자(프레카리아트) 계급에 대해서 한번 생각해보자. 현실적으로 우리의 시작 시점은 노동자다. 이 표에 구분은 없지만 노동자는 다시 두 가지로 나누어진다. 플랫폼을 만드는 일에 종사하는 직업 노동자와 플랫폼에 속해 있는 노동자다.

플랫폼에 속해 있는 노동자는 어떤 사람들일까? 현재는 단군 이래 부업이 최고로 성행하는 시기다. 코로나19에 의한 경기 침체와 실업으로 사람들은 부업에 열광하고 있다. 가장 유행하는 창업은 소자본 창업이라고 말하는 스마트스토어 판매다. 스마트스토어 판매란 이커머스 판매자가 되는 것이기 때문에 소자본이라고 말하는 것이 이상해 보일 수 있다. 그런데 이를 소자본이라고 말할 수 있는 이유는 사입과 재고 보유, 배송에 대한 처리를 모두 시스템이 대신해주기 때문이다. 여기서 말하는 시스템이란 결국 또 다른 플랫폼이다.

무자본 창업이라고 하는 것도 유행하고 있는데, 그중 가장 유명한 것은 PDF 판매다. PDF 판매란 정보를 모아서 리포트를 판매하는 것을 말하는데, 일반적인 책 판매와 비교했을 때 단순하고 출판이라는 프로세스를 거치지 않아도 돼서 개인이 접근하기 좋은 시장이다. 그 외에 강의나 교육을 직접 제공하는 형태도 있다. 쿠팡플렉스나 배민커넥트도 있다. 남는 시간에 배달을 대신해주고 대행 건수에 따라 수수료를 받는 개념이다. 이러한 방식을 긱 경제Gig economy라고 이야기하는데, 회사에 고정적으로 취직하는 방식이 아니라 온디맨드 형태로 필요할 때만 노동하는 방식이다. 눈치 빠른 독자라면 여기서 벌써 공통점을 찾아낼 수 있을 것이다. N잡이라고 부르는 대부분의 노동 경제 역시 온라인 서비스 플랫폼을 기반으로 하고 있다. 즉 플랫폼에 포함된 노동자는 플랫폼의 사용자 집단이라고 할 수 있다.

이 계급도에서 최고의 메이커와 최고의 사용자가 가장 상위의 계급이 되는 것에 대해서는 이견의 여지가 없다. 문제는 플랫폼을 평범하게 이용하는 사용자들은 결국 가장 하위 계급에 머무르게 된다는 점이다. 여기서 세 번째 계급인 AI에 대해서도 고민하지 않을 수 없다. 사람이 AI가 될 수는 없다. 플랫폼을 만드는 직업 노동자가 AI로 대체되는 것이라고 믿는다면, 꼭 AI 기술에 대해서 설명된 책을 읽어보길 바란다. 신기술은 분명 수많은 노동자를 대체하겠지만, AI가 AI를 새로 만들어서 유용한 플랫폼을 만들어내는 것은 공상과학 속의 이야기일 뿐이다. 기술을 활용하여 무언가를 위해서 쓰겠다는 비전과 목표 의식은 메이커의 몫이다. 그렇다면 이 AI를 만드는 사람들은 대체 누굴까? 바로 IT 기업에서 일하는 사람들이 된다. 그들 역시 앞서 말한 노동자 계급은 맞지만 최고의 메이커가 될 수 있는 가능성을 조금이라도 가지고 있는 노동자다. 단순히 플랫폼을 사용만 하는 노동자보다는 이 노동자들은 플랫폼을 이해하고 만들 수 있기 때문에 최고의 사용자도 최고의 메이커도 될 가능성이 높다.

플랫폼 창조가 크리에이티브의 영역이라고 생각할 수 있겠지만, 앞서 우리가 살펴본 이커머스의 직무들은 창의력보다는 분석 역량이 더 중요한 사업이었다. 플랫폼을 온전히 만드는 기술은 결국 경험이 필요하고 어디선가 경험을 쌓으며 성장할 곳이 필요하다. 플랫폼 기업에 취직하는 것은 이러한 것을 배울 수 있는 기회라고 생각한다.

앞서 이야기했던 포브스의 세계 부자 랭킹을 보면, IT 기업의 총수들도 처음부터 창업에 성공한 것은 아니었다. 미국의 에스크로 결제 시스템인 페이팔Paypal 출신들을 이른바 '페이팔 마피아'라고 부른다. 테슬라의 일론 머스크도 그중 하나다. 페이팔 마피아에는 링크드인Linked-in을 만든 리드 호프만, 옐프Yelp를 만든 제레미 스토플먼, 유튜브를 만든 스티브 첸 등이 포함되어 있다. 이런 대단한 인물들도 페이팔의 노동자였다. 다만 그들은 페이팔에서 플랫폼을 만드는 역량을 배웠다.

다시 처음 이야기로 돌아가서, 앞으로의 진로를 선택하는 데 있어서 가장 성공하고 싶다면 방법은 두 가지다. 최고의 사용자가 되거나 최고의 메이커가 되어야 한다. 그러나 최고의 사용자도 메이커가 없으면 존재할 수 없다. 모든 사람이 가장 최고의 메이커가 될 수는 없다고 해도 메이커가 될 수 있는 길을 시작해보지도 않는 것은 굉장히 큰 손해다. 반대로 말하면 플랫폼 그리고 이커머스 기업에 입사하는 것은 단지 월급을 받으러 간다기보다는 새로운 시대에 가장 필요한 기술을 배우러 가는 것이라고 할 수 있다. 그 기술은 단순히 코딩이 아니라 플랫폼을 만들고 운영할 수 있는 감각이자 사고방식이다.

    2090년 사회 계급도가 현실이 되기까지 아직 70년이 남았다. 계급도 속의 모습은 공포 영화처럼 극단적이다. 앞으로 70년간 우리는 무엇을 해야 할까? 지금의 우리는 대부분 '일반적인 플랫폼 사용자'일 것이다. 나는 내가 가야 하는 길에 대한 비전을 갖고 있다. 꼭 창업자가 아니더라도 최고의 메이커가 될 수 있는 가능성을 가진 사람이 되고 싶다. 그리고 이 책을 읽은 독자분들도 꼭 최고의 메이커가 되는 첫 발짝을 내딛었으면 한다. 여러분의 미래를 응원한다.

< 에필로그 >

입사는 우리의 미래를 보장해주지 않는다

이 책은 IT 기업이 아니면 취업할 곳이 없는 새로운 세상에 떨어져 어리둥절해하고 있을 문과생들을 위한 책이다. 내가 11년간 이커머스 기업을 직접 겪으면서 배우고 생각한 것들과 이커머스 기업 내에서 선택할 수 있는 직무의 종류와 특성에 대한 설명을 담았다. 이 책 한 권을 다 읽고 나면 머릿속에 이커머스에 대한 큰 그림을 그릴 수 있도록 노력했다.

IT 기업에 취업하기 위해서 코딩을 배울 필요는 없지만, 기존에 알고 있던 제조업과 오프라인 유통 기반의 지식과는 다른, IT 기업에 알맞은 직무 이해를 가질 필요가 있다고 설명했다. 그리고 IT 기업 중 어떤 곳에 갈지 결정하기 어렵다면 일단 이커머스를 선택하는 것을 추천했다. 이커머스는 가장 빠르게 확장되는 도메인이자 가장 보편적인 온라인 산업이기 때문이다. 그리고 이커머스를 이해하기 위해 국내 이커머스의 역사를 통해서 그 변천사를 이해하고, 어떤 이커머스 기업이 성공하는지, 비즈니스모델과 수익모델은 어떻게 설계하는지, 양면 플랫폼으로서 어떤 사상적 변화가 있는지를 살펴보았다.

그리고 기존의 오프라인 유통과 이커머스의 차이점과 이커머스 내에서 직무를 분류하는 방법도 알아봤다. 본격적으로 직무에 대해서 이야기하면서는 문과생이 선택할 수 있는 직무인 마케팅, 영업, 회계, 총무, 법무, HR, 홍보, 기획의 직무가 기존과 어떻게 달라졌는지 그리고 어떤 목표를 가지고 일하는지도 알아보았다. 그리고 크로스펑셔널 조직인 프로덕트팀을 통해서 기존과 다른 조직 구성일 경우에는 어떻게 일하는지 알아보고, 이 조직의 프로덕트 오너가 무엇인지도 알아보았다. 이러한 설명을 통해서 이커머스는 그 운영에 대한 구조부터 모든 직무들까지 '프로덕트'를 중심으로 움직인다는 사실도 이야기했다.

이 책을 읽기 전 만약 여러분이 '조금 쉬운 직업을 택해야지.'라고 생각했다면 사실 많이 실망했을 수도 있다. 어느 것 하나도 쉬운 직업은 없고, 어느 것 하나도 중요하지 않은 직무가 없다. 이커머스는 냉정하고 치열한 업종이고 경쟁이 심한 업종이다. 그리고 전 세계의 수많은 인재들이 도전하고 있는 곳이기도 하다. 여러분이 이커머스에서 성장했으면 좋겠다는 마음에서 지금까지 가슴이 뜨거워질 만한 이야기들을 중점적으로 했다. 그런데 마지막으로 한 가지 꼭 이야기하고 싶은 말이 있다.

바로 회사에 입사하는 것이 우리의 미래를 보장해주지 않는다는 말이다. 부디 이 책을 읽는 여러분들이 IT 기업에 입사하고 난 다음 '안정적'이라고 느끼지 않길 바란다. 성장을 위해서는 계속 노력이 필요하다. IT 기업은 시시각각 변화하는 환경에 누구보다도 빠르게 적응하려고 하는 업종이다. 기술의 변화가 아무리 빠르다고 한들, 현대를 살고 있는 사용자들의 태도와 마음의 변화는 그보다 더 빠르다. 이 책에 쓰여 있는 내용들도 계속해서 변화하고 달라질 것이다. 그 변화를 익히고 계속 따라가야만 IT 업계에서 좋은 인재로 살아남을 수 있다. 나의 회사 생활의 좌우명은 항상 '비전은 셀프'였다. 어떤 환경에서도 어떤 상황에서도 본인의 성장은 본인이 만들어가는 것이다.

나는 내가 IT 기업에서 일하며 '문과생 출신'이기에 많은 장점이 있었다고 생각한다. 솔직히 말하자면 IT에 대해서 무관심하거나 이해도가 낮은 것은 개인의 차이일 뿐, 문과생이 배운 학문과는 아무런 관련이 없다. 그건 이제라도 채워나가면 되는 지식이다. 내가 사학과에서 배운 논리적인 인과관계를 이해하는 방법과 자신의 주장을 만들어나가는 방법은 도리어 내 직무에서 큰 힘이 되었다. 그러니 문과생들은 조금도 '문송'할 것이 없다고 생각한다.

바이올리니스트 출신의 스타트업 오퍼레이터인 윤성원 님이 브런치에 기고하신 글에서 '예술을 전공한 사람들의 여러 가지 성향이 스타트업에서 좋은 인재가 되기에 충분하다'는 글을 읽은 적이 있다. 예체능을 전공한 사람들은 오랜 기간 레슨을 통해서 타인의 비판을 잘 받아들이고 스스로의 예술에 대해서 계속 반성하고 연습하는 것에 익숙한 사람들이기 때문이다. 문과생도 예체능을 전공한 사람들도 자신의 전공을 탓하지 않았으면 좋겠다. 그리고 반대로 인재를 채용하는 입장에서도 다양한 전공의 엄청난 가능성을 놓치지 않고 봤으면 좋겠다.

사실 이 책은 문과생을 대상으로 쓰긴 했지만 사실상 이공계 출신의 비개발자나 디자이너가 아닌 모든 사람에게 입사 전에 배경지식을 얻는 용도로 의미 있는 책이 될 수 있기를 바라고 썼다. 코딩을 몰라도, 개발을 배우지 않더라도, 우리는 우리들만이 가진 각자의 굉장한 장점들이 있다. 그리고 그 장점은 분명 IT 기업에서도 빛을 발할 수 있는 가능성이 될 것이다. 이런 가능성이 마음껏 피어나는 사회를 기대해본다.

이제 정말로 여러분의 차례다. 여러분이 이 책으로 조금이나마 도움을 얻어서 이커머스에서 새로운 경험을 쌓게 되면, 그다음 후배들을 위해서 더 많은 책과 자료를 남겨주면 좋겠다. 그 첫 단계는 여러분의 도전이라고 생각한다.

"여러분의 도전을 저, 도그냥이 항상 응원하겠습니다."

< 감사의 글 >

 이 책은 2020년 연말부터 시작된, 예상치 못한 프로젝트였다. 회사 일을 가장 중요시하기 때문에 업무 시간을 피해 퇴근 후 저녁 시간과 주말의 대부분을 이 책과 이 책의 내용이 담긴 온라인 강의를 만드는 데 투자했다. 이 과정에서 함께 희생해준 나의 남편 이건호 님에게 항상 감사드린다. 코로나19 탓에 얼굴도 제대로 못 보는 우리 가족, 특히 태어나 돌이 될 때까지 한 번밖에 보지 못한 조카 은지에게도 미안하고 고마운 마음을 전한다.
 내가 이 책을 쓸 수 있도록 지식과 지혜를 나눠준 사람들이 너무나 많다. 이커머스 기업에서 지난 11년간 함께 성장하면서 마케팅·영업·지원 직무 등에 대해 세세하게 알려주었던, 이제는 없어진 '닷컴 공채

72기' 동기인 김수빈, 조희진, 이은미, 이혜리 그리고 법무팀의 든든한 후배 성지인과 회계에 대한 이해를 넓혀주셨던 조수현 책임님께도 감사드린다. 엘롯데를 처음 구축했을 때 함께 고생하며 CS센터 운영과 오퍼레이션 업무를 알려주셨던 지금은 어디 계신지 모르는 TCK의 박정숙 셀장님, 그리고 이커머스의 비즈니스모델과 수익모델 등 거시적인 부분을 함께 공부했던 김혜지 책임, 김형진에게도 감사를 남긴다. 사내 OJT 강의에 참여하는 것을 도와주었던 HR팀의 최선화, 송연주에게도 다 전달되지 않을 고마움을 책 속에서 처음으로 전해본다.

더 나은 내가 될 수 있도록 나에게 기회와 챌린지를 동시에 주는 지그재그의 모든 분들께도 감사드린다. 지그재그에서 직접 겪어보지 않았다면 프로덕트팀과 크로스펑셔널 조직에 대해서는 더 자신 있게 쓰지 못했을 것 같다. 다양한 지원 부문에 대해서 넓은 경험으로 마지막 감수를 도와준 지그재그의 이시현 님께도 감사를 전한다.

이 책을 쓰며 괴로워할 때, "스스로 최선이라고 생각하는 것 이상으로 최선을 다해야 '혼신'이다."라고 말해준 유튜브 속의 유재석 님께도 감사드린다. 이 책과 강의를 준비하면서 〈말하는 대로〉를 백 번은 넘게 들었을 것이다. 마지막으로, 제8회 브런치북 출판 프로젝트를 통해 이 책이 출간될 수 있도록 해준 탈잉의 모든 관계자분들과 브런치팀에도 감사드린다.

모든 이들의 지식과 도움이 모여서 이 책이 세상에 나올 수 있었다.

도그냥(이미준)

코딩 몰라도 됩니다

발행일 2021년 09월 25일 (1판 1쇄)
　　　　　2021년 12월 05일 (1판 2쇄)

지은이 도그냥(이미준)

발행인 김윤환
출판 총괄 유진
책임 편집 이한나

발행처 (주)탈잉
신고 2020년 2월 11일 제2020-000036호
주소 서울특별시 강남구 테헤란로 625 6층
이메일 books@taling.me
팩스 02-6305-1607
홈페이지 www.taling.me
블로그 blog.naver.com/taling_me
페이스북 @taling.me | **인스타그램** @taling_official

ⓒ 도그냥(이미준), 2021

ISBN 979-11-974316-4-7 (03190)

- 책값은 뒤표지에 있습니다.
- 잘못된 책은 구입하신 곳에서 바꾸어 드립니다.
- 이 책은 저작권법에 따라 보호받는 저작물이므로 무단 전재와 무단 복제를 금하며,
  이 책의 전부 또는 일부를 이용하려면 반드시 저작권자와 (주)탈잉의 서면 동의를 받아야 합니다.